História e essência da educação ocidental

História e essência da educação ocidental

ensaios selecionados de

PATRICK FRANCIS MULLANY

Irmão Azarias

Tradução
Bruno Alexander

KÍRION

História e essência da educação ocidental
Patrick Francis Mullany (Irmão Azarias)
1ª edição — outubro de 2021 — CEDET
Ensaios selecionados dos três volumes: *Essays Educational*,
Essays Miscellaneous e *Essays philosophical* (1896)

Editor:
Felipe Denardi

Tradução:
Bruno Alexander

Revisão:
Henrique Bernardes

Preparação de texto:
Beatriz Mancilha

Capa:
Renan Franciscon Marques

Diagramação:
Maurício Amaral

Revisão de provas:
Flávia Theodoro
Paulo Bonafina
Tomaz Lemos

Os direitos desta edição pertencem ao
CEDET — Centro de Desenvolvimento Profissional e Tecnológico
Av. Comendador Aladino Selmi, 4630
Condomínio GR Campinas 2 — módulo 8
CEP: 13069-096 — Vila San Martin, Campinas-SP
Telefones: (19) 3249–0580 / 3327–2257
e-mail: livros@cedet.com.br

Sumário

Prefácio

Ensaios educacionais

Esta nova edição das palestras do Irmão Azarias, proferidas em Plattsburg em julho de 1893, é uma interessante história do crescimento e desenvolvimento das instituições educacionais sob a mão orientadora da Igreja.

Quem está familiarizado com os escritos do Irmão Azarias tem alguma dúvida de que este livro lhe agradará?

Em estilo clássico, com a facilidade e a graça resultantes de um conhecimento profundo do assunto tratado, ele esboça, com mãos de mestre, os esforços de nossos antepassados no processo de ensino e os métodos adotados para realizar seu objetivo louvável.

Para muitos, será uma surpresa saber que a educação dos jovens era uma questão de grande preocupação para os bispos e padres da chamada Idade das Trevas.

O Irmão Azarias mostra que as escolas primárias foram estabelecidas e mantidas, não por impostos, mas pela dedicação abnegada dos professores e contribuições voluntárias do povo.

Este livro contém uma riqueza de conhecimento, em detalhes. Revela ampla sabedoria, memória retentiva e grande poder de condensação, sem, no entanto, a afetação da aprendizagem, os excessos da erudição ou a nebulosidade de uma dicção muito concisa.

O livro será útil e interessante para os alunos e professores de nossas faculdades, seminários e mosteiros, e espero que ele tenha a receptividade que merece.

Sua Eminência o Cardeal Gibbons[1]

1 James Gibbons (1834–1921), norte-americano. Foi Vigário Apostólico na Carolina do Norte, Bispo de Richmond e Arcebispo de Baltimore, e elevado a cardeal por Leão XIII em 1886 — NE.

Prefácio

Ensaios diversos

PARA escrever o prefácio de uma obra de caráter diverso, para dar ao leitor uma idéia de seu conteúdo, é necessário não só conhecer o autor intimamente, mas também estar familiarizado com seu ponto de vista prático.

O Irmão Azarias era de uma ótima estirpe religiosa irlandesa pura. Quase se pode dizer de uma família sacerdotal. O amor pelo altar e a reverência pelo convento estavam entre suas mais preciosas heranças, e os felizes efeitos dessas tradições sagradas não deixaram de influenciar o caráter do menino.

O Irmão Azarias era muito capacitado intelectualmente. Não se pode compará-lo ao servo que escondeu na terra seu talento, pois ele foi um estudante diligente e metódico até o dia de sua feliz morte.

Ele entrou no Instituto dos Irmãos das Escolas Cristãs por volta dos quinze anos, tornando-se um noviço bom, piedoso e sincero. Como o primeiro dever de todo noviço é estudar com cuidado as regras da sociedade da qual está prestes a se tornar membro, ele foi escrupulosamente fiel a isso, assim como aos outros deveres de sua vocação religiosa. A regra principal: "Os Irmãos olharão para tudo do ponto de vista da fé, e através de um espírito de fé, adorarão as ordens e a vontade de Deus em tudo". Esta regra enraizou-se em seu jovem coração e tornou-se o princípio orientador de sua vida religiosa. O profundo sentimento religioso inerente ao rapaz cresceu com os anos, intensificando-se com suas meditações e desenvolvendo-se com a prática. Seus ideais eram elevados, sua inspiração vinha de cima, seu objetivo era Deus, e sua ambição, o bem de seu próximo. Esses traços o leitor atento reconhecerá com maior nitidez à medida que estudar suas obras.

"Como", perguntou um eminente prelado, "o Irmão Azarias obtém seu conhecimento variado e profundo?".

O Irmão Azarias foi dotado de um gosto tão crítico quanto correto, de uma memória extraordinária e de um julgamento sensato. Leitor cuidadoso e criterioso, tinha um lápis e um caderno sempre à mão enquanto lia. Ele leu importantes autores estrangeiros em seu idioma original e, assim, pôde não apenas apreciá-los melhor, mas assimilar algumas de suas excelências. Quando se deparava com uma passagem que lhe parecia bonita, examinava-a criticamente e, se não estivesse de acordo com seus ideais, rejeitava-a imediatamente. Assim, ao longo de sua carreira literária, ele trabalhou assiduamente, e aí reside o segredo de seu amplo e profundo conhecimento.

Ele era de caráter mais retraído, modesto como uma moça, humilde e até desconfiado. Nunca publicou um artigo sem antes submetê-lo ao escrutínio de autoridades reconhecidas. O leitor pode seguir tranqüilo suas orientações.

Como professor de sua infância, é um prazer prestar esta singela e sincera homenagem à memória de meu antigo pupilo.

IRMÃO JUSTINO
Manhattan College
5 de agosto de 1896

Prefácio

Ensaios filosóficos

O Irmão Azarias, como educador cristão e guia do pensamento, prestou um serviço tão importante aos jovens de nossa geração que merece sua gratidão eterna. A republicação de seus escritos, sendo o monumento mais apropriado para ele, irá transformá-lo num benfeitor para as gerações vindouras.

Tendo consagrado sua vida à humilde e sublime vocação dos Irmãos das Escolas Cristãs, suas habilidades excepcionais foram inteiramente dedicadas ao treinamento dos jovens em conhecimento e virtude, o que por si só merece ser chamado de educação. Ao longo desse caminho ascendente do espírito e do coração, ele e seus discípulos alcançaram níveis cada vez mais elevados. Seguindo seu dom, as necessidades dos estudantes interessados em sua obra e a orientação da Providência, ele gradualmente passou do plano da instrução elementar para a erudição da literatura e da filosofia. Felizes daqueles, entre seus admiradores jovens, que puderam acompanhá-lo em seu avanço. Mesmo quem carecia de plenos poderes intelectuais recebeu dele força e inspiração para elevar-se a patamares de outra forma inalcançáveis.

Tal professor naturalmente se tornou escritor. Seus ensaios sensibilizaram o público, e assim ele passou a ser considerado um dos principais expoentes do pensamento católico. Daí o pedido da Concord School of Philosophy de seu ensaio sobre *Aristóteles e a Igreja Cristã*.

Seus estudos sempre foram conscientes. Com o instinto de um verdadeiro estudioso, ele nunca falou ou escreveu sobre nenhum assunto importante sem antes ter dominado, tanto quanto possível, sua literatura. As numerosas referências apropriadamente anexadas a seus ensaios mostram quão ampla era sua leitura e quão extensa sua erudição. De uma mente assim dotada do melhor pensamento despendido sobre o assunto, ele apresentou visões sinópticas inestimáveis não somente para seus alunos, mas também interessantes e úteis para homens mais velhos, ocupados demais para se dedicar a essas leituras por conta própria.

O Irmão Azarias prestou um serviço especial a estudantes e estudiosos com a pesquisa literária, histórica e filosófica condensada em seu ensaio sobre *Aristóteles e a Igreja Cristã*. Um retorno generalizado ao estudo das filosofias peripatética e escolástica (e da religião à luz das duas) é um dos fatos intelectuais mais notáveis e significativos de nossos dias. Os seres pensantes precisavam familiarizar-se com esse fato, com seu significado e valor, e o Irmão Azarias prestou esse serviço a eles de maneira interessante e habilidosa. Seu estudo das fortunas da filosofia aristotélica, numa época em que suas concordâncias e discordâncias em relação à doutrina cristã eram discutidas com grande fervor nas escolas e a intervenção da Igreja na disputa tornou-se uma necessidade, deu-lhe a oportunidade admirável de mostrar até que ponto Aristóteles conduziu a Tomás de Aquino e de que modo o teólogo se baseou no filósofo, corrigindo-o e transcendendo-o. Se ele possuísse as informações históricas recém-fornecidas ao mundo pelas pesquisas de Denifle, seu esboço da grande controvérsia escolástica provavelmente teria sido mais completo em alguns detalhes, mas a importante lição filosófica resultante dos fatos dificilmente teria sido mais convincente e bonita por causa disso.

Essa relação entre filosofia e religião é uma questão de grande interesse para as mentes reflexivas, que nos espreita onde quer que estejamos, perpetuamente. As perguntas sobre a definição, o desenvolvimento, o motivo, a origem e o destino do universo sempre acossaram as mentes dos homens, e as acossam até hoje, de maneira urgente e inescapável. A ciência, a filosofia e a religião têm suas respostas, e essas respostas misturam-se no sistema da verdade.

A mente humana, instintivamente, procura conhecer os fatos, suas relações, suas leis, e assim constrói a ciência.

Do mesmo modo, procura saber as causas e as conseqüências desses fatos, e assim constrói a filosofia.

O homem é o fato central da ciência e da filosofia. Dotado não somente do intelecto, mas também da consciência, seu instinto de conhecimento correto é inseparável do instinto de conduta correta, condizente com sua origem e capaz de levá-lo a seu fim. A ética é a coroa da filosofia.

O Criador deseja esse conhecimento correto e, conseqüentemente, a vida correta para o homem, mais do que o homem pode desejar por si mesmo. Agora a história mostra que os esforços da razão em prol desse conhecimento e vida corretos levaram a resultados incertos e insatisfatórios. Por isso, mostra também que a razão não foi feita para chegar a essas conclusões tão importantes sozinha. A luz é lançada de cima sobre a natureza, a origem, o destino do universo e do homem, e assim o caminho do dever é duplamente iluminado. Esta é a *sofia* à qual a *filosofia* se eleva.

Vemos, portanto, que filosofia e religião têm o mesmo objetivo: a universalidade das coisas, o homem como fato central de tudo, Deus como a origem e o fim de tudo, as relações corretas entre o homem e Deus e tudo.

Duas luzes brilham sobre a mente. A primeira é de baixo, da inteligibilidade das coisas. A segunda é de cima, da Sabedoria que planejou e fez tudo, que entende tudo, a luz de tudo, espelhada e refletida por tudo. Assim, a luz direta aperfeiçoa a luz refletida e corrige as aberrações causadas pelo meio criado. Seu principal objetivo é mostrar ao homem o caminho para o seu fim, mas, ao fazê-lo, necessariamente ilumina não somente o campo da ética, mas todos os outros domínios do pensamento filosófico.

Quando o Verbo Encarnado trouxe à humanidade "a plenitude da verdade", os homens já possuíam as filosofias da Antigüidade. Grande parte delas precisava ser corrigida. Seus autores reconheceram que tateavam no escuro. Mas grande também foi o trabalho legítimo da razão sobre fatos manifestos e princípios evidentes, um trabalho mental digno da humanidade e de seu Autor, aprovado e abençoado por Ele e por Sua Igreja, sobretudo o trabalho de Sócrates e de seus grandes discípulos Platão e Aristóteles. A luz da revelação corrigiu os erros resultantes das condições intelectuais de sua época. A Igreja pegou os elementos verdadeiros e belos que eles discutiram e expressaram com sabedoria e dignidade, e mostrou como eles eram degraus lógicos para as verdades mais elevadas da revelação, construindo, assim, a apresentação sistemática ou filosofia da religião que é chamada teologia. Na teologia, toda verdade revelada não é somente declarada com toda a clareza possível, mas é examinada, analisada e discutida com reverência. "Credo ut intelligam", "fides quaerens intellectum"; esses sempre foram seus lemas.

Além disso, todas as conclusões da filosofia são testadas à luz do escrutínio superior, de modo que não haja mal-entendidos nem erros em tais conclusões, somente verdade.

Portanto, embora em certo sentido possamos realmente dizer que "a Igreja não é uma escola de filosofia", há um sentido em que se pode dizer que ela é a "Escola de Filosofia". Toda verdade se encaixa na verdade sublime, que é sua preocupação especial, iluminada e fortalecida por ela. Ela acolhe qualquer tipo de verdade, não importa quem a descobriu ou enunciou, porque toda verdade será, de alguma forma, útil para a humanidade. Ela alerta contra erros perniciosos. Condena a loucura de sacrificar a razão e ignorar ou recusar a luz superior; e o bom senso condena tal conduta tanto quanto ela. Ela não pretendia condenar Aristóteles, mas o uso indigno que os levianos fizeram dele. Ora, o grande filósofo e o "Anjo das Escolas" estão ligados inseparavelmente na estima da humanidade, e a Igreja abençoa sua união, encontrando na filosofia da religião daí resultante a melhor resposta às muitas perguntas do racionalismo de nossa época.

Em suma, é bom observar que sua união se deve à Universidade de Paris. Essa mistura das luzes humana e divina, para a solução dos grandes problemas do mundo, é a função natural e o dever das universidades, está implícita em sua profissão de procurar e transmitir a *universalidade* do conhecimento. Isso exige a união entre ciência, filosofia e religião. A omissão de uma delas da universidade mutila a totalidade e estraga a harmonia da verdade, pondo a instituição abaixo do nível universitário. No futuro, como no passado, a verdadeira universidade deverá ser um santuário da verdade, uma muralha contra as incursões do erro, um farol na jornada da humanidade.

John Joseph Keane[1]
Universidade Católica da América
20 de junho de 1896

1 (1839–1918) sucedeu o Cardeal Gibbons como Bispo de Richmond, foi Reitor da Catholic University of America (à epoca deste prefácio), e depois Arcebispo de Dubuque — NE.

História e essência da educação ocidental

ensaios selecionados de

PATRICK FRANCIS MULLANY

Irmão Azarias

Aspectos psicológicos da educação

I

Meu objetivo, no presente artigo, é apresentar sugestões (muitas, sem dúvida, conhecidas por todos) sobre alguns aspectos psicológicos da educação, determinando, como resultado prático, até que ponto, se for o caso, deve-se incentivar a busca de estudos especiais em nossas faculdades. Ora, na solução de todo problema educacional, há que se considerar dois elementos como fatores necessários, a saber, o intelecto a ser atendido e as regras segundo as quais ele seria dirigido. E esses dois elementos devem se adequar um ao outro.

Parece-me, no entanto, que nem sempre as devidas influências de um em relação ao outro são levadas em consideração. Quando, por exemplo, examino alguns programas de faculdades, devo confessar minhas grandes apreensões sobre se as pessoas que preparam esses programas algum dia deram-se conta do fato de que era para o intelecto destreinado de um aluno que estavam elaborando um curso de estudos. Outra dúvida séria me ocorre, e é a seguinte: será que eles mesmos conhecem a natureza e a influência dos estudos que atribuem ao iniciante em tais assuntos? Por exemplo, não é novidade alguma vermos o curso de um ano em filosofia do espírito abrangendo livros didáticos e assuntos suficientes para um estudo árduo de três anos. Pretende-se familiarizar os rapazes com todos os sistemas filosóficos, de Confúcio a Emerson, em menos tempo do que aprenderiam a conhecer profundamente a diferença entre a quantidade e a qualidade de uma proposição ou a discernir o aspecto e o uso de um silogismo.

Encontramos o mesmo erro crasso no curso de ciências físicas. De fato, para aquele que sabe ler nas entrelinhas, um programa pode servir de critério para avaliar uma escola. Mas parece-me que o planejamento desses cursos impraticáveis a que me referi se deve, em grande parte, a uma falta de consideração cuidadosa da natureza do intelecto humano, seus hábitos e exigências, bem como a uma falta de clareza de entendimento sobre o que constitui o objetivo de uma educação de nível superior.

II

1. O intelecto humano é sempre ativo, está sempre lembrando, imaginando, comparando ou tirando conclusões. Sua capacidade inquisitiva jamais é satisfeita e seu poder de observação é incansável. Ele percebe os fenômenos, generaliza suas experiências específicas e, auxiliado pelos primeiros princípios da razão pura por trás de toda experiência, deduz leis que se tornam as verdades orientadoras da vida. Está continuamente reunindo e assimilando conteúdos de todas as fontes disponíveis e, inconscientemente, os conteúdos assim assimilados dão cor a todos os seus pensamentos e influenciam todas as suas conclusões. São agentes silenciosos, porém poderosos, que determinam a ação e dão um contorno especial à opinião. São mais convincentes do que o silogismo, mais fortes do que argumentos, e não são facilmente detectados, pois estão à espreita, escondidos nos posicionamentos mais inesperados. Eles aumentam a resistência dos nossos preconceitos. Muitas vezes, quando a mente está igualmente equilibrada entre dois argumentos de mesmo peso, essas influências silenciosas colocam seu peso na balança em favor daquele que as fortalece. Tais influências não são trabalho de uma hora ou de um dia. Começaram com o nosso nascimento, acompanharam nosso crescimento e fortaleceram-se junto conosco. E só deixarão de ser um elemento do nosso pensamento quando a própria vida cessar. Não surgem de uma fonte única, pois resultam de diversas causas invisíveis e sem nome. As formas e os acontecimentos do círculo familiar, as companhias

que elegemos, a atmosfera e o clima em que se vive, as ocupações diárias que preenchem a vida de alguém, as disposições do temperamento orgânico — são todos incontáveis agentes trabalhando secretamente na constituição mental e determinando o valor das idéias de alguém. São os verdadeiros artífices da formação de um homem. Eles o tornam vulgar, provinciano ou refinado, de acordo com o tom e o caráter que transmitem ao seu pensamento e linguagem. O educador não os negligenciará. Especialmente no curso superior, quando a mente está um pouco mais amadurecida e quando eles começam a influenciá-la quanto ao bem ou ao mal, ele observará tais agentes, suprimindo-os ou encorajando-os de acordo com sua natureza e tendência.

2. Considero como um princípio na economia da natureza que todas as faculdades do homem lhe foram dadas para um propósito. Todas são necessárias e, além disso, toda e qualquer uma delas deveria ser cultivada. É no desenvolvimento harmonioso de todas que consiste o aperfeiçoamento e o uso eficiente de cada uma. E um dos deveres elementares de um treinamento no nível superior é que ele forneça o conteúdo para o exercício de todas as faculdades. Fazer o contrário, ou seja, desenvolver uma faculdade da mente, ou uma qualidade da alma à custa das demais, seria dar forma a um monstro intelectual. E seria bom, ao longo da vida, ter em vista a necessidade de preservar um certo equilíbrio entre os vários poderes do intelecto. Se o gosto ou a ocupação de alguém envolve o exercício exagerado de uma faculdade em especial, essa tensão numa direção deve ser contrabalançada, dedicando parte de seu tempo de lazer ao cultivo de faculdades diferentes. Por exemplo, um homem é um advogado que passa o horário comercial pesquisando jurisprudências e lendo argumentos a favor e contra determinado caso, ou ele é um engenheiro que fica o dia inteiro examinando os números de uma estimativa complicada. Cabe a um ou ao outro dedicar algum tempo diariamente à leitura de poesia ou ficção, ou história, ou crítica, ou qualquer livro que revigore a mente, e extraia dela com maior ênfase o senso estético e os poderes puramente imaginativos. Ou um aluno apaixonado por literatura, com mais razão ainda, deveria superar qualquer repugnância por estudos matemáticos ou investigações científicas de peso. O tempo gasto dessa forma não deve ser considerado perdido. O exercício é revigorante, pois direta ou indiretamente aumenta a força de todas as faculdades.

III

1. Não é na disciplina mental que o cérebro se desgasta, mas nos esforços destreinados para elaborar um pensamento que, com toda a probabilidade, quando expresso, será visto somente como uma noção corriqueira; na luta inglória de um intelecto para raciocinar sobre uma questão até o fim, quando esse intelecto nunca teve uma discussão séria sobre qualquer assunto; no jogo de palavras sobre uma idéia que deixa em seu rastro apenas uma sensação de total incapacidade de lidar com ela; numa facilidade questionável para lançar pensamentos sobre o papel sem fazê-los convergir para um único ponto. Em tudo isso, há um desperdício cerebral. O *improvisador* nunca se torna um grande poeta. Se, na juventude, Metastasio não tivesse abandonado a prática perniciosa de improvisar e, em vez disso, submetido-se por anos a um curso de estudos sérios, talvez ele também tivesse desperdiçado sua força intelectual, desorientado, e caído no esquecimento como "um poeta mudo e vergonhoso", relegado à categoria dos gênios perdidos. Estudo, meditação, concentração do pensamento no qual todas as faculdades são colocadas em ação; a divisão de um assunto nas partes que o compõem; a reorganização dessas partes em suas verdadeiras relações: tudo isso é necessário antes que a expressão total e completa seja possível, e tudo isso exige o fortalecimento e a disciplina, não de uma ou outra, mas de todas as faculdades. Nenhuma faculdade do intelecto é negligenciada sem que as outras sejam prejudicadas. Vale lembrar que as faculdades da alma não são isoladas, não estão divididas em tantos segmentos separados quanto os nomes que levam, suas localizações distintas não estão nas várias cavidades indicadas pelo frenologista; estas são coisas do cérebro, do sangue e da carne — matéria pura —, embora condições indispensáveis, na atual ordem da vida, para o pensamento da alma. Elas, porém, não são a alma pensante. Esta é única e simples. Não pode ser cortada em pedaços. Não pode exercer uma faculdade enquanto as outras permanecem adormecidas. A razão não pode funcionar sem a imaginação, a imaginação não pode produzir suas belas criações sem a ajuda da razão e da compreensão. Cada faculdade auxilia a outra, e todas convergem para um objeto do pensamento.

2. E, como existe uma união íntima de faculdades, há também um entrelaçamento e uma sobreposição das diferentes ciências. "Elas têm", afirma John Henry Newman, "múltiplas implicações uma sobre a outra,

e uma coerência interna, e admitem, ou melhor, exigem comparação e ajuste. Elas se completam, corrigem-se, equilibram-se". Elevando-nos à região da filosofia, encontraremos todos os departamentos do pensamento em estreita relação entre si. Aqueles mais isolados em seu alcance e orientação podem sugerir idéias uns aos outros, o que também é verdadeiro na história do pensamento prático. Você está ocupado com a solução de um problema que se apresentou à sua mente. Pode ser a discussão de uma questão social ou política, ou uma questão filosófica, ou uma equação matemática difícil. Vê-se incapaz de lidar com ela, não consegue vislumbrar o caminho com clareza. Com o espírito fatigado, você deixa o assunto de lado e recorre a outro menos exaustivo. E aí uma expressão, uma palavra, apenas uma alusão encontrada no novo assunto lança um facho de luz sobre o problema abandonado e o coloca no caminho da solução acertada. Tal é a síntese de muitas lutas intelectuais. E, embora seja assim, podemos aplaudir merecidamente a sabedoria de não permitir que um aluno se limite ao estudo de um único idioma ou de uma única ciência ou da história de um único país. Seu conhecimento torna-se equilibrado e completo por estudos coordenados e complementares. Uma língua explica as obscuridades de outra; uma ciência ajuda outra; um departamento de letras lança luz sobre outro e é assim que as idéias são corrigidas, aprimoradas e apuradas. Portanto, reivindica-se com propriedade que uma formação superior seja aprofundada; que abrace todos os ramos importantes da ciência e das letras, e combine na devida proporção o útil e o acessório. Tudo isso, pode-se argumentar, a formação superior não só propõe, como, de fato, realiza. Perdoem-me, mas preciso dizer que, seja voltando-nos para o norte ou para o sul, será algo raro encontrarmos uma formação superior eficiente entre nós. As instituições que levam o nome de faculdade são bastante numerosas; já aquelas que sustentam a dignidade desse nome e cumprem com eficiência os deveres a ele associados são relativamente poucas.

IV

1. É um erro freqüente e pernicioso assoberbar um curso de nível superior com o trabalho de uma universidade. Nenhum aluno é capaz de fazer face a mais de um terço do assunto designado para ele no tempo requerido. Ele é obrigado a "comprimir" vários, se não todos, os assuntos

exigidos em seu exame final. Se fosse para o homem ser uma mera máquina repetidora, esse sistema atenderia bastante bem. Mas não é esse o objetivo de uma educação de nível superior. Seu objetivo principal é fortalecer todas as faculdades por meio de uma profunda disciplina mental em tais departamentos do conhecimento, de modo a constituir uma base sólida para o desenvolvimento posterior do aluno. Os fatos, os números e os fragmentos de informações positivas dados são rudimentares e primitivos demais para servirem a qualquer finalidade prática. Essas coisas podem ser adquiridas com a mesma profundidade tanto fora quanto entre as paredes de uma faculdade. O conhecimento é transmitido não tanto para seu acúmulo, quanto para a aprendizagem de como acumulá-lo. Os pensamentos mais elevados dos maiores pensadores são colocados diante do aluno, não para dispensá-lo de pensar, mas para ensiná-lo a pensar. Para que ele aprenda a aprender e aprenda a pensar, tal é a síntese de toda a educação. Ela coloca os instrumentos nas mãos do aluno e ensina-lhe como usá-los no futuro. A sala de aula, o livro-texto e a aula do professor são fontes mínimas de informação. São apenas uma preparação para a grande universidade do mundo em que o conhecimento adquirido é mais prático do que especulativo, é conhecimento das coisas mais do que das palavras e, portanto, o único conhecimento real. E eis que todo homem é, a um tempo, mestre e aprendiz; um pode transmitir ao outro uma nova idéia sobre sua especialidade. E é nessa relação e instrução mútuas que o intelecto treinado afirma sua supremacia e exerce influência. Por esse motivo, a formação superior deveria lidar com princípios e não com regras e métodos. Mas o processo inverso é o seguido com mais freqüência. Enfatizam-se regras e métodos, passíveis de serem esquecidos, enquanto princípios, que quando bem assimilados quase nunca são esquecidos, são ignorados. E aqui devo acrescentar que uma falácia filosófica moderna tende a dar um colorido de correção a esse mal. Cousin e outros nos dizem que o método é tudo. De forma alguma. O método não é nada sem o princípio que lhe dá vida e sentido. O método é informado pelo princípio: onde existe um método, há necessariamente um princípio; aquele que, ao investigar um método, limita-se a ele como tal, não entende nem o método nem seu princípio. Diriam que alguém entendeu uma regra se nada sabia sobre a razão de sua existência? O mesmo critério vale para os métodos filosóficos. E daí a pior inutilidade dessa prática tão predominante de aprender sistemas básicos de filosofia sem os princípios que lhes conferem significado.

2. Igualmente pernicioso é esse costume que se infiltrou em nossas escolas primárias de impor às crianças pequenas, antes mesmo de saberem ler ou analisar, quase todos os "ismos" conhecidos da atualidade. É algo que produz um mal incalculável. Cria aversão por todo tipo de estudo; impregna o coração dos jovens com grande parcela de arrogância e presunção, de modo que é difícil para eles consertarem seus defeitos, pelo fato de raramente perceberem sua ignorância. Impede o propósito da educação. Sobrecarrega a mente, exigindo demais de seus poderes, enfraquecendo suas atividades, destruindo sua eficácia para a vida. É um costume que coloca a mente numa situação em que a ignorância seria preferível, pois, pelo menos então, a mente contaria com sua força e elasticidade naturais e, entusiasmada pelo estímulo de obter novas visões e ouvir novas verdades, amadureceria numa condição muito mais saudável. O homem nunca se torna instruído demais. Sua capacidade é bem maior do que quaisquer limites artificiais que possam ser impostos a ela. Mas ele pode ser tão instruído que a atividade cerebral relacionada à ação mental é pressionada, ou ficar tão absorvido e sobrecarregado pelos pensamentos dos outros que se esquece de ser possuidor de uma mente própria e não sabe formar uma opinião independente. E deixe-me perguntar com toda a franqueza: não é esse o desalento que nossos sistemas modernos estão nos causando? Ensinam tudo aos jovens, até que eles não saibam nada. Com certeza, ninguém que considere o assunto por um momento dirá o contrário. Faz tempo que mentes sábias e grandes pensadores reconheceram esse mal. Entre outras, nenhuma palavra sobre o assunto que eu pudesse citar terá mais peso para os senhores do que as palavras cáusticas do grande pensador e mestre da prosa inglesa, John Henry Newman: "Digo-lhes, senhores", afirma ele,

> que o possível erro dos últimos vinte anos [e permitam-me acrescentar, entre parênteses, que o erro vem aumentando desde que essas palavras foram proferidas, em 1852] não tem sido sobrecarregar a mente do aluno com uma massa de conhecimento não digerido, mas impor-lhe tanto conteúdo que ele acaba rejeitando tudo. O erro tem sido o de distrair e enfraquecer a mente mediante uma profusão de assuntos sem significado; de concluir que os rudimentos sobre uma dúzia de campos de

> estudo não é superficialidade, o que de fato é, mas expansão, o que de fato não é; de considerar que a familiaridade com nomes de objetos e pessoas eruditas, que a posse de livros de qualidade, que ouvir palestrantes eloqüentes, que a associação a instituições científicas, que a visão de experimentos numa plataforma e de espécimes num museu, que tudo isso não seria desperdício mental, mas progresso. Ora, tudo deve ser aprendido logo, e não primeiro uma coisa, depois a outra, não uma bem aprendida, mas muitas mal. O aprendizado deve acontecer sem empenho, sem atenção, sem esforço, sem conhecimento básico, sem avanço, sem acabamento.[1]

A imagem não está exagerada. Retrata uma transgressão gritante, e a transgressão existe porque os educadores persistem em ignorar o funcionamento do intelecto humano.

3. Tenho certeza de que nunca ocorreu aos defensores e promotores desse método fácil e livre de abordar por alto todas as áreas sem nunca aprender alguma, quão difícil é para uma idéia infiltrar-se na mente e penetrar no pensamento até tornar-se algo básico, elementar no pensamento de alguém. Uma pessoa pode não levar muito tempo para apreender uma idéia; pode ser capaz de repeti-la corretamente; pode até aplicá-la a questões concretas com certo grau de precisão, mas tudo isso não significa que ela tenha se apropriado da idéia. Pode continuar a repeti-la por anos, quando de repente se depara com um fato que a faz refletir. Ela não encontra nenhuma explicação à luz da idéia que vem mantendo e, retomando-a, reconsidera os fundamentos que a levaram a sustentá-la e imediatamente descobre que tudo está errado ou que expressa apenas parcialmente a verdade e, pela primeira vez na vida, toda a verdade lhe sobrevém com uma força de compreensão. O trabalho ainda não terminou. Cabe-lhe reorganizar e sistematizar todos os pensamentos, de modo a alinhá-los com a nova idéia. Esse processo lento e doloroso de aquisição de conhecimento e experiência pode ocorrer a todo e qualquer um de nós. Como é freqüente homens de mente madura serem obrigados a abandonar uma opinião religiosa ou uma teoria científica ou uma máxima política sobre cuja verdade haviam baseado sua vida e pensamentos! E, por esse motivo, é ainda mais necessário

1 Cf. John Henry Newman, *A idéia de uma universidade*. Campinas: Ecclesiae, 2020, p. 137 — NE.

que a fundação educacional seja estabelecida de forma lenta, cautelosa, sólida, e que o intelecto seja assim exercitado e disciplinado, para que, quando ocorrerem crises em nosso pensamento, sejamos capazes de encará-las com vigor e energia.

4. Não ignoremos o fato de que o intelecto humano, nos estágios comuns e não-desenvolvidos, é fraco e imperfeito. É dever da educação reconhecer suas deficiências e lidar com elas de acordo. O aluno precisa ser disciplinado quanto ao que aprende. A lição deve ser subdividida e colocada diante dele aos poucos e, então, quando se verificar que os termos e as expressões usados evocam idéias correspondentes em sua mente, o assunto deve ser apresentado como um todo. O bom educador não se cansa de repetir, e cada vez que repete, coloca a idéia sob nova luz, alcançando, assim, o maior número de inteligências. Cada mente em si tem suas peculiaridades, que devem ser levadas em conta. O aspecto de um assunto que é esclarecedor para um aluno pode deixar outro inteiramente no escuro a respeito de sua verdadeira referência. Além disso, numa primeira apresentação, qualquer idéia só é apreendida de forma vaga, já que a mente simplesmente recebeu um dentre os muitos aspectos da idéia, e ainda não começou a compreendê-la em toda a sua abrangência. Trata-se de um trabalho laborioso para todos, menos para o gênio, e resulta de um processo muito mais lento do que muitos estão dispostos a admitir. Para entender uma idéia, é preciso pensar sobre ela por bastante tempo e de forma séria. É preciso que ela adentre o solo do sistema mental até enraizar-se e crescer. Depois, cuidada com esmero, regada com o orvalho da reflexão e nutrida com o alimento de uma instrução sólida, seja pelos homens, pelos livros ou pelas experiências da vida, ela amadurece, frutifica e irradia para sempre sua influência sobre os propósitos das eras. Como resultado de seu treinamento na faculdade, é muito melhor o aluno levar consigo uma dessas idéias, bem digerida e aplicada, do que sair com um diploma na mão, a mente sobrecarregada de uma massa esmagadora de nomes, símbolos científicos e fatos mal compreendidos, a alma tomada por uma repugnância insuperável por livros, um horror por ensinamentos e uma firme determinação de esquecer tudo o mais rápido possível. Talvez esse aluno tenha uma aptidão natural para algum ramo da ciência ou algum departamento de letras, mas ela está soterrada pelo monturo que lhe oprime a mente. Sua educação cessou e a ruína de seus talentos únicos e característicos começou quando ele foi obrigado

a lembrar e repetir sem compreender. Memorizar não é aprender, muito menos saber. Só vale a pena a memorização baseada num entendimento correto e na experiência que torna o conhecimento real.

V

1. Tem-se afirmado acertadamente que a educação de nível superior não cria mentes brilhantes, é raro que as atraia, e muitas vezes as impede de progredir. Mas eu perguntaria: os talentos terminam melhor em suas mãos? Não são muitos deles esmagados tão logo são atraídos? Deve ser este o caso, enquanto o educador continuar ignorando a inclinação intelectual de cada aluno sob sua responsabilidade. Todo homem possui um talento predominante, e o sucesso de sua vida depende, em grande medida, do desenvolvimento adequado dele. Por sua natureza e direção, o talento difere apenas um pouco do brilhantismo. Raramente (se é que chega a acontecer) é dado a um homem brilhante usufruir da força total de sua grandeza em mais de uma esfera de pensamento ou de ação.[2] A genialidade é inata e não o resultado de algum processo de desenvolvimento mental. Entretanto, ela não passa de um vasto leque de talentos concentrados e intensificados em determinada direção. Não é um tipo distinto de talento comum; é simplesmente este último multiplicado além de qualquer avaliação, exercido de maneira superior, com força superior e por uma capacidade superior de compreensão e execução. Ora, a genialidade é a forma mais elevada de inteligência humana. Serve de critério para todas as outras formas. O talento é eficiente conforme o grau em que, em seu alcance e poder, aproxima-se da genialidade. Portanto, o intelecto mais eficientemente desenvolvido é aquele que, livre de limitações, pode convergir todas as suas faculdades, com o melhor efeito, para um determinado assunto; e, além disso, será o método de educação mais eficiente aquele que desenvolver tal intelecto.

2. Aqui somos levados a perguntar: que forma de educação produzirá o resultado desejado? Vimos que não é o curso de nível superior sobrecarregado. Ele força demais o talento, em termos de conteúdo e tempo, quanto à sua inclinação natural. Sob suas cobranças, o vigor e a energia do intelecto prostram-se. O cansaço do espírito impede qualquer

2 Lembro-me de que há exceções notáveis quanto a essa afirmação. Michelangelo, por exemplo, destacou-se como arquiteto, escultor, pintor e poeta.

esforço para recuperar sua elasticidade. As faculdades estão exauridas e não fortalecidas; estão destruídas e não disciplinadas; comprimidas, distorcidas e não desenvolvidas. Tampouco o sistema de estudos opcionais produzirá essa eficiência. Ele estreita o intelecto, fecha a porta para um maior alargamento mental, enterra o homem em sua profissão e faz dele escravo de sua especialidade. Mas o homem tem deveres a cumprir em relação à sociedade, assim como em relação à ciência, às letras e às indústrias. Tais deveres exigem que ele cultive todos os seus talentos, e que tenha uma inteligência geral em relação às mil e uma questões que batem à porta de seu intelecto querendo entrar, clamando pela formação de uma opinião sobre seus méritos e postura. Para ir além de expressar simples banalidades e obviedades sobre cada tema que surgir durante uma hora de conversa, é preciso ter a mente bem disciplinada e repleta de informações precisas. Tais informações devem provir de muitos lados. Devem abranger fatos e números; nomes e datas; terminologia árida e descrições vivas em palavras dirigidas à imaginação; deduções científicas sérias e alimento para os sentimentos — todos sistematizados e claramente apreendidos. Portanto, no curso de nível superior destinado a fornecer esse preparo, deve-se enfatizar tanto o treinamento literário quanto o científico, com a predominância de um ou de outro conforme a inclinação natural do aluno. Não um curso exclusivamente clássico, mas uma boa base clássica; não uma tentativa de englobar todas as ciências, mas um conhecimento profundo dos princípios e elementos de uma ou de algumas — eis o que considero como o alcance de uma educação de nível superior, transmitida de forma inteligente e eficiente.

3. Outro fato a ser levado em consideração é o seguinte: como regra, nossos rapazes abandonam seus estudos prematuramente. Sua instrução de nível superior geralmente lhes basta, e sobre ela constroem sua vida posterior de pensamentos e observações. Eles não dispõem de quatro anos relaxados para digerir, corrigir, melhorar, assimilar o material bruto que recolheram às pressas. Se ingressam numa universidade após a formatura, é, em geral, para seguir uma profissão aprendida e não para continuar com seus estudos acadêmicos. Por esse motivo, nossas faculdades devem, em matéria de instrução, combinar a liberdade da universidade com a séria e total disciplina do nível superior. Em vez de multiplicados, os estudos devem ser reduzidos, até o último ano. O talento predominante do aluno precisa ser considerado. Se sua tendência mental é para

a matemática e para as ciências físicas, que ele seja incentivado a buscar a matemática e as ciências físicas; se é para os clássicos e a filologia, que tenha a oportunidade de desenvolvê-lo; se for para literatura e história, dê--lhe a chance e a assistência necessárias para destacar-se nessas áreas. Os meios para alcançar o resultado desejado são muitos. Matthew Arnold aponta alguns, praticados nas escolas de ensino médio alemãs. Em determinada localidade, ele descobriu que os alunos tinham, a cada semana, um "dia de estudo" (*Studientag*) durante o qual estavam livres de todas as aulas: podiam dedicar-se a seus estudos favoritos. E ele nos relata que "no mesmo espírito, no ginásio em geral, meninos promissores e destacados são dispensados de certas lições da escola para poderem trabalhar em assuntos de especial interesse".[3] Arnold observa ainda que os resultados desse estudo específico devem aparecer nos exames e ser considerados no diploma de conclusão. Outros meios igualmente eficientes podem ocorrer aos senhores. Quais são eles, pouco importa, desde que os jovens sejam ensinados a pensar, que sejam submetidos a essa disciplina mental que gera vigor mental e precisão no pensamento e que, assim, sejam preparados para lidar de maneira abrangente com os problemas da vida.

4. Para concluir, gostaria de fazer a seguinte observação: se, na sua experiência ou na minha, depararmo-nos com um sistema que se interponha entre o aluno e o desenvolvimento correto de seu intelecto (um sistema que não passa de uma cama de Procusto[4] para sua capacidade natural), seja ele baseado em preconceitos antiquados ou o resultado de uma teoria nova em folha (seja qual for sua origem), que pereça o sistema, já que é de mãos humanas, e que viva o intelecto, pois ele é obra de Deus.

3 Matthew Arnold, *Higher Schools and Universities in Germany*, p. 134.

4 Gigante que mutilava seus hóspedes para que coubessem em sua cama: ou eram esticados, ou tinham os pés cortados — NE.

A escola claustral[I]

I

DESTACAMOS este livro [referido na nota] apenas para chamar a atenção para a natureza de suas afirmativas, muitas delas impetuosas e enganadoras. Somos informados, por exemplo, de que a causa da deficiência da civilização dos chineses está no fato de que sua educação como um todo era um sistema de memorização. Isso, de fato, é novidade. Trata-se, porém, de uma afirmação que provavelmente seguirá inquestionada. Apenas poucos leitores do Senhor Johonnot se interessam pelo mecanismo complexo da educação chinesa. O autor logo começa pelo que ele chama de "método de memorização monacal". Ele não nos diz como era o método, em vez disso, coloca-nos diante do que considera uma deleitosa informação.

Eis aqui uma pequena degustação do que nossos professores do ensino público têm repisado pelos últimos dez anos:

> O esforço dos professores monacais visava tanto excluir qualquer conhecimento que não sugerisse diretamente suas opiniões e sua autoridade quanto promover aquele que o fizesse. A escola pouco ou nada fazia para

1 *American Ecclesiastical Review*; James Johonnot, *Principles and Practice of Teaching*. Nova York: D. Appleton & Co., 1881.

> livrar o povo da ignorância. A ciência era interditada pela Igreja como sendo contrária à religião. "Por séculos", afirma Hallam, "para sintetizar o tanto de ignorância em uma palavra, era raro um leigo de qualquer classe social saber assinar o próprio nome".[2]

É, de fato, difícil manter a alma em paz ante a provocação de palavras tão temerárias. Será que o Senhor Johonnot sabe que a afirmação de Hallam foi inteiramente refutada por Maitland em seu *Dark Ages*? Entretanto, fica claro que a luz lançada por Maitland sobre esse período brilhou em vão para o Senhor Johonnot.

Ora, não precisamos ir longe para encontrar um ensinamento contrário. Desde que Hallam escreveu e Maitland escreveu, os homens estão em condições de saber mais. Nos dias de hoje, eles não podem fazer afirmações de grande efeito em relação à Idade Média mais do que em relação ao século XIX. Na revista mais recente que chega à nossa mesa, lemos:

> Se o vilarejo do século XIV era menos prejudicado do que imaginamos em relação aos medicamentos do corpo, parece que o treinamento da mente não era tão absolutamente inexistente na classe rural como costumamos afirmar. Muitos dos lavradores nas fazendas de Bonis assinavam o nome, embora seu conhecimento de escrita terminasse ali. Mas, numa época em que as contas entre arrendatário e proprietário eram especialmente complicadas, todo fazendeiro arrendatário era obrigado a ter um certo conhecimento de contabilidade. Sem dúvida, muitas vezes o arrendatário era mais instruído que o seu senhor. As escolas primárias eram comuns. Em todo vilarejo mais destacado, quando não em todo pequeno povoado, havia um mestre-escola, geralmente indicado pelo benfeitor dos habitantes do lugar.[3]

Isso é história; isso é verdadeiro, e resulta de uma pesquisa exaustiva. No entanto, ousamos afirmar que o mito do raro homem comum de Hallam que sabia assinar o próprio nome continuará sendo legado por força da maré do preconceito até que o sociável neozelandês de Macaulay o classifique em algum museu do futuro com seu esboço das ruínas da

2 Ibid., p. 170.

3 Agnes Mary Frances Robinson (Senhora James François Darmsteter), "Rural Life in France in the 14th Century", em *The Fortnightly Review*, dezembro de 1890.

Igreja de St. Paul. Mas, por enquanto, nós nos indagamos com toda a honestidade: como é que vemos disseminadas, entre nossos professores de escola pública, como conhecimento ou informações precisas, colocações tão repugnantes por sua ignorância, preconceito e intolerância? Por que a inteligência desse grupo respeitável precisa ser ultrajada por afirmações tão rudes e desalinhadas com a história? Com certeza, entre todos os homens, são os educadores que devem saber sobre a última e mais precisa palavra na história, na literatura ou na ciência.

Perceba como o Senhor Johonnot reúne toda a educação medieval sob o título "monástica", e depois a apaga com uma única penada. Será que lhe ocorreu — será que ele sabe — a quantidade e a variedade das escolas existentes nas Idades Antiga e Medieval? Havia as escolas rurais, as escolas episcopais, as escolas catedrais, as escolas primárias, as escolas claustrais, os seminários menores, as faculdades, a escola palaciana e a universidade. Assim, encontramos a escola monástica apenas como uma entre muitas. Contudo, já que o autor inconscientemente chamou atenção para a educação dada pelos monges, pode ser interessante examinar os métodos adotados e a educação ministrada nas escolas claustrais.

II

As escolas claustrais começaram com o estabelecimento das instituições monásticas, e floresceram com Pacômio, em Tabena, na primeira metade do século IV. As portas de seu mosteiro estavam abertas às crianças assim como aos adultos. As aulas eram ministradas três vezes por dia àqueles com instrução deficiente. Exigia-se que todos conhecessem os Salmos e o Novo Testamento. Cada casa possuía sua própria biblioteca. Três vezes por semana, um irmão, especialmente designado para tal, explicava a fundo as verdades e os mistérios da fé. Os catecúmenos também eram instruídos em períodos determinados. As regras são assim detalhadas para nos dar uma noção dos métodos educacionais do Oriente. Caso o aspirante à vida religiosa fosse incapaz de ler, ele deveria ser enviado a um irmão designado para ensiná-lo e, diante dele, aprender com toda a gratidão. Logo depois, ele teria de aprender a escrever as letras, as sílabas, as palavras e os nomes, e era obrigado a ler, sabendo ou não. Não era permitido permanecer no mosteiro aquele que não tivesse aprendido a ler e que não conhecesse algumas das Escrituras, no mínimo o Livro dos Salmos e o Novo Testamento.[4]

Como às margens do Nilo, assim era no mosteiro em Belém.[5] E, na segunda metade do século IV, São Basílio organizou escolas semelhantes em Cesaréia. A reputação desse santo como educador era tamanha que os magistrados da cidade insistiram para que ele dirigisse a escola pública e, quando ele recusou, o povo em massa implorou-lhe para que aceitasse o pedido. Basílio, porém, tinha outra área de trabalho, à qual dedicava toda sua energia.[6] No século V, o mosteiro de Lerins, sob São Honorato, tornou-se berço de conhecimento e piedade. Ali foram educados os dois filhos de Santo Euquério, sendo que o mais velho mal completara dez anos quando nele ingressou em 410.[7] Ali, São Lupo acendeu a tocha que, mais tarde, levou para Troyes. No Mosteiro de Nossa Senhora, fora dos muros daquela cidade, ele fundou uma escola que ficou famosa. Da mesma forma, São Martinho de Tours, cavalheiresco e generoso, erigiu escolas perto de Poitiers e em Marmoutier, perto de Tours.

Então, no início do século VI, encontramos uma célebre escola de freiras em Arles, sob a orientação de São Cesário e cujas regras exigiam que fossem instruídas e que dedicassem nada menos do que duas horas diárias à leitura.[8] Havia pelo menos duzentas delas, e tornaram-se famosas pelo belo trabalho de cópia de manuscritos, sagrados e profanos.[9] Dos séculos VI ao VIII, essas escolas claustrais proliferaram. Aquele, porém, que as organizou, assim como toda a vida monástica no Ocidente, foi São Bento.

Não vamos fazer aqui um relato de sua vida, pois já é bem conhecida. Basta dizer que o mundo civilizado tem uma dívida de gratidão para com São Bento que jamais poderá quitar. Ele estabeleceu uma Regra que foi uma maravilha de sabedoria para sua época e geração. Nessa Regra parece predominar o trabalho braçal, mas um breve relance pelo temperamento e espírito do momento mostrará como esse grande homem foi ponderado ao atribuir ocupações ao ar livre às naturezas fortes,

4 São Pacômio, *Regula S. Pachomii*, cap. CXXXIX, CXL.

5 Mabillon, *Études Monastiques*. Paris, 1691, p. 11.

6 Fleury, *Historiæ Ecclesiasticæ*, vol. III, XIV, p. 545.

7 Abade Goux, *Lérins Au Cinquième Siècle: Thèse Présentée À La Faculté Des Lettres de Paris*.

8 São Cesário, *Regula S. Cæsarii*. Migne, XVII, t. LXVII, 1109.

9 *Vita S. Cæsarii*, cap. XLIV.

porém avessas a se debruçarem sobre os livros. Com o passar do tempo, os homens tornaram-se mais civilizados, a cultura do espírito generalizou-se e os monges adequaram-se à contingência. Assim, sua influência propagou-se de região para região, até que todos os amantes do saber os consideraram tão benditos na memória quanto são no nome.

É verdade que as regras de São Bento falam relativamente pouco sobre o estudo, mas seria um falso juízo concluir daí que todo e qualquer estudo estava proscrito. Dentro das limitações das regras mais estritas há sempre liberdade de ação em relação a inúmeras coisas segundo as épocas e os lugares. E quando Bento recomenda a seus irmãos que escrevam num estilo leve, simples e modesto,[10] ele pressupõe que esses irmãos tenham realizado os estudos preliminares. E assim haviam feito, de fato. Durante seu tempo de vida, Bento assumiu a educação dos filhos pequenos da nobreza romana. Essas crianças eram instruídas até os quinze anos junto com os jovens que haviam sido consagrados pelos pais ao serviço de Deus. Tinham, em seguida, de decidir entre permanecer e ingressar no noviciado ou sair para o mundo. Já no século V percebemos o efeito dessa base religiosa nos homens que vivem no mundo.

Assim, Sidônio, elogiando Vectius, destacado oficial militar, diz: "Ele lê com freqüência as Sagradas Escrituras, especialmente às refeições, assim compartilhando, ao mesmo tempo, o alimento para a alma e o alimento para o corpo. Ele costuma recitar os Salmos, e mais vezes ainda os entoa".[11]

Mais tarde, Eginhardo, o biógrafo de Carlos Magno, conta-nos que o grande monarca fazia com que alguém lesse para ele durante as refeições, e entre os assuntos mencionados estão a história antiga e as obras de Santo Agostinho, especialmente sua obra-prima, *A cidade de Deus*.

Daí em diante, um novo ideal de grandeza é estabelecido. São João Crisóstomo, percebendo o grande benefício dessa educação religiosa, assim estimula os pais:

> Não retirem seus filhos do deserto antes da hora. Permitam que os princípios da disciplina sagrada sejam impressos em sua mente, e que a virtude crie raízes em seu coração. Nem que sejam necessários dez ou até vinte anos para completar sua formação nos mosteiros, não se deixem perturbar. Quanto mais eles se exercitarem nessa instituição,

10 São Bento, *Regra*.

11 Fauriel, *Histoire de Gaule Meridionelle*, vol. I, p. 404.

> mais fortes ficarão. Melhor ainda, que não haja tempo determinado, e deixem que sua cultura só tenha por limite o amadurecimento dos frutos por ela produzidos.[12]

Essa é uma passagem notável, indicativa do costume que prevalecia no Ocidente como também do extenso curso da formação então ministrada nesses mosteiros. Na verdade, o Papa Sirício ficou tão impressionado com a ordem e a disciplina das escolas claustrais, que recomendava firmemente que os padres a serem ordenados fossem escolhidos, quase de forma exclusiva, dentre candidatos provenientes dos mosteiros.[13]

III

Para compreender a Regra de Bento e os escritos dos primeiros Padres em relação à cultura literária, devemos lembrar-nos de que o treino do intelecto, assim como o treino da mão, não acontecia pelo treino em si. Eram simplesmente meios para determinado fim. Era a disciplina e o desenvolvimento do homem integral na direção de algo superior. Era o crescimento da alma na direção da perfeição. Tudo o mais se subordinava a tal meta. Aquele que adentrava esse curso tinha de ser um candidato motivado. "Conforme se avança no caminho da piedade e da fé, e o coração expande-se e torna-se mais generoso, trilha-se a senda dos mandamentos do Senhor com um sentimento de amor e inefável mansidão".[14]

Portanto, o trabalho braçal não é imposto pelo trabalho em si. É simplesmente indicado como um antídoto contra a preguiça e, ao que parece, como meio de revigorar o intelecto para o estudo. Assim, sabemos que, sendo a preguiça a inimiga das almas, os irmãos têm de devotar alguns momentos ao trabalho braçal e outros à leitura de textos sagrados. A labuta começa na primeira hora do dia até à quarta, e da quarta até aproximadamente a sexta eles se dedicam à leitura de textos sagrados. A ignorância, além de ser uma vergonha, é muito prejudicial para os homens religiosos. Não devemos ser filhos degenerados daqueles Santos Padres tão ilustres em toda espécie de doutrina.

12 São João Crisóstomo, *Adversus oppugnatores vitæ monasticæ*, III, cap. XVI.

13 Hardouin, *Siricius Papa Epistola I ad Himerium Tarraconen*, p. 857.

14 Prefácio de São Bento à Regra.

No entanto, disciplina e um método simples e acessível a todos são indispensáveis para a aquisição do conhecimento. Se qualquer um quiser ler reservadamente, poderá fazê-lo contanto que não incomode ninguém. No inverno, ao deixarem a mesa, os irmãos devem devotar o tempo restante à leitura ou ao aprendizado dos Salmos. No início da Quaresma, cada irmão recebe um livro a ser lido do começo ao fim. Os domingos inteiros serão de leitura, exceto para aqueles com obrigações e ocupações específicas. Um irmão deve ser advertido no sentido de observar que o tempo designado à leitura e ao estudo seja empregado para esse fim e não a outro qualquer.[15] Mesmo os eventuais visitantes do mosteiro não devem partir sem que o Pão da Vida seja repartido com eles. Assim, um dos pontos observados no recebimento de visitantes é que um irmão se apresente a eles e, primeiro, leia alguma passagem das Sagradas Escrituras e, em seguida, receba-os com a maior atenção possível.[16] Belo hábito esse, de lançar as sementes para muitas colheitas proveitosas.

Assim era o lado intelectual da Regra de São Bento. Num comentário a respeito, Dom Morel afirma: "A leitura que São Bento nos oferece como remédio eficiente contra a preguiça também significa estudo, e tanto a leitura quanto o estudo, assim como o trabalho braçal, digamos que precisam ser de uma natureza apropriada ao nosso estado, pois de outra forma não nos protegeriam contra a preguiça e a perda de tempo".[17]

Era com esse espírito que Bento insistia para que os irmãos não perdessem tempo com obras da imaginação. Ele considerava suficiente o tempo dedicado a elas durante o período do estudo preparatório. Daí o caráter sólido da obra realizada por homens como Cassiodoro até Dom Guéranger e o Cardeal Pitra. Pedro, o Venerável, expressou com palavras belas e claras o espírito beneditino do estudo e da escrita:

> Não podemos plantar e regar sempre; por vezes, temos de abandonar o arado pela pena e, em vez de lavorar os campos, temos de folhear as páginas das letras sagradas, de espalhar sobre o papel as sementes da Palavra Divina, que no tempo da colheita, ou seja, quando os livros forem concluídos, poderão alimentar os leitores famintos com frutos abundantes, e com o pão celestial expulsarão a fome imortal de suas almas.

15 São Bento, op. cit., cap. XLVIII.

16 Ibid., cap. LIII.

17 Morel, *Meditations sur la Règle de St. Benoît*. Paris, 1752, p. 512.

> Assim, eles se tornarão o pregador silencioso da palavra sagrada. Embora seus lábios estejam emudecidos, de sua mão ressoará uma voz poderosa entre muitas pessoas, e, após sua morte, o mérito de suas obras será ainda maior perante Deus, e sua vida, mais duradoura.[18]

Com o avanço da civilização, os estudos beneditinos propagaram-se, e as obras beneditinas no campo literário cresceram rapidamente. Gramática, retórica e filosofia tinham espaço próprio no programa do aluno adiantado. Ele aprendeu a santificar suas leituras profanas por meio de oração e penitência, e praticando a obediência. Nisso baseava-se o segredo da força e da grande influência dos beneditinos. É com justo orgulho que o erudito e infatigável Mabillon registrou: "Por séculos, praticamente sozinha, a Ordem de São Bento manteve e preservou as letras na Europa. Não havia outros mestres em nossos mosteiros e, muitas vezes, as escolas catedrais conseguiam os seus na mesma fonte. Apenas a partir do final do século X e início do século XI é que os clérigos seculares (ou diocesanos) começaram a ensinar".[19]

Os mestres eram escolhidos com cuidado. Bento enfatizava três qualidades a serem consideradas ao se eleger um decano, a saber, "sua personalidade, sua sabedoria, sua doutrina".[20] E os comentaristas concordam em que aqui a palavra "doutrina" inclui conhecimento. Na Regra, conforme vigorava cem anos após a época de Bento, lemos: "Nas horas indicadas para leitura, os jovens religiosos devem ser instruídos por um mestre qualificado".[21] Soubemos que São Ferreol dispensava o abade do trabalho braçal para que tivesse tempo de estudar o que devia ensinar a seus religiosos.[22] Era seu dever providenciar para que o mestre fizesse jus a seu cargo. Ele deveria dedicar três horas por dia à escola dos irmãos ordenados. Ele decidia os estudos que cada um deveria seguir, de acordo com o respectivo talento, gosto e inclinação.

Aqueles que ensinavam nas classes ou seguiam estudos e pesquisas especiais estavam isentos do trabalho braçal e dos ofícios noturnos, mas levantavam-se para suas orações às quatro da manhã. Se um professor

18 Pedro de Montboissier, *Acta Ordin. S. Bened.*

19 Mabillon, op. cit., p. 135.

20 São Bento, op. cit., cap. XX.

21 Mabillon, op. cit., p. 18.

22 Cap. L.

fosse visto como grosseiro ou incompetente, ele era removido imediatamente e substituído por outro de idade mais madura, que se distinguisse pela experiência e tivesse dado provas de humildade de caráter. Do mestre passemos às escolas.

IV

A meta primordial da escola monástica era preparar candidatos para o recrutamento da vida religiosa. Era isso o que imprimia o tom e a cor aos estudos e à disciplina. Era essa a idéia predominante de São Basílio ao rascunhar as regras e os regulamentos dessas escolas. Na verdade, ele faz a pergunta: "Deveria haver um mestre para instruir crianças seculares?".

E ele responde que, sob certas circunstâncias, crianças seculares poderiam ser admitidas.

> O Apóstolo disse: "E vós, pais, não provoqueis a ira de seus filhos, mas trazei-os para a disciplina e a correção do Senhor". Se os pais que trouxerem os filhos aqui o fizerem com esse espírito, e se aqueles que receberem as crianças assim oferecidas puderem criá-las na disciplina e na correção do Senhor, observemos os preceitos contidos nessas palavras: "Deixai vir a mim as criancinhas, pois delas é o reino dos Céus". Mas, para além dessa finalidade e dessa esperança, suponho que não seria do agrado de Deus, ou conveniente para nós, ou realmente útil.[23]

Basílio recebia órfãos em suas escolas, assim como crianças das mãos de seus pais diante de testemunhas. Ele deve ter recebido meninas também além de meninos, já que o grande doutor assevera que deviam ser mantidos separados.

Bento celebrava uma cerimônia solene para acompanhar o oferecimento de uma criança ao serviço de Deus. A mão da criança, mais a oferenda que a acompanhava e a promessa por escrito em que os pais atestavam que, livremente e de comum acordo e sem qualquer tipo de coerção, dedicavam a criança ao serviço de Deus como um religioso, eram amarradas com o véu ou toalha do altar.[24] O abade ou alguém que o representasse recebia a criança como uma responsabilidade sagrada,

23 São Basílio, *Regulæ Brevius Tractæ*, interrog. CCXCII.

24 São Bento, op. cit., cap. LIX.

a ser guardada e protegida contra todo mal e para ser criada no temor e no amor de Deus. No entanto, como já visto, além das crianças assim consagradas à vida religiosa e dos órfãos mencionados por São Basílio, havia crianças colocadas à sombra do santuário para protegê-las da tentação e confirmá-las na disciplina religiosa e no conhecimento de sua religião. Mais tarde, essas crianças poderiam honradamente reingressar no mundo. Assim se deu com São Mauro e São Plácido, criados por São Bento desde sua juventude junto a muitas outras crianças das primeiras famílias de Roma.[25]

Essas crianças tinham um regulamento próprio. Tinham suas horas de estudo e de recreação, de acordar e de se recolher. Cantavam no coro e iam acostumando-se, de forma gradual, à disciplina da vida religiosa. Bento dedicou um capítulo ao modo como idosos e crianças deveriam ser tratados. Os irmãos recebiam ordem para ter a devida consideração pela fragilidade deles. Eles não deveriam observar jejuns rigorosos e teriam refeições mais freqüentes. Mas podemos conhecer melhor o espírito e o alcance das escolas monásticas com seu grande organizador, o esclarecido Basílio.

Os meninos eram admitidos com cinco ou seis anos. Eles eram mantidos separados dos integrantes mais velhos da comunidade, por quem sempre deveriam ser edificados, "porque", ele acrescenta, "aquele que é um menino em termos de intelecto não deve ser distinguido daquele que é um menino em termos de idade".[26] Ele localizava as áreas de recreação de tal forma que ao se exercitarem ou se divertirem não perturbassem os membros mais velhos da comunidade. Sua alimentação era substancial e compatível com a idade e a força. Era permitido que se juntassem aos mais velhos para as orações diárias, mas eram liberados das preces noturnas.

Basílio sentia que a pedra angular da educação como um todo estava na formação do caráter. Nesse ponto, ele entra em detalhes tão minuciosos quanto elucidativos. O menino briga com seus companheiros? Que ele seja devidamente castigado e que façam as pazes entre si. Ele come ou bebe fora de hora? Que jejue a maior parte do dia. Ele mentiu, disse palavras de orgulho ou vaidade, ou violou as regras seriamente?

25 Mabillon, op. cit., p. 65.

26 São Basílio, *Regulæ Fusius Tractatæ*, q. xv.

Que seja punido com a abstenção de comida e com o silêncio — *et ventre et silentio castigetur*. Ele tem se alimentado sofregamente ou se comportado mal às refeições? Que seja retirado da mesa, e perceba como os outros comem com a maior polidez exigida pelas regras. Um menino está zangado com um companheiro? Que peça desculpas a ele, e até fique ao seu dispor por algum tempo, de acordo com a gravidade da falta, "porque a continuidade desse estado de humilhação reprime a última fagulha de ira na alma, enquanto, de outra forma, um estado de superioridade dispõe a alma para esse vício". As falhas da criança devem sempre ser corrigidas com benevolência paternal e com linguagem moderada, e o tipo de castigo deve ser de acordo com o tamanho do malfeito. Basílio não permitia que todos os mestres castigassem indiscriminadamente. Havia um deles destacado para essa tarefa, e, no caso das faltas graves, a criança era levada até ele. Esse sistema de disciplina como um todo visava ao autocontrole.[27]

Suas regras para o estudo não eram menos admiráveis. Na verdade, sua concepção do intelecto juvenil é tal que qualquer educador moderno a aprovaria sem restrições. O segredo do sucesso estava em controlar o poder de atenção da criança. Para reprimir a divagação mental, ele preenchia o tempo dela com uma ocupação ou outra. E ele aconselhava o mestre a perguntar aos meninos, de tempos em tempos, onde estavam suas mentes e no que estavam pensando. Ele assemelhava a mente da criança à cera amolecida, facilmente moldável. O mestre devia ter em constante consideração preservar a elasticidade mental do aluno. Com essa visão, o mestre devia sempre fazer perguntas, dar prêmios pelas composições e exercitar-lhes a memória, "de modo que eles possam se dedicar ao estudo como uma recreação da mente, sem medo e sem repugnância".

Os assuntos estudados em primeiro lugar eram a gramática e a retórica. Quando bem pequenas, as crianças eram familiarizadas com as palavras e as expressões das Escrituras. Em vez das fábulas poéticas dos tempos pagãos, eram ensinadas a "narrar os fatos admiráveis da história sagrada e as frases do Livro dos Provérbios". Naqueles primeiros tempos, quando era nítida a divisa entre o pagão e o cristão, o que merecia a maior ênfase era o treinamento religioso da criança. Tudo o mais se submetia a isso. As escolas públicas da Grécia e da Roma Antigas

27 Ibid.

estavam desaparecendo ante a luz do cristianismo, e os pais buscavam uma atmosfera mais moralizada para os filhos. Assim, batendo à porta dos mosteiros, imploravam para eles um refúgio e o treinamento religioso que só podia ser encontrado naqueles redutos de oração e estudo.

O que os pais desejavam, e o sentimento com que a Igreja respondia a esse desejo, tem a melhor expressão na advertência de um bispo de Metz àqueles clérigos que cuidavam de crianças:

> Que essas crianças criadas ou instruídas em congregações sejam tão bem resguardadas pela disciplina eclesiástica que sua idade frágil, inclinada ao pecado, não encontre saída para uma única falta. Que um irmão de conduta irretocável lhes seja oferecido para que as guarde e ensine no sentido espiritual das Escrituras. Que todas sejam reunidas no mesmo recinto, sob a autoridade de um mestre mais velho e experiente, capaz de fornecer a elas lições avançadas e ser um bom exemplo, ou, caso ele não ensine, que ocupe uma posição de responsabilidade pela sua supervisão.[28]

Jonas, um bispo de Orléans, escreveu um tratado para leigos, que o beneditino D'Achery chama de "livro de ouro". É um tratado prático sobre o uso dos sacramentos, os direitos recíprocos entre marido e mulher, sobre pais e filhos e temas espirituais como morte, julgamento e outros do gênero. Há um capítulo dedicado à instrução das crianças, mas o único ponto enfatizado pelo bondoso bispo é que, desde a idade mais tenra, sejam ensinadas às crianças as verdades de sua religião.[29]

Mas não devemos de forma alguma imaginar que o Catecismo foi, em dado momento, o único assunto ensinado nas escolas claustrais. A gramática daquela época, por exemplo, abrangia um campo muito mais vasto do que os simples detalhes técnicos hoje associados ao nome. Entretanto, vemos que São Basílio previu os tempos modernos em outro aspecto. Hoje, fala-se muito sobre treinamento manual e a formação de escolas de comércio. Ora, acontece que, certamente, e como algo essencial sem o qual a educação seria incompleta e a vida monástica ficaria a desejar, Basílio orientou para que algumas atividades fossem ensinadas e praticadas. As crianças

28 *Spicilegium Acherii*, t. I, p. 574.

29 Jonas de Orleães, "Spicilegium", em *Jonæ Aurelianensis Episcopi Libri de Instituttione Laicali*, pp. 238–232. Jonas viveu durante o reinado de Carlos, o Calvo.

deviam começar a aprender uma ou outra assim que fossem capazes. Entre aquelas recomendadas estavam: tecelagem e alfaiataria (dentro de certas limitações), arquitetura, marcenaria e metalurgia e, acima de tudo, agricultura.[30] Com certeza, a instrução escolar de mãos habilidosas em todas essas atividades não deve ser desprezada.

No entanto, embora os regulamentos nada indiquem, podemos encontrar noutra parte indicações de que o ensinamento transmitido nas escolas claustrais foi, ao mesmo tempo, profundo e prático. O estudioso de velhos livros sobre história e literatura (e qual escrito não conta uma história interessante para aquele que sabe o segredo de como chegar ao âmago de um livro?) está familiarizado com o livro de fórmulas preparado por volta do final do século VII pelo monge Marculfo, sob o comando de Landi, bispo de Paris. Há ali alvarás reais e modelos de testamentos, escrituras, transferências e coisas afins, que o eficiente homem de negócios precisa conhecer. Ora, Marculfo toma o cuidado de nos informar que escreveu essas fórmulas não para os instruídos, mas com a intenção de "exercitar crianças que são iniciantes". E acrescenta: "Fiz o melhor que pude com simplicidade e clareza, para que a boa vontade possa desfrutá-lo".

No século VII, monges irlandeses adentraram a Europa, introduzindo o gosto pelo grego e pela matemática, e iniciando os jovens irmãos no belo estilo de cópia e ilustração de manuscritos. Moengall leva os estudos irlandeses e o entusiasmo irlandês para as escolas claustrais de São Galo e, sob sua direção, realizaram-se discussões sobre gramática e filosofia em tal nível de sutileza que teriam agradado ao próprio mestre de Dante na Rua de Fouarre [rua que fica no quarteirão da Sorbonne].

O curso dos estudos no mosteiro de Santo Hilário de Poitiers durava mais de sete anos. Pelas palavras de Santo Acardo, aprendemos algo sobre o funcionamento de uma escola claustral de sua época. Ele era abençoado com o domínio "de uma doutrina e uma santidade tão elevadas que, convivendo com ele, a pessoa só tinha pensamentos para a sabedoria e ação apenas para a justiça". Idosos e jovens eram reunidos no mesmo cômodo. De início, a criança não era obrigada a aprender. Ela era colocada no banco da frente para escutar os alunos mais velhos recitarem suas lições. Quando o mestre de Acardo, Ansfrido, perguntou-lhe sobre

30 São Basílio, *Regulæ Brevius Tractæ*, q. XXXVIII.

o que mais desejava aprender, o menino respondeu: "Primeiro, os assuntos pertencentes a Deus, e depois aprenderei os campos básicos de estudo".[31] Durante os primeiros dois anos, o jovem aprendia apenas assuntos calculados para abrir e agilizar sua inteligência. O mestre exercitava toda a sua inventividade ao conferir um tom elevado e espiritual às coisas mais corriqueiras. Os cinco anos seguintes eram dedicados aos cursos regulares do trívio e do quadrívio. Os princípios do Direito Canônico foram incluídos no curso em Poitiers.[32]

O método era praticamente o mesmo nas escolas ligadas aos mosteiros beneditinos. A rotina diária da vida escolar seguida por Egberto, irmão do rei de Nortúmbria e bispo de York, foi-nos legada. Não há dúvida de que era o mesmo seguido por seu velho mestre Beda.

Soubemos que

> ele se levantava ao clarear do dia, e, quando não tomado por ocupações mais importantes, sentado em sua poltrona, ensinava seus alunos, sucessivamente, até o meio-dia. Retirava-se, então, para a capela e celebrava a missa. À hora do almoço, ele se dirigia ao salão comum, onde comia com moderação, embora cuidasse para que a carne fosse da melhor qualidade. Durante o almoço, sempre se lia um livro instrutivo. Até o anoitecer, ele se entretinha ouvindo seus alunos discutirem assuntos literários. Em seguida, repetia com eles o serviço das Completas, após o qual todos se ajoelhavam diante dele para receberem sua bênção. Os alunos, então, retiravam-se para descansar.[33]

Entre os alunos assim ensinados estava Alcuíno, que deixou um relato de seus estudos conduzidos sob a orientação do erudito Alberto. Segundo ele:

> O erudito Alberto deu de beber às mentes sedentas, na fonte das ciências. Para algumas dessas mentes, ele transmitiu a arte e as regras da gramática e, para outras, fez com que fluíssem enxurradas de retórica. Ele sabia como exercitar estes nas batalhas da jurisprudência, e aqueles nas canções de Adônia. Alguns aprenderam com ele a tocar melodias

31 "De rebus ruralibus", o que é ensinado nas escolas rurais. Essa é a interpretação que o Cardeal Pitra dá a essas palavras. Dom Pitra, *Vie de S. Leger*.

32 Ozanam, *Études Germaniques*, vol. II, p. 541.

33 *Vita Alcuini*, p. 141.

> de Castália e com veia poética chegar ao topo do Parnaso. Para outros ainda, ele ensinava a harmonia dos céus, as trajetórias do sol e da lua, as cinco zonas do pólo, os sete planetas, as leis do curso das estrelas, os movimentos do oceano, terremotos, a natureza do homem, animais, pássaros e de tudo o mais que habita a floresta. Ele desvendava as diferentes qualidades e combinações dos números, e ensinava a calcular com segurança o retorno solene do Tempo Pascal e, acima de tudo, ele explicava os mistérios das Sagradas Escrituras.[34]

Mais tarde, Alcuíno realizou esse curso ao organizar o sistema educacional da Gália. Ele fez de todo o conhecimento humano a base sobre a qual erigir as Sagradas Escrituras.

"Não desprezem as ciências humanas", disse ele, "mas façam delas uma fundação. Portanto, ensinem às crianças gramática e as doutrinas filosóficas, de modo que, galgando os degraus da sabedoria, elas alcancem o topo, que é a perfeição evangélica e, com o avançar dos anos, que possam aumentar os tesouros da sabedoria".[35]

E, noutro lugar, ele fala do melhoramento da memória "exercitando a aprendizagem, praticando a escrita e a energia constante no pensamento e evitando a embriaguez, que é o flagelo de qualquer estudo sério e que destrói também a saúde do corpo e o vigor mental".[36] No decorrer dos estudos programados por Carlos Magno para as escolas episcopais e monásticas de seus domínios são mencionados: leitura, estudo dos Salmos, aritmética, cantochão e escrita (composição). E, além disso, ele ordenou que os alunos recebessem livros-texto católicos apropriados e aprovados, especialmente as Escrituras Sagradas. O *scriptorium* que ele estabeleceu e supervisionou em Tours tornou-se renomado mundialmente pelo trabalho preciso e elegante ali realizado.

Ao retirar-se da corte para o mosteiro, ele organizou e dirigiu os estudos, e assim descreveu o trabalho de amor em que se envolveu: "Dedico-me a servir a alguns de meus alunos nesta casa de São Martinho o mel das

34 De Pontiff, *Eborac.*, 1431–1447.

35 Ep. 221.

36 *Alcuini Opera Omnia*. Paris: Ed. Duchesne, 1617, p. 1346. Há um fragmento desse diálogo entre Carlos Magno e Alcuíno na Biblioteca do Vaticano (Codex Vat. Lat. 4162), muito antigo e manuseado. Possuo partes transcritas dele contendo variações da cópia impressa. Deve ter sido parte da própria cópia que Alcuíno apresentou a Carlos. O fragmento está ligado a outros fragmentos, o primeiro deles começando com uma explicação do Credo de Atanásio.

Sagradas Escrituras. Tento inebriar os outros com o vinho velho dos estudos antigos. Uma classe, eu alimento com frutos delicados da ciência gramatical, aos olhos de outra apresento o ordenamento das estrelas".[37]

As próprias obras de Alcuíno são um bom critério do nível intelectual de sua época. Entre elas estão tratados de teologia, vidas dos santos, um livro sobre artes liberais, obras sobre retórica, lógica, gramática, ortografia, aritmética e um caderno de método escolar.[38]

Um exame da vida dos santos do século v ao século xii revela-nos o fato de que, nas escolas claustrais, os jovens aprendiam leitura, escrita, aritmética, gramática, lógica, os princípios de versificação, canto litúrgico, o Antigo e o Novo Testamento, teologia, às vezes Direito Canônico e mais tarde Aristóteles. Havia uma diferença de opinião quanto à extensão em que os autores clássicos da Antigüidade deveriam ser cultivados. Alguns, como Alcuíno, seguindo os passos de São Jerônimo, ensinaram os clássicos antigos em profundidade. Outros, como Santo Audoeno, declararam-se contrários à sua introdução além do que fosse minimamente necessário para ilustrar as regras gramaticais.

"Embora os ensinamentos da Igreja", diz o santo, "devam ter à sua disposição o encanto da eloqüência profana, deveriam fugir dela, pois a Igreja deve falar não para seitas filosóficas preguiçosas, mas para toda a raça humana. Qual a utilidade de disputas entre gramáticos, que mais parecem destruir do que construir?".[39]

Esse raciocínio, porém, não se sustentaria. Certamente Carlos Magno não concordou com ele. Ele desejava ver todo padre e todo monge usando a linguagem clássica e graciosa, de modo que todos que os ouvissem, encantados com o conhecimento que sua leitura e canto revelariam, sairiam agradecidos a Deus e felizes com Ele.[40] Refute todo o aprendizado profano e refutará as ferramentas e apetrechos para cultivar o aprendizado religioso. A partir de então, não demorará muito para que a grande piada de Rabelais se torne uma verdade absoluta: "Je n'étudie rien de ma part" [Da minha parte, eu não estudo nada], diz o Irmão Jean.

37 Ep. xxxviii.

38 Vide a edição de Duchesne de 1617, ou a edição de Migne.

39 Prólogo, *Vita S. Eligi*, t. lxxxvii, p. 439. Vide Ozanam, op. cit., p. 458 e ss. Segundo Ozanam, o santo estava denunciando os métodos evasivos da escola de gramáticos de Toulouse. No entanto, a não ser que tudo não passe de mero floreio retórico, o santo também condenaria os autores clássicos ao esquecimento.

40 Carlos Magno, *Capitularies*.

"En nôtre abbaye, nous n'étudions jamais, de peur des auripeaux.[41] Nôtre feu abbé disoit que c'est chose monstrueuse voir un moine sçavant".[42] [Jamais estudamos em nossa abadia, por medo de dores de ouvido. Nosso finado abade dizia que um monge sábio é uma coisa monstruosa].

Entretanto, assim como na escola claustral havia as horas de estudo, havia também as horas de brincadeira e descanso. Examinados os métodos e os assuntos ensinados, vejamos os alunos em sua diversão. Ora, acontece que temos à mão uma imagem de uma famosa escola claustral do século x. O quadro é desenhado com esmero, e informa com muita clareza que eram outros tempos, diferentes dos nossos, e que eram outros os modos e os costumes, impossíveis de serem julgados segundo os nossos padrões. No entanto, ele traz o período tão mais próximo de nós que não pouparei um detalhe importante.

Estamos no célebre Mosteiro de São Galo. O ano é 992. Não tema pelo barulho, pelos gritos de alegria que ouve. É a Festa dos Santos Inocentes, e os alunos estão comemorando o aniversário de uma visita feita pelo Imperador Conrado em 913. Naquela ocasião, o monarca havia instituído três dias de feriado para os alunos mais jovens. A porta da sala de recreação abre-se, surge um prelado, o Abade Salomão, recentemente sagrado bispo. Imediatamente os meninos mais malandros juntam-se para articular um plano, pois existe um costume pelo qual os alunos pegam todo novo visitante que chega à escola e o fazem prisioneiro até que ele se redima. É esse costume que o mais ousado entre eles deseja, agora, fazer valer. Mas há uma dificuldade. O prelado é também o abade do mosteiro, e, como abade, acredita estar protegido de qualquer abuso. Contudo, ele avaliava sem a lógica dos jovens dialéticos. "Vamos capturar o bispo e deixar o senhor abade", disseram. Ele se rende ao bom humor dos jovens, que o levam e o colocam na cadeira do professor — *in magistri solium*.

O bispo acedeu e, dirigindo-se aos meninos, disse: "Já que estou no lugar do seu mestre, tenho o direito de usar seus privilégios. Tirem o casaco para serem castigados". Os alunos ficaram surpresos, mas obedeceram na hora, pedindo, porém, que lhes fosse permitido se redimirem porque não fariam aquilo com seu professor. "Como assim?", perguntou o bom abade. A partir dali, os pequeninos começaram a falar com ele

41 "Dores de ouvido".

42 François Rabelais, *La vie de Gargantua et de Pantagruel*, I, cap. XXXIX.

no seu melhor latim; os intermediários dirigiram-se a ele em linguagem ritmada e os mais avançados, em versos. Cada classe defendeu-se da melhor forma possível e, assim, agradaram ao novo bispo. "Que mal lhe causamos", indagou a classe intermediária, "para que nos prejudicasse? Apelamos ao rei, pois agimos apenas dentro do nosso direito".[43] Pela boca de seu poeta, os versificadores disseram: "Nem sonhamos em ser punidos, já que o senhor era um novo visitante".[44] O abade, então, levantou-se, satisfeito em ver que os estudos que sempre haviam vicejado em São Galo ainda eram honrados, e abraçou e beijou cada criança, vestida com a própria camisa — *omnes, ita ut erant in lineis, exsurgens amplexatus et osculatus* [Então, levantando-se, abraçou e beijou a todos, que ainda estavam de túnicas] — e disse: "Enquanto eu viver, vou me redimir e recompensar tamanha aplicação". E acrescentou que desejava que os frades superiores se reunissem à frente da porta e decretou que, no futuro, todos os estudantes e seus sucessores comessem carne nos feriados instituídos pelo imperador, e que nesses dias lhes fossem servidos pratos e vinho da adega particular do abade. A narrativa acrescenta que o costume continuou sendo rigorosamente observado por muito tempo.[45]

V

As escolas monásticas variavam em quantidade e eficiência em países e épocas diferentes. Vigoraram de forma expressiva do século VI ao século IX. Esse período educacional caracterizou-se como o período beneditino; os monges beneditinos controlavam todas as escolas. Os mosteiros menores limitavam-se ao ensino elementar, já os maiores ensinavam os assuntos mais elevados. Em 817, o Conselho de Aix-la-Chapelle decretou que os jovens desejosos de seguir a vida religiosa (*oblati*) deveriam ser ensinados noutra escola, separados daqueles que voltariam para casa. Ambas as escolas tinham as mesmas lições e, muitas vezes, os mesmos professores.[46] No século VIII, Carlos Magno deu novo impulso ao aprendizado, mas as divergências e as guerras logo desfizeram a boa obra.

43 Quid tibi fecimus tale ut nobis facias male:/ Appellamus regem, quia nostram fecimus legem.

44 Non nobis pia spes fuerat cum sis novus hospes,/ Ut vetus in pejus transvertere tute velis jus.

45 Eckehardus Jun., *De Casibus Monasterii S. Galli*. Ed. Goldast, t. I, p. 21.

46 *Histoire Littéraire de France*, t. IV, p. 231.

Já no ano de 830, o diácono Floro (de Lyon) lamentou o declínio do aprendizado. "A princípio", afirma ele, "víamos apenas um príncipe e um povo, a lei e o magistrado regiam todas as cidades. [...] Por toda parte, os jovens aprendiam o Livro Sagrado, e o coração das crianças expandia-se sob a influência das letras e das artes. [...] Agora, toda a bênção da paz é destruída por ódios cruéis".[47]

Não que tenham faltado esforços, tanto por parte de Luís, o Piedoso, quanto de Carlos, o Calvo, para estimular as escolas. O segundo, principalmente, cercou-se de homens instruídos; sabemos que era seu desejo exortar os abades a consagrarem todo o seu empenho à educação infantil. Ele gostava de ver os irmãos ministrando instrução gratuita, visando a "agradar a Deus e a São Martinho".[48] Tais esforços foram de pouco proveito.

O século IX mergulhou na escuridão. O século X inaugurou uma era de guerras, derramamento de sangue e vinganças e, sobre os destroços, iniciou-se a construção de uma nova ordem. É o início da era do feudalismo. Durante os dois séculos seguintes, houve muita ignorância. Aqui e ali, longe dos cenários de guerra e depredação, a chama mantinha-se acesa e os monges trabalhavam em silêncio na tarefa de escrever crônicas e preservar e copiar manuscritos. No entanto, eles são a exceção. O Sínodo e o Concílio daquela época, especialmente na França, lamentam as trevas. O Concílio de Troslei, realizado em 909, fala, com toda a tristeza, de cristãos que viveram até a idade avançada ignorantes de seu credo e sem saber a oração do Pai-Nosso. Refere-se também aos abades, que, quando solicitados a ler, mal conhecendo uma palavra de seu abecedário, respondiam: "Nescio literas" [Não conheço as letras].[49] Noutra parte, soubemos de um prelado que não devotava tempo algum ao estudo e que só sabia contar as letras do alfabeto nos dedos. Em outras palavras, tinha parcos rudimentos do saber.[50] Na Itália, as letras floresceram com mais viço. Em 826, o Papa Eugênio II confirmou as leis de Carlos Magno e Luís, e deu novo impulso ao estudo das letras naquela terra clássica.[51] Ratério, bispo de Verona (consagrado bispo em 931), menciona três ordens de escolas onde os padres seriam ordenados.

47 Floro, *Carmina de Divisione Imperii*, vol. I, t. CXIX, col. 257.

48 *De Cheviers*, p. 82.

49 *Bibliothèque de Cluny*, p. 150.

50 "Et studiis quem nec constrinxerit una dierum; alphabetum sapiat, digito tantum numerare". *Adalberonis Carmen ad Robertum Regem Francorum*, versos 49–50.

51 Vide Tiraboschi, *Storia della letteratura italiana*, t. VII, l. III, cap. XVII, XXIII.

Ele nos relata que não ordenaria nenhum jovem que não tivesse estudado letras, seja em escolas episcopais, ou em algum mosteiro ou com algum mestre erudito.[52] Na Espanha, também, durante essa longa noite, surgiram escolas e a ciência avançava.

Gelberto (ca. 946–1003) estudou sob a orientação de seu tio em Vich, e trouxe de volta tantas melhorias educacionais que foi visto pelos ignorantes como um homem perigoso. Ele introduziu o ábaco, que simplificou sobremaneira a ciência da aritmética. Fez descobertas importantes na astronomia, explicou os céus e a Terra usando globos. Ele simplificou a ciência da música, "de forma que", observa Odão de Cluny, "as crianças podiam aprender, em três ou quatro dias, um ofício que antes cantores experientes levavam anos para dominar".

Fulberto (entre 952 e 970–1028) foi outra luz que teve discípulos brilhantes. "Ah!", exclama Adelmann, "com que dignidade moral, solidez de pensamento e encanto de linguagem ele nos explicou os segredos de uma ciência profunda".

Lanfranco (1005–1089) levou para Bec o conhecimento da Itália. A tocha acesa por ele iluminou a França. Sua escola lotou-se de jovens vindos de toda a Europa. Ele ensinava sem cobrar taxas, e os donativos oferecidos destinavam-se à construção do mosteiro. Antes de ser conhecido na Inglaterra como líder respeitado e conselheiro de Guilherme, o Conquistador, já ganhara a estima de milhares que haviam estudado sob sua direção. Por ocasião de sua visita a Roma, o Papa Alexandre II ergueu-se para cumprimentá-lo, dizendo: "Manifesto essa deferência a Lanfranco não por ele ser arcebispo, mas porque estive sob sua orientação junto a outros discípulos na escola de Bec".[53] E o infatigável Orderico Vital não encontra palavras para expressar seu apreço a esse grande luminar:

> Retirado da quietude do claustro pelo seu senso de obediência, tornou-se um mestre sobre cujos ensinamentos toda uma biblioteca de filosofia e teologia foi erigida. Era um expositor poderoso de questões difíceis em ambas as ciências. Foi sob esse mestre que os normandos receberam os primeiros rudimentos da literatura, e da escola de Bec vieram tantos filósofos de conquistas ilustres, tanto no saber divino quanto no secular.

52 *Synodica ad Presbyteros*. Migne, t. CXXXVI, col. 564, § 13.

53 Vide Guilherme de Malmesbury, *Antiq. Libr.*, p. 324.

> [...] A reputação do seu saber espalhou-se pela Europa inteira, e muitos se apressaram em receber lições dele, vindos da França, Gasconha, Britânia e Flanders. Para compreender o admirável brilhantismo e erudição de Lanfranco, era preciso ser um Herodiano na gramática, um Aristóteles na dialética, um Cícero na retórica e um Agostinho, um Jerônimo e outros expositores da lei e da graça nas Sagradas Escrituras.[54]

E quanto a Anselmo (1034–1109), sucessor de Lanfranco (seu sucessor na escola e sucessor na sé de Cantuária), o mesmo autor não é menos elogioso: "Homens cultos de projeção", afirma ele

> tanto eclesiásticos quanto seculares, acorriam para ouvir as doces palavras da verdade que fluíam de sua boca, encantando os buscadores da correção, como discursos de anjos, [...] todas as suas palavras eram valiosas e edificavam seus ouvintes embevecidos. Seus alunos atentos empenhavam-se em escrever suas cartas e discursos característicos, de modo que, profundamente neles imbuídos, beneficiavam bastante os outros e a si mesmos".[55]

Tampouco era um saber limitado aos priores. A mesma testemunha confiável atesta a cultura geral dos monges de Bec: "Os monges de Bec", ele afirma, "tornaram-se, assim, tão devotados aos interesses literários e tão treinados em levantar e solucionar questões difíceis de teologia, e em proveitosas discussões, que parecem ser quase todos filósofos. E aqueles entre eles que parecem ser analfabetos, e que poderiam ser chamados de palhaços, derivam de sua relação com os demais a vantagem de tornarem-se exímios gramáticos".[56]

Deste grande centro de saber saíram monges para todas as partes da França e da Inglaterra, para iluminar os caminhos obscuros.

No entanto, levaria horas a simples enumeração de todas as escolas claustrais que a história menciona no período mais obscuro. Entre outras, havia a escola de Saint-Benoît-sur-Loire, freqüentada por mais de cinco mil alunos, onde se exigia que cada um deles, ao sair, apresentasse dois manuscritos ao mosteiro.[57] Havia o mosteiro de Hildesheim.

54 Fleury, op. cit., IV. cap. VII.

55 Ibid., cap. XI.

56 Ibid., cap. XI.

57 Chateaubriand, *Études Historiques*, t. III, p. 144;

Com Bernardo, sua escola tornou-se famosa. O próprio Bernardo foi um dos homens mais notáveis de seu tempo. Sua atividade parecia ser limitada apenas por sua capacidade de resistência. Ele estava sempre questionando ou escrevendo ou envolvido com um trabalho braçal, nunca à toa. Era qualificado nas artes mecânicas. Ferreiro e marceneiro experiente, além de bom arquiteto, ele mesmo ensinava tudo isso aos alunos do seminário. Bernardo também copiava e fazia iluminuras nos manuscritos.[58]

Meinwerk, discípulo de Bernardo, fundou uma escola célebre em Osnabruck. Idamus (morto em 1066) herdou seu brilhantismo, piedade e saber, e continuou mantendo a fama da escola. O curso dos estudos era extenso e a disciplina, severa. Até os pais eram proibidos de visitar os alunos, para não os distrair dos estudos.[59] Na verdade, em todas as escolas medievais a disciplina era severa. A vara era considerada indispensável como meio de instrução. Os alunos mais jovens eram mantidos sob a mais estreita vigilância, dia e noite. Com tudo isso, os alunos eram tratados com atenção e candura paternas não poucas vezes patéticas.

Com o século XII, descortinou-se uma nova era. Há um movimento de elevação dos povos. As Cruzadas ajudaram a pôr abaixo a barreira das castas. Há uma fermentação geral do pensamento. As escolas secularizam-se. Os homens correm de lá para cá, consumidos por uma sede de conhecimento que nenhuma fonte conhecida parece capaz de saciar. Estabeleceu-se o período da escolástica. Os homens, em sua avidez por divergir, colocam abaixo as barreiras separadoras dos diversos assuntos que deveriam ensinar. Sob o pretexto de ensinar gramática, descobre-se que estão doutrinando os alunos em alguma sutileza filosófica. Esses são os homens criticados por Hugo de São Vítor por deixarem-se levar por um costume perverso: "Quando a gramática é o seu assunto, eles discutem a natureza dos silogismos; ao tratar da dialética, eles se ocupam com a inflexão das palavras".[60]

São Vítor foi um dos grandes centros de saber do século XII. Guilherme de Champeaux trouxe para ali algumas das luzes de Bec, e Anselmo de Laon levou adiante aquela chama brilhante que chegou a atrair até o gênio de Abelardo. A mão primorosa de Hugo deixou-nos o esboço de

58 Mabillon, *Vita S. Bernardi*, § 2–3, p. 181.

59 Theiner, *Histoire des Instituitions d'Education Ecclésiastiques*, p. 173.

60 *Eruditionis Didascalicæ*, III, cap. VI.

um belo quadro da vida de estudante nesse mosteiro, valioso demais para não ser citado:

> Imensa é a multidão e a variedade de idades que abrigo: meninos, rapazes, adultos jovens e mais velhos. Diversos são também os estudos. Alguns exercitam a língua inculta, pronunciando nossas letras e produzindo sons inusitados. Outros aprendem ouvindo primeiro a inflexão das palavras, sua composição e derivação, para depois repeti-las uns para os outros e, pela repetição, fixá-las na memória. Uns trabalham sobre tabuletas revestidas de cera, enquanto outros, com mão habilidosa, desenham sobre pergaminhos diversas imagens em diversas cores. Outros ainda, com um zelo mais pungente, parecem ocupados com os estudos mais sérios. Eles divergem entre si e cada um se esforça, por milhares de artimanhas e artifícios, para derrubar o outro. Vejo alguns fazendo cálculos. Outros, usando instrumentos, traçam com nitidez a trajetória das estrelas e o movimento dos céus. Outros, estudando a natureza das plantas, a constituição do homem e a qualidade e virtude de todas as coisas.[61]

Esse foi o tipo de trabalho realizado durante séculos nas escolas claustrais de maior porte. O relato de Hugo é quase idêntico ao de Alcuíno em seus dias de escola. Contudo, assim como a escola claustral ocasionou o declínio da escola episcopal, e em grande parte tomou o seu lugar, a universidade levou ao declínio da escola claustral.

61 *De Vanitate Mundi*, I, col. 707, t. III; Cf. João de Salisbury, *Metalog.*, II, cap. X.

A escola palatina

A origem da escola palatina antecede os tempos de Carlos Magno. Houve uma escola palaciana na corte merovíngia onde os filhos do rei e dos próceres eram educados.

"Desde a época de nossa primeira estirpe de reis", afirma Crévier, "encontramos vestígios de uma escola que funcionava em seu palácio, onde jovens nobres eram instruídos nas letras e nos conhecimentos que suas posições exigiam".[1]

Era um antigo costume alemão, mencionado por Tácito,[2] que os filhos dos vários chefes subordinados fossem recomendados à corte do mandatário e criados junto aos filhos do rei. Eles eram apresentados e adotados com uma cerimônia. O costume tornou-se a fonte do poder feudal. Esses jovens associavam-se ao nobre e seguiam-no com lealdade inabalável à batalha, ao exílio, à vitória e até à morte.

O cristianismo criou raízes e, aqui, assim como em toda parte, consagrou o costume. Conforme vimos a escola atrelada à igreja e ao claustro, da mesma forma vemos a escola palaciana identificar-se com a capela real. Na verdade, a escola é chamada de capela e a capela deve seu nome à *capella* de São Martinho de Tours.

O primeiro capelão foi Aptônio, que viveu sob Clóvis (481–511), e que pode ser considerado o pai da capela palatina.[3] Dali em diante, essa escola

1 Crévier, *Histoire De l'Université de Paris*, t. I, p. 26.

2 Tácito, *Germania*, cap. XIII.

3 *Gallia Christiana*, t. II, col. 979.

tornou-se o centro de onde se irradia a luz do saber na França. A luz nem sempre brilhou com a mesma intensidade. Passaram-se cinqüenta anos até que encontrássemos outro eminente capelão, Merério ou Mercário.[4]

Os nomes dos grandes homens que cristianizaram a França (todos eles provenientes dessa escola palatina) preencheriam um volume. Mencionamos São Remígio, que batizou Clóvis; Waast e Deodato, seus catequistas; Gormer de Toulouse, que aprendeu todas as Escrituras em três anos; Cesário de Acles, o monge erudito de Lerins, que ensinou seu povo a cantar hinos na igreja, em grego.

Os filhos de Clóvis continuaram a boa obra. Sob Teodorico, o mestre, esteve São Galo, tio-avô de Gregório de Tours, que, com seu canto, conquistou Teodorico de tal forma que este não conseguia se separar dele.

Sob o cuidado estimulante de Quildeberto e a piedosa Ultrogota e sua irmã, Svegota, a escola prosperou. Quildeberto é conhecido como o primeiro rei merovíngio familiarizado com o latim. Fortunato denomina-o "rei-padre, o clérigo coroado, outro Melquisedeque, vencedor da paz, da glória e do domínio dos pontífices". Esse príncipe reuniu homens eruditos de Roma e Constantinopla, da Inglaterra e da Irlanda. Realizavam-se simpósios nos jardins da corte. Ali, os dois bretões, Hermel e Hervanion, cantavam diariamente e sua voz suave fez deles os favoritos do rei. Hervanion, ou "pequeno Hervé", sabia muitas línguas, era um músico perfeito e compôs várias baladas e poemas. Ali, o jovem pastor Pátrocles exibiu seus dons maravilhosos, ele que, sem que os pais soubessem, freqüentou as escolas e tornou-se um tamanho prodígio de saber que Mummion o apresentou à escola palatina. Houve o laureado da corte, Venâncio Fortunato, que retirou o véu e permitiu que vislumbrássemos a vida escolar sob as nuvens daqueles tempos de tormenta.

Gregório de Tours encontra o saber em decadência. Mas, a partir de Clotário, a escola palatina pode ser claramente identificada. É entre os abades do palácio e do campo, entre os capelães e os capelães-mor que podemos entender a escola em que São Leodegário e seus discípulos viveram e trabalharam.

Houve Betário de Chartres, nobre romano que, depois de beber das escolas fundadas por Boécio e Cassiodoro, distinguiu-se como eminente professor, e Clotário II, que, seguindo o conselho da Rainha Fredegunda,

4 Ibid., col. 974.

nomeou-o capelão-mor da capela real, posição que fez dele também diretor da escola.[5] Ele foi sucedido por Rústico, que adquirira nas escolas romanas as melhores e mais puras tradições da educação cristã. Rústico construiu a escola mais aos moldes da escola monástica. Sua escola tornou-se um seminário de onde emanaram bispos e santos veneráveis para governar a Igreja da França.

Rústico foi sucedido por Sulpício, cuja influência sobre os jovens do palácio foi de longo alcance. Levavam a vida na mais rígida austeridade. Sob os ricos trajes usavam camisas de crina (como forma de flagelo), e muitos dos mais brilhantes tornaram-se clérigos ou religiosos, vocações que, até aquela época, eram consideradas inferiores à profissão de soldado. Talvez se recordem da exclamação de Santa Clotilde em relação a seus dois netos: "Preferiria vê-los mortos a submetidos à tonsura!".

Que estudos eram realizados? Havia gramática, dialética, retórica, assim como estudos mais específicos de direito romano, tradições e costumes nacionais, modelos de eloqüência galo-romanas e até o idioma vernacular galo-francês. As línguas vernaculares já atraíam a atenção e vemos os retóricos fazendo distinções entre a artificialidade do grego, o tom circunspecto do latim, o esplendor da língua gálica e a pompa do inglês.[6] A história ocupava um grande espaço no curso. Sob esse rótulo, incluía-se um estudo dos grandes épicos nacionais.[7] O dogma cristão e a filosofia cristã também tinham seu lugar. Era a escola de estudos superiores, onde jovens privilegiados se aprimoravam depois dos estudos particulares em casa e nas escolas dos gramáticos, e para onde acorriam de todas as partes da Gália.

Vale lembrar que, no período a que agora nos referimos, não havia nobreza hereditária. As honrarias eram distribuídas segundo o mérito, e o jovem que passasse pelo curso com bom desempenho, submetendo-se também à rigidez disciplinar, tinha maior probabilidade de ser respeitado pelo rei.

É fácil concebermos a imensa influência educacional dessa escola sobre o caráter violento dos germanos. Ela conciliou-o com o estudo das letras, e conferiu-lhe um gosto pelas artes da paz e tornou-o mais polido.

5 *Acta T. Betharii.*

6 Dom Pitra, *Vie de S. Leger*, pp. 32–33.

7 *Vita S. Wandsegisiti*, 13ª ed., n. 2, s. II.

Sob os reinados longos e brilhantes de Clotário e Dagoberto, a realeza merovíngia tornou-se bizantina em todo o seu esplendor e elegância. Passou a vigorar a etiqueta das velhas cortes. As cerimônias religiosas eram realizadas com a maior pompa possível. A celebração da Páscoa era especialmente majestosa em uma ou outra das 150 cidades merovíngias para onde a corte migrava todo ano.[8]

A escola palatina teve um início obscuro no século VI, cresceu até tornar-se grandiosa sob Clotário II. Depois decaiu sob o mando de Varimberto, que se ocupou com a divergência com os monges de São Medardo em Soissons, e cresceu em importância sob o ilustre Santo Audoeno, bispo de Rouen por três gerações.

Em seguida, veio Leodegário, ou "Leger", a chamado da corte da Rainha Batilda. Sob sua administração e conselhos, a escola tornou-se, de novo, extremamente organizada. Ela prosperou sob Pepino, o Breve, e Abelardo, primo de Carlos Magno, foi instruído com os alunos do palácio em todas as ciências humanas e ouviu as mesmas aulas com o imperador.[9]

Veio, então, a escola de Carlos Magno. E aqui temos de fazer uma distinção. Há menção de uma academia da qual quase toda a corte participava, com o suposto nome: "Toulouse". Essa não era a escola palatina. Essa escola era distinta e continha não só os jovens conforme se verificava nas primeiras escolas, mas outros que se preparavam para as ordens sagradas. Assim, o cronista de São Galo relata como Carlos, ao retornar de uma expedição, reuniu diante dele todos os alunos que confiara a Clemente da Irlanda, classificando-os segundo sua aplicação e desempenho, e advertindo os filhos da nobreza para que, a menos que estudassem tão bem quanto os meninos pobres, só obteriam dele favores insignificantes.[10]

Já foi questionado se a escola palatina era permanente ou se acompanhava a corte de um lugar para outro. Sou da opinião de que a escola ia para onde a corte se estabelecesse. O capelão era também o guardião das relíquias sagradas, parte inseparável da bagagem real. Quando o Arcebispo Algilran foi sagrado capelão-mor, ele foi liberado da residência diocesana pelo Papa Adriano, o que é mais uma prova de que a escola

8 Naudet, *Mémoires de l'Institut*, t. VIII, p. 404.

9 Leon Maitre, *Les Écoles Episcopales et Monastiques*, vol. I, p. 35.

10 *D. Boutquet*, t. V, p. 107; *Mon. Sang. Chron.*, I.

viajava com Carlos Magno. Alcuíno também reclamava dos freqüentes deslocamentos quando era responsável pela escola.

Sob Carlos Magno, a ordem em que os professores ensinaram foi algo como o que segue:

1. *Alcuíno* — Foi a grande luz da escola sob Carlos Magno. Trouxe consigo as melhores tradições literárias da Inglaterra, conforme passadas a ele pelo venerável Beda por meio de Egberto de York. Ele era dotado da melhor e mais desenvolvida erudição de sua época. Na corte, não só organizou escolas, como também auxiliou Carlos Magno em sua sábia legislação. Com a idade avançada, ao retirar-se para o mosteiro de Tours, ali estabeleceu um *scriptorium* que se tornou famoso pelo capricho e precisão dos trabalhos produzidos. É possível encontrar um registro da obra pedagógica de Alcuíno na monografia do Professor West. Ao recomendar o livro, sinto-me no dever de chamar a atenção tanto para seus méritos quanto para os deméritos. Seu *scriptorium* — papel velino, púrpura e dourado.

2. *Clemente da Irlanda* — Alcuíno criticou suas teorias e métodos. Até o preconceito racial fazia-se presente. Teodolfo, bispo de Orléans também se opôs a ele.

3. *Cláudio* — mais tarde bispo de Turim.

4. *Alderico* — discípulo de Alcuíno em Tours, e aluno de Sigulfo e mais tarde arcebispo de Sens.

5. *Amalário Simpósio* — também discípulo de Alcuíno e alçado à sede do arcebispado de Lyon.

Sob Carlos, o Calvo, a escola palaciana destacou-se por volta do ano de 842. Um antigo escritor assim testemunha sua excelência: "Sua corte tornou-se palco para todos os departamentos do saber. E assim, todos os homens mais importantes do reino enviavam os filhos para ali para serem formados nas ciências humana e divina".[11] No comando da escola estava João Escoto Erígena, o tradutor dos escritos de Pseudo-Dionísio e a quem Roger Bacon elogiou como um comentarista esclarecido de Aristóteles. Suas doutrinas eram consideradas corrompidas e Du Boulay cita uma carta supostamente vinda do Papa Nicolau I, pedindo a Carlos para não permitir que Erígena permanecesse na direção da escola em Paris, para evitar que o grão ruim misturado ao grão bom danificasse

11 Vide Crévier, op. cit., t. I, p. 42.

todos.[12] No entanto, devo acrescentar que a autenticidade dessa carta foi questionada.[13]

Os estudiosos irlandeses continuaram a dirigir a escola mesmo depois da morte de Carlos e do desaparecimento de Escoto Erígena. Assim, sob Luís, o Piedoso, Manon, que mais tarde se retirou para o mosteiro em Condate, elevou tanto a qualidade e o padrão da escola que vemos Radbodo vindo da distante Utrech para assistir às suas aulas.

O último mestre da escola de quem temos notícia é São Remígio de Auxerre, que faleceu em 908. A partir de então, a escola palatina caiu no esquecimento.

12 Ibid., p. 184.

13 *Revue des Questions Historiques*, outubro de 1892.

A vida universitária medieval[1]

O livro do Padre Denifle sobre as origens das universidades é um divisor de águas. Como arquivista auxiliar da biblioteca do Vaticano, o erudito dominicano usou, da melhor forma possível, as raras e excepcionais vantagens à sua disposição. Sobre o imenso volume de material que tinha à mão ele empregou seu vasto saber e uma paciência fantástica. Nenhum documento parece ter-lhe escapado, nada do que constasse num documento em exame passava inquestionado, os olhos sempre atentos aos mínimos detalhes. Na verdade, é compreendendo o sentido geral de uma frase ou sentença que Denifle foi capaz de corrigir tantos enganos cometidos pelos historiadores de todas as nossas universidades. Seu método é puramente analítico. Ele admite pouquíssimas inferências, e não há uma afirmativa que não seja documentada ou fundamentada em muita comprovação. Seu conhecimento da literatura sobre as universidades, em todos os seus detalhes, permite-lhe ver além da elegância da frase e indicar no texto o ponto central que o autor tinha em mente ao apresentar suas proposições. Em seguida, ele discute e confere um valor abalizado à obra em questão. Tal é a perfeição da avaliação crítica.

1 *American Catholic Quarterly Review*; Padre Heinrich Denifle, *Die Entstehung der Universitäten des Mittelalters bis 1400*. Berlim, 1885; Charles Thurot, *De l'Organisation de l'Enseignement dans l'Université de Paris au Moyen Âge*. Paris, 1850; C. Douais, *Essai sur l'Organisation des Études dans l'Ordre des Frères Prêcheurs au* XIII*ème et au* XIV*ème Siècle*. Paris, 1884; *Monumenta Franciscana,* 2 vols., série Rolls, vol. 1. Londres, 1858; vol. 2, 1882.

Visto que nossos historiadores das universidades têm vivido uma completa ilusão em relação à origem e formação daquelas instituições, o Padre Denifle debruçou-se inteiramente sobre a correção, a rejeição e a discussão das colocações de seus antecessores. Cada página de seu livro está repleta de polêmicas. Um livro que será, a partir de então, indispensável ao estudante de história. Ninguém pode ignorá-lo e presumir-se capaz de escrever sobre os tempos medievais. As três instituições que moldaram a Idade Média na sua forma característica e deram-lhe vida e sentido foram o papado, o Sacro Império Romano e a Universidade de Paris. Cada uma delas exerceu uma influência de longo alcance, cuja extensão poucos historiadores foram capazes de avaliar. Portanto, agradecemos, de coração, ao Padre Denifle pelo primoroso livro que nos ofereceu e esperamos e oramos para que ele tenha saúde e energia para concluir os volumes que estão por vir.

Antes do excelente livro do Padre Denifle, a única obra que tentou retirar a história da Universidade de Paris do contexto romântico em que Du Boulay a havia colocado foi o volume pouco espesso do Senhor Charles Thurot. Desde 1850, todo estudante de educação tem considerado o livro como sendo de valor inestimável por oferecer-lhe, pela primeira vez, uma noção correta da Universidade de Paris. Até a luminosidade da argúcia do Padre Denifle aprova as principais conclusões do autor, ainda que apontando um erro aqui e ali. Quando Thurot divaga, é geralmente por ser desviado ao confiar demais em Du Boulay.

O Abade Douais fez pelos dominicanos o que Thurot fez pela Universidade de Paris. Pela primeira vez, ele delineou para o leitor comum toda a complexa organização de estudo legada pelos dominicanos. Seu livro é uma contribuição valiosa para a história da pedagogia e é amplamente baseado em documentos originais. O livro é oportuno, visto que as pessoas, agora, começam a avaliar a influência das ordens mendicantes sobre a Idade Média.

De forma análoga, o *Monumenta Franciscana* esclarece-nos sobre as bases franciscanas em Londres e Oxford. O primeiro volume inclui a crônica de Thomas Eccleston, as cartas de Adam Marsh e um breve registro sobre os frades menores em Londres. O segundo volume contém um fragmento do tratado de Thomas Eccleston sobre o advento dos frades, a Regra de São Francisco, os estatutos dos franciscanos e outros registros valiosos referentes à ordem. É digno de nota o tom respeitoso usado nas introduções a esses volumes pelo Professor Brewer e pelo Senhor Richard Howlett, já falecidos. Esses escritores não eram católicos, mas nenhum católico seria mais zeloso na defesa das práticas e costumes dos frades; nenhum seria mais atencioso, considerados a época e o lugar.

O Padre Denifle é taxativo ao denunciar o método sintético quando aplicado à história. O método tem de ser forçosamente analítico, pois ele tem a convicção de que o método sintético só alcança resultados insatisfatórios.[2] Devemos, porém, fazer uma distinção. Para fins investigativos e de verificação, o método analítico é o único apropriado, mas, alcançados os resultados, sempre haverá lugar para o método sintético. Uma vez testado, o material pode ser usado com segurança em ocasiões futuras. Portanto, com a permissão do Padre Denifle, faremos um breve estudo da vida escolar nas universidades medievais, e, ao longo dele, tentaremos reconstruir aquela vida conforme revelada pelos contemporâneos e como parece segundo nossa opinião. Primeiro, consideraremos a organização de uma universidade.

I

As universidades medievais mais antigas de que temos conhecimento são as de Paris e Bolonha. A origem de cada uma jaz na nebulosidade do passado. Bolonha tornou-se famosa como faculdade de direito, com alunos vindos de toda parte. Ao longo do tempo, adquiriu autonomia própria. O Papa e o imperador concederam-lhe certos direitos e privilégios e, logo, ela agigantou-se diante de nós como uma grande universidade. O mesmo aconteceu com a Universidade de Paris. Por meio século antes de se tornar reconhecida como tal, verificamos que fora um grande centro intelectual, afamado pelos ensinamentos brilhantes de Guilherme de Champeaux, Abelardo e Pedro Lombardo. Os mestres organizaram-se numa guilda escolástica. A universidade, porém, não pode ser atrelada a nenhuma escola ou combinação de escolas como sua fonte de origem.[3] Os professores daquela época supriram uma necessidade educacional e as escolas de Paris, assim, tornaram-se centros de instrução que cresceram rapidamente com a participação de alunos e professores.

"Elas tinham fins práticos", afirma Laurie,

2 Padre Heinrich Denifle, op. cit., "Einleitung", XXIII.

3 Este ponto foi firmado para sempre por Padre Denifle, op. cit., p. 655 e ss.

> e a meta era atender às necessidades imediatas da sociedade. [...] Visavam simplesmente a esclarecer, de forma crítica, as autoridades reconhecidas no interesse das necessidades sociais. Foram as necessidades do corpo humano que originaram Salerno; foram as necessidades das pessoas nas relações entre si em um organismo civil que originaram Bolonha; foram as necessidades eternas do espírito humano em relação ao invisível que originaram Paris. Podemos afirmar, então, que foi o progresso da profissão da medicina, do direito e da teologia que levou ao início e organização das primeiras grandes escolas superiores.[4]

Quanto ao início, talvez sim, mas quanto à organização, definitivamente não. A Universidade de Paris não foi organizada a partir das escolas de São Vítor ou de Santa Genoveva, ou qualquer combinação dessas com outras escolas. Não existe nenhum registro de um ato definido sobre o qual se possa dizer: "Eis o documento de incorporação; eis aqui o decreto de organização". O espírito da guilda circulava por toda parte e infiltrava-se em todas as atividades e profissões. Os mestres não foram exceção. Quando uma guilda se destacava pelo brilhantismo, obtinha reconhecimento. Mas é apenas por decreto papal ou do imperador (principalmente do Papa) que seus graus se tornavam merecedoras de respeito universal. Assim, muito tempo depois de a guilda dos mestres de Paris ser reconhecida, ela permaneceu sob a jurisdição do chanceler eclesiástico da Catedral de Notre-Dame. Foi do conflito entre o chanceler e os mestres que brotou a índole corporativa da universidade.

O chanceler de Notre-Dame tinha sido um fator importante nos assuntos educacionais até o início do século XII. Ele tinha enorme influência sobre os estudantes de Paris. Expedia licenças, era o juiz civil e religioso dos estudantes, e tinha o poder da excomunhão.[5] Tornara-se autoritário e abusava de seu poder. Cobrava multas exorbitantes, tinha um calabouço particular e aprisionava de forma arbitrária.

Para diminuir esse poder, os papas e seus núncios apostólicos outorgaram vários privilégios a mestres e estudantes. Assim, Inocêncio III, que estudara em Paris e testemunhara a tirania do chanceler e da extensa lista de males decorrentes dela, legislou no sentido de destruí-la. Em 1208, ele autorizou que os professores fossem representados por um síndico.

4 Simon Somerville Laurie, *Rise and Constitution of Universities*, pp. 109–110.

5 Du Boulay, *Historia Universitatis Parisiensis*, vol. III, p. 44.

Em 1209, concedeu-lhes o direito de prestar juramento para obedecer às regras que julgassem próprias e úteis para imporem-se como um grupo. Em 1213, ele restringiu os poderes judiciais do chanceler, proibindo-o de negar uma autorização para ensinar a qualquer um que fosse recomendado pelos mestres. Esse ato é considerado como a carta de direitos da universidade.[6] Dessa forma, Sua Santidade constituiu mestres e alunos numa verdadeira corporação.

Seis anos mais tarde, em 1219, o Papa Honório III proibiu o chanceler de excomungar mestres e alunos em geral sem a autorização da Santa Sé.[7] Os reis da França não foram menos generosos na concessão de privilégios e prerrogativas a mestres e alunos de Paris. Toda essa legislação estimulou o crescimento da universidade, enquanto tolhia a autoridade do chanceler.

Entretanto, o golpe fatal foi dado naquela autoridade quando os mestres e os alunos abandonaram a sombra protetora da catedral e debandaram para a margem esquerda do Sena, e encontraram refúgio nas dependências das abadias de Santa Genoveva e São Vítor. Em 1213, nenhuma escola pertencente à universidade ficava fora da ilha da cidade (Île de la Cité).[8] Em 1215, o núncio apostólico papal, Roberto de Courçon, regulamentou, em relação ao estudo de teologia, que ninguém poderia ensiná-la com menos de 35 anos, se não houvesse dedicado no mínimo oito anos de estudo nas escolas, e que, além disso, não houvesse freqüentado o curso de teologia de cinco anos.[9] Isso mostra que Paris já tinha uma escola de teologia e que a dialética era considerada simplesmente como uma preparação para o estágio superior.

Em 1216, o primeiro ano do papado de Honório III, que se interessou vivamente pela universidade que se erguia, foi inaugurada uma

6 Charles Thurot, *De l'Organisation de l'Université*, p. 12.

7 Não *qualquer membro* da universidade, conforme Thurot afirma. Ibid.

8 Padre Denifle, op. cit., p. 662.

9 Du Boulay, op. cit., vol. I, p. 82. Thorot confundiu a leitura deste texto em seu escrito.
Adendo: *Universidades* — Roma estimulou estudos de forma mais substancial do que por privilégios. Os estudantes e professores que tinham benefícios foram dispensados da residência e autorizados a desfrutar das receitas desses benefícios. Du Boulay, op. cit., vol. II, p. 2, 570.
Professores — O mestre de artes sustentou controvérsias pelos quarenta primeiros dias após iniciar sua atuação. Durante aquele tempo, não foi permitido que usasse botas, em vez disso foi ordenado que usasse sapatos sem salto, conhecidos como "pynams" e mais tarde "sapatos baixos". Henry Maxwell Lyte, *A History of University of Oxford*, p. 218; Henry Anstey, *Munimenta Academica, or Documents Illustrative of Academical Life and Studies at Oxford*, vol. I, p. 450.

escola sob a jurisdição do chanceler de Santa Genoveva. O chanceler da catedral viu aquilo como uma intrusão nos seus direitos e recusou-se a reconhecer a validade de qualquer licença ou diploma assinado pelo chanceler de Santa Genoveva. A disputa foi resolvida pelo Papa Honório III num informe ao bispo e chanceler de Paris, no qual foi ordenado que qualquer licenciado do chanceler de Santa Genoveva seria admitido para lecionar em pé de igualdade com um licenciado do chanceler de Notre-Dame. Essa resolução deu um impulso maior às escolas da margem esquerda do Sena. Os estudantes continuaram a afluir para ali em quantidade. Entre 1219 e 1222 deu-se o maior êxodo para a colina de Santa Genoveva.

Por volta de 1227, as escolas de teologia e direito foram transferidas para a mesma margem. Dali em diante, o abade de Santa Genoveva assumiu um certo grau de jurisdição sobre a universidade, e finalmente o chanceler de Santa Genoveva compartilhou a administração com o chanceler de Notre-Dame e o reitor das quatro nações. Assim foi a Universidade de Paris (o Quartier Latin) acolhida na ilha à sombra de Notre-Dame. Portanto, ela ganhou existência corporativa como resultado das lutas dos mestres para se livrarem do jugo do chanceler.

Somente em uma ocasião o papado deixou de apoiar a universidade nessa luta, em um incidente que lança uma luz sobre a vida universitária medieval. Por volta de 1221, a universidade obteve um sinete como atributo essencial de sua autonomia como corporação. O capítulo de Notre-Dame sentiu-se ultrajado com esse ato como sendo uma inovação a não ser admitida e levou o caso ao núncio apostólico papal que, então, residia em Paris. O núncio colocou uma restrição quanto a qualquer uso do sinete até que o caso fosse adequadamente julgado e decidido. Antes que se chegasse a uma decisão, o sinete foi usado e, em 1225, o legado decidiu a favor do capítulo de Notre-Dame, quebrou o sinete e proibiu, sob pena de excomunhão, que se constituísse outro.

Tal decisão provocou uma tempestade. Alunos e mestres ergueram-se num só bloco, cercaram a residência do núncio e obrigaram-no a fugir para algum lugar seguro. Foi somente em 1246 que a universidade, então, obteve do Papa Inocêncio IV o direito de ter e usar um sinete. Nesse ínterim, as quatro nações tinham, cada uma, o próprio sinete, e qualquer documento que exigisse a aprovação de toda a universidade era selada com os quatro emblemas. Ao examinar esses selos no belo volume de Vallet de Viriville, lembramo-nos de que os patronos da universidade eram a Santa Virgem, Santa Catarina, São Nicolau e Santo André.[10]

A menção às quatro nações evoca-nos o fato de que elas, não mais do que as escolas preexistentes, foram os elementos que originaram diretamente a formação da universidade. Elas promoveram essa formação. A universidade cresceu da simples associação dos professores das quatro disciplinas: teologia, direito, medicina e artes.[11] As quatro nações eram, então, várias guildas modeladas segundo as guildas saxãs de uma época anterior. A divisão era mais artificial do que espontânea. Ela surgiu da relação peculiar entre as coisas na Idade Média. Jovens que acorriam a um centro de saber de todas as partes do mundo viam-se entre estranhos e expostos a todo tipo de imposição. Até que houvesse uma regulamentação formal, e mesmo depois dela, cobravam-se preços exorbitantes desses jovens pela moradia, alimentação, livros, manutenção e vestuário.

Na verdade, desde sua fundação, a universidade responsabilizou-se por proteger os alunos contra as extorsões dos cidadãos locais. Assim, o preço dos alojamentos devia ser fixado por árbitros juramentados, metade indicados pela localidade, metade pela cidade.[12] Havia, porém, muitas outras situações em que os alunos solicitavam proteção, mas que a universidade não podia tomar conhecimento ou não o fazia. Daí a necessidade de formarem associações entre si para se protegerem. A divisão natural deu-se de acordo com as nações e as províncias.

Oxford tinha duas nações, a do norte e a do sul. Os alunos de Bolonha dividiam-se em transalpinos e cisalpinos, já os de Paris dividiam-se em quatro nações, organizadas em torno de 1219. Elas eram compostas por todos os alunos incluídos na licenciatura, junto aos mestres de artes.[13] As quatro nações eram conhecidas como os franceses, que incluíam os alunos italianos, espanhóis e gregos; os picardos, que incluíam os alunos do nordeste e dos Países Baixos; os normandos e ingleses, que incluíam os da Irlanda, Escócia e Alemanha. Mais tarde, vemos alunos franciscanos em tamanha quantidade na universidade que, por conveniência,

10 Veja as imagens desses santos nos primeiros selos em Vallet de Viriville, *Histoire de l'Instruction Publique en Europe et principalement en France*, pp. 129–135.

11 Denifle, op. cit., p. 131.

12 Alexander Grant, *The Story of the University of Edinburgh During Its First Three Hundred Years*, vol. I, p. 5. Gregório IX obteve essa concessão de Luís IX em 1244.

13 Denifle, op. cit., p. 131.

foram divididos em nações. Tal divisão foi pensada para simplificar, em geral, a administração e a superintendência. Cada uma das quatro nações tinha um salão próprio e direitos e privilégios próprios como um organismo constituído. Ela possuía um procurador e, como já mencionado, um selo distinto do da universidade, um caixa comum, o próprio santo padroeiro e sua missa.[14]

Os membros eram tratados de acordo com a nação a que pertenciam. Os da nação francesa, como *Honoranda Natio Franciæ*, *Gallorum* ou *Gallicana*; aqueles da Picardia, como *Fidelissima Picardorum* ou *Picardica*; os da Normandia, como *Veneranda Normanorum* ou *Normaniæ* e os da Alemanha, como *Constantissima Germanorum* ou *Allemaniæ Natio.*[15] Como conseqüência das guerras entre Inglaterra e França, a antipatia à Inglaterra foi demostrada logo no estágio inicial da universidade, retirando-se aquele nome e substituindo-o pelo da Alemanha. O espírito nacionalista solidificou-se com o crescimento de cada organização. O espírito partidário elevou-se rapidamente entre as nações. As festividades públicas eram, muitas vezes, ocasiões para desordem pública.

Cada nação competia com as outras na celebração da festividade dos respectivos santos padroeiros, com solenidades religiosas em que eram misturados os festejos mais profanos e mundanos. Era a ocasião propícia para muitas luzes, bailes de máscaras, festas e cavalgadas.

Conforme cada nação procurava destacar-se nas exibições, os integrantes das demais procuravam estragar a celebração. Eles eram atacados enquanto caminhavam em cortejo. Um decreto da Universidade de Oxford proibiu as nações de irem à igreja ou lugares públicos em conjunto, de dançarem ou gritarem com máscaras no rosto ou de andar por qualquer lugar com guirlandas de flores ou folhas na cabeça sob pena de excomunhão e de prisão, caso persistissem.[16] Cada nação não só buscava rivalizar com as outras quanto à pompa e à apresentação, como, em certa medida, desprezava-as, atribuindo-lhes apelidos pejorativos considerados característicos.

O inglês era um beberrão e parasita; o francês era orgulhoso, efeminado e enfeitava-se como uma mulher; o alemão, furioso e obsceno; o normando, vaidoso e prepotente; o *poitevin* (natural de Poitiers), traidor e perdulário;

14 Charles Thurot, *De l'Organisation de l'Enseignement dans l'Université de Paris au Moyen Âge*, p. 22.

15 Vallet de Viriville, op. cit., p. 134.

16 Henry Anstey, op. cit., p. 18.

o natural da Borgonha, tolo e grosseiro; o bretão, superficial e instável; o romano, sedutor, violento e explosivo; o siciliano, cruel e tirânico; o natural de Brabante, violento, incendiário, bandido; o flamengo, um glutão, gastador e derretido como manteiga.[17] O bradar desses qualificativos logo levava à pancadaria. Até as ordens religiosas foram marcadas pelo espírito competitivo. Lemos que o superior dos dominicanos em Oxford recusou--se a receber indivíduos de outras nações no convento daquele lugar, pelo que ele foi deposto do capítulo geral e submetido a uma penitência severa por vários anos.[18]

Havia um inimigo comum contra o qual as nações como um todo, em todas as universidades, uniam-se numa só força. Esse inimigo era o município. Os estudantes eram tão protegidos por decretos papais e reais que podiam se comportar da forma mais desrespeitosa e, por força da enorme impunidade, escapar de punições. A universidade tornou-se o filho mimado dos reis e dos papas. Os rapazes não respeitavam as pessoas ou as propriedades. Eles obrigavam os passantes a esvaziarem suas bolsas e gastavam o que arrecadavam nas tabernas com as piores companhias masculinas e femininas. Nenhum morador ou moradora do lugar estava seguro nas mãos deles. Qualquer que fosse a gravidade do crime, se viessem a ser presos pelas autoridades civis, a universidade como um todo se enfurecia e suspendia todas as aulas até que os delinqüentes fossem liberados.[19] Nunca havia paz entre os estudantes e a população local, quando muito um mero armistício. A disputa estava apenas em lenta combustão quando não estava aberta. Não era raro que os tumultos terminassem com casas saqueadas e até mortes.

O Senhor James Bass Mullinger relata um incidente típico ocorrido em 1381, em Cambridge, quando o país estava num estado de intensa agitação:

> No dia de Corpus Christi, todos os livros, documentos e escritos pertencentes à sociedade foram destruídos. Em St. Mary, o cofre da universidade foi arrombado e os documentos ali guardados tiveram um fim semelhante. Professores e alunos, sob intimidação, renunciaram a todas

17 Jacques de Vitry, *Historia Occidentalis*, cap. VII, p. 278. Arcebispo Vaughan mencionou erradamente os naturais da Picardia nesta citação. Jacques de Vitry não usa a palavra.

18 Martène e Durand, *Thesaurus Novus Anecdotorum*, 1730–1731, t. IV.

19 Para exemplos, veja Du Boulay, op. cit., t. V, pp. 97, 145, 830; t. VI, p. 490.

> as cartas de direito, benesses e ordenanças, e houve uma grande queima na praça do mercado, onde uma senhora idosa foi vista espalhando as cinzas no ar, exclamando: "Assim morre a competência dos clérigos!".[20]

Exemplos como esse poderiam ser multiplicados à vontade.

As nações logo ultrapassaram os meros propósitos das disciplinas que pareciam ser o objeto primeiro de sua constituição. A proeminência que alcançaram em vingar-se dos danos causados a qualquer membro de sua guilda, fosse por procedimentos legais ou de outro gênero, conferiu-lhes uma voz na administração da universidade. Seus fiscais disciplinares eram recebidos com honra e dignidade, tornando-se representantes de entidades tão poderosas. Elas elegiam dirigentes, prescreviam estudos e, acima de tudo, repeliam todo e qualquer ataque aos direitos e privilégios da universidade por algum chanceler ou bispo. Elegiam um diretor comum que passou a ser conhecido como reitor. Em 1249, concordaram em que tal eleição seria feita por meio dos quatro fiscais disciplinares.[21] O reitor era escolhido exclusivamente dentre os docentes de artes. A princípio, era eleito por um mês, depois por seis semanas, e em 1278, por um estatuto, eleito por três meses. No início, ele era apenas o chefe comum das nações. Segundo Denifle: "Se o reitor era apenas o chefe das nações, e essas não eram idênticas à universidade, é óbvio que o reitor não era o chefe da universidade".[22]

Conforme vimos, as nações logo se tornaram os elementos mais intimidantes, mais ativos e agressivos na universidade. Por volta de 1300, as faculdades de direito e medicina estavam sujeitas ao reitor das quatro nações; por volta de 1350, a faculdade de teologia ficou sob sua jurisdição, e ele, então, tornou-se o chefe de toda a universidade.[23] O Padre Denifle considera o posto como tendo sido algo supérfluo ao longo de toda a carreira da universidade.[24] Entretanto, o dia da posse do reitor causava grande contentamento. Era comemorado com um cortejo solene, em que as ordens religiosas residentes no Quartier Latin juntavam-se aos membros da universidade. Sua jurisdição era absoluta, estendendo-se às escolas,

20 James Bass Mullinger, "Epochs of Church History", em *A History of the University of Cambridge*, vol. I, p. 26.

21 Du Boulay, op. cit., vol. III, p. 222.

22 Padre Denifle, op. cit., p. 107.

23 Ibid., p. 132.

24 Ibid., p. 693.

funcionários e atividades da universidade. Era tido em grande honra e estima, sendo freqüentemente convocado aos conselhos do rei, e, nos cortejos, caminhava ao lado do bispo de Paris como um igual. O reitor era ainda guardião do tesouro e dos arquivos e controlava o Près-aux--clercs. Ele oferecia bolsas de estudo a mestres e alunos, conferia-lhes os privilégios da toga e, em troca, recebia deles o juramento de obediência permanente, por mais elevada que fosse a posição que viessem a alcançar.[25] Era tratado em francês como "Messire" ou "l'Amplissime" e em latim como "Amplissime Rector" ou "Vestra Amplitudo".[26]

A fonte de renda do reitor provinha da venda de pergaminho, controlada pela universidade. O negócio só era permitido em três lugares, a saber: num salão do convento dos Mathurins, na feira de St. Laurent e na de St. Denis. O reitor enviava seus quatro distribuidores de pergaminho autorizados para contar e taxar os fardos trazidos pelos mercadores externos para venda. Depois que as taxas eram cobradas e recolhidas, e que os comerciantes autorizados pelo rei, os dos bispos e, ainda, os mestres e alunos tinham feito suas compras, os mercadores estavam livres para vender a quem quisessem.[27] Em 1292, havia dezenove distribuidores de pergaminho em Paris, sendo que doze deles moravam na rua então conhecida como "des Écrivains", hoje chamada de "la Parcheminerie".[28]

O grande acontecimento nessa ocasião era a feira realizada em St. Denis. Desde 1109, o povo, liderado pelo bispo, e muitos representantes do clero de Paris costumavam seguir num cortejo até a área descoberta de St. Denis para venerar um pedaço da verdadeira Cruz.

A relíquia ficava exposta, faziam-se orações, pregação de sermões e era dada a bênção solene. A exposição da Santa Cruz durava nove dias, durante os quais repetiam-se as adorações. Os comerciantes aproveitavam a aglomeração para expor suas mercadorias e, durante essa temporada, o pátio de St. Denis tornava-se também um lugar de barganhas — uma feira — *indictum*.[29] Em 1429, o caráter religioso ainda se mantinha elevado, pois constatamos que, no dia 8 de junho daquele ano, o bispo

25 Vallet de Viriville, op. cit., p. 125.

26 Ibid., p. 134.

27 Crévier, op. cit., t. II, p. 130.

28 Alfred Franklin, *La Vie privée d'Autrefois*, p. 94.

29 Daí o termo "l'endit" — "lendit" — "Landit".

e o clero foram para St. Denis para ministrar um sermão e dar a bênção da Santa Cruz.[30]

No início do século XIII, St. Denis tornou-se o principal mercado de pergaminhos. O reitor da universidade reconheceu-o como tal e cavalgava com grande pompa até a feira, e imprimia seu sinete sobre todos os pergaminhos necessários para o ano.[31] Era uma ocasião de feriado geral para a universidade. Os alunos partiam de Santa Genoveva e cavalgavam em cortejo até lá, em meio ao espanto do povo da cidade. Assim que apeavam da montaria, entregavam-se a todo tipo de desordem. Era uma peregrinação de voluptuosidade em que se cometiam inúmeros excessos.[32] Conforme acompanhamos os feitos do reitor, vamos obtendo um olhar mais apurado da vida universitária medieval. Ele desfrutava de uma posição singular naquela vida. Para alcançar a meta que ambicionava, sua nação (e toda nação tinha o próprio candidato) disseminava intrigas em que se esmerava na criatividade. Havia rivalidade aberta e encoberta, subornos e ameaças. Mestres e alunos ficavam inflamados, com violência e brigas freqüentes, às vezes terminando em morte.[33] Havia desordem e arruaça à chegada ao gabinete; desordem e arruaça durante as celebrações ligadas ao exercício de sua função, e desordem e arruaça à saída do gabinete. Toda essa exaltação, essa efervescência mental e agitação nervosa permanentes, era parte da verdadeira vida universitária.

Foi a partir de toda essa confusão que a universidade ganhou vida e sentido, sob a égide da Igreja e do Estado. Os privilégios concedidos por ambos eram o princípio vital de sua existência. Segundo Du Boulay, "uma universidade sem privilégios é um corpo sem alma".[34] Numa retrospectiva, olhando para o seu crescimento, é possível vê-la em seu berço no santuário de Notre-Dame, depois alimentada até o completo desenvolvimento como um organismo independente do Estado, com autonomia e poder para criar as próprias leis. Ela extraiu sua vitalidade da Santa Sé. O mesmo vale para Oxford e Cambridge. É divertido observar como Oxford olhava Paris com inveja. Qualquer privilégio que Paris

30 Le Boeuf, *Histoire du Diocèse de Paris*, t. III, p. 283.

31 Ibid., p. 269.

32 Vallet de Viriville, op. cit., p. 172. Uma descrição completa (descrição que não ousamos reproduzir), escrita entre 1290 e 1300, foi publicada na valiosa obra de Le Boeuf, op. cit., p. 259.

33 Charles Thurot, op. cit., p. 32.

34 Du Boulay, op. cit., vol. I, p. 93.

obtivesse Oxford reclamava, desejosa de estar em pé de igualdade com sua irmã *Studium*. Ou melhor, se alguns dos doutores de Paris obtivessem algum benefício ou fossem sagrados bispos, Oxford, em seguida, enviava uma delegação a Roma, solicitando uma igual participação na generosidade da Santa Sé.

Conforme a ciência é livre como a verdade, assim também essas universidades medievais estavam protegidas de qualquer controle. Essa total liberdade foi o segredo de seu sucesso. Alunos e mestres gozavam de imunidade de jurisdição civil, e deviam responder por seu comportamento apenas aos colegas membros. Quanto a isso, a Universidade de Paris reinava sozinha, um poder imenso e singular no mundo, equiparando-se em prestígio e influência ao papado e ao Sacro Império Romano. Doutrinas hereges espreitavam e cresciam dentro dos limites de uma ou outra universidade. A imoralidade entre alunos e professores era, às vezes, desenfreada, mas, com tudo isso, como filhos da Igreja, encorajados e protegidos pelos papas, eles eram católicos de espírito e no aspecto geral de seus ensinamentos. No dizer de Wimpfeling, "filhas bem-amadas e privilegiadas da Igreja, elas se esforçavam, com sua fidelidade e lealdade, por oferecer à sua mãe tudo o que lhe deviam".[35] Enquanto permaneceram dóceis em relação à Igreja, elas vicejaram. A partir do momento em que se secularizaram, tornando-se meras ferramentas nas mãos de governos inescrupulosos, caíram de seu posto elevado e excepcional. Essa é, em resumo, a sua história.

II

Tal era a aparência externa de uma universidade medieval, conforme testemunhado em seu paradigma mais elevado. Sua vida interior era mais variada e interessante. Mais uma vez, vamos nos limitar a Paris ou aos seus modelos. A Universidade de Paris foi um centro intelectual por onde passaram numerosas correntes da humanidade, de toda parte da cristandade, todas cheias de uma sede de conhecimento que mal podia ser satisfeita. Era rara a classe ou condição de homens não-representada numa universidade medieval. Os ricos estavam ali e, no afã de adquirir conhecimentos, esqueciam-se de que eram ricos, desprezando luxos

35 Wimpfeling, *De Arte Impressorio*, p. 19.

e confortos que a riqueza poderia comprar. Os pobres estavam ali, sem se envergonhar de sua pobreza. Príncipe e camponês, o cardeal ilustre e o clérigo esforçado, sentados no mesmo chão, ouvindo a mesma palestra. Meninos de doze anos estavam ali, e um estatuto teve de ser expedido, excluindo aqueles abaixo dessa idade. Homens de trinta anos estavam ali. "Com trinta ou quarenta anos de idade", afirma Le Clerc, "o aluno da universidade ainda era um acadêmico".[36] Depois de proferirem suas palestras, professores de determinado departamento de letras eram vistos sentados no mesmo salão com seus alunos, estudando o mesmo assunto. Segundo Johnson, "para o professorado, isso era um estímulo de vivacidade, animação e jovialidade; para o aluno, uma honra e um crédito, cujos vestígios encontramos por toda parte na constituição das universidades".[37]

Antes de assistir a uma aula, vamos ter uma idéia das conquistas de alunos e mestres. Os alunos começavam a universidade ainda bem crianças. Depois de aprenderem a ler, a escrever e os rudimentos da gramática latina, começavam a estudar lógica aos doze anos, e dos catorze anos em diante estavam em condições de submeterem-se aos exames e concorrerem aos debates que eram pré-requisitos para a obtenção de qualquer distinção acadêmica.

A primeira delas era a do determinante. Para receber a distinção de determinante, o aluno, depois de seu segundo ano de curso, submetia-se ao exame. Esse exame era rigoroso. Às vésperas do Natal, com a escola toda presente, o candidato sustentava um argumento ou uma polêmica em relação a alguma questão moral diante de um professor. Por fim, havia o teste final, em que ele debatia todos os dias até o final da Quaresma, na escola de sua nação, na Rua de Fouarre. Vale lembrar que esses debates eram realizados por meninos de até quinze ou dezesseis anos. Em 1472, os debates da Quaresma foram eliminados e o grau de determinante foi substituído pelo de bacharel. Se bem-sucedido, o candidato recebia um certificado comprovando a leitura das seguintes obras:

1. *Introdução*, de Porfírio, na tradução de Boécio. Porfírio escreveu o livro como introdução às *Categorias* de Aristóteles, obra também traduzida

36 Joseph Victor le Clerc, *Histoire Littéraire de la France au XIVème Siècle*, vol. I, p. 269.

37 Johannes Janssen, *Geschichte des Deutschen Volkes seit dem ausgang des mittelalters* [História do povo alemão desde o final da Idade Média], vol. I, p. 74.

por Boécio. Foi por meio desse livro que a questão entre o nominalismo e o realismo assumiu proporções tão vastas durante a Idade Média.

2. *Categorias*, de Aristóteles.

3. O livro *Da interpretação*, a única parte dos escritos de Aristóteles ensinada antes do século IX na tradução de Boécio. É geralmente conhecido sob o título em grego, *Peri Hermeneias*.

4. *A sintaxe*, de Prisciano. Este livro continha os livros XVII e XVIII da *Gramática* de Prisciano, e era conhecido como "Prisciano Menor". Prisciano (500 d. C.) foi um gramático bem conhecido da Idade Média.

5. Um curso regular ou suplementar nos *Tópicos* e *Elencos sofísticos* de Aristóteles. Esses livros tinham sido traduzidos por Tiago de Veneza antes de 1128.[38]

O determinante devia, além disso, ter seguido por dois anos o curso de dogmática, assistido e tomado parte nos debates.

O curso aqui referido é do século XIII. No século XV, houve uma revolta generalizada contra o sistema escolástico, e a moral e a retórica receberam um lugar de maior destaque. Em 1452, as regras de versificação foram reconhecidas como parte integrante do curso e, em 1457, acrescentou-se o estudo do grego. Contudo, examinando o programa de estudos aqui descrito, é preciso observar que era um trabalho árduo para jovens de até quinze ou dezesseis anos.

Pode parecer estranho que meninos daquela idade conseguissem realizar tais debates. A precocidade da juventude daquela época é um fato que tem sido comentado com freqüência. Tiraboschi chamou atenção para ela, e Janssen oferece diversos exemplos no século XV, que relatam maravilhas sobre jovens estudiosos. Adam Potken (1490) lia as *Éclogas* de Virgílio e as *Orações* de Cícero para alunos de onze a doze anos. Johann Eck (nascido em 1486) estudou todos os clássicos latinos dos nove aos doze anos. Aos treze, ingressou na Universidade de Heidelberg, e aos quinze recebeu em Tübingen o grau de mestre em artes. John Müller, o famoso matemático, matriculado na Universidade de Leipzig aos doze anos, recebeu aos dezesseis o grau de mestre da Universidade de Viena.[39] A multiplicidade de assuntos e a multiplicidade de livros escolares tendem

38 Amable Jourdain, *Recherches Critiques sur les Traductions d'Aristote, et sur des commentaires grecs ou arabes employés par les docteurs scholastiques* [Pesquisas críticas sobre as traduções de Aristóteles, e sobre os comentários gregos ou árabes pelos doutores escolásticos], p. 58.

39 Johannes Janssen, op. cit., pp. 59–60.

a enfraquecer a capacidade de apreensão do aluno moderno. Naqueles tempos medievais, o estudante dispunha de menos anotações e menos livros a que recorrer. Então, ao ouvir atentamente as lições, retendo-as com cuidado na memória, ele se tornava mais autoconfiante e, se fosse dotado de boa dose de talento, conseguia sair-se bem nos debates.

O determinante tinha certos privilégios e certos deveres. Ele era obrigado a vestir uma capa e a assistir as missas das nações. Toda sexta-feira, devia discutir gramática com os meninos mais atrasados, e estar disponível para ser convocado como assistente de professor e dar aulas especiais ou de revisão. Isso deu margem a transgressões, pois, pelos estatutos de Oxford, verificamos que os determinantes, mediante propina, eram levados a negligenciar as aulas regulares e a dedicar-se exclusivamente às aulas de revisão. Além disso, ele supervisionava as discussões dos alunos mais novos, reexaminava toda a questão em pauta, detectava as imperfeições ou falácias nos argumentos apresentados e, então, manifestava suas decisões ou determinações nos formulários escolásticos.[40] Noutras ocasiões, seu dever era debater lógica diariamente, exceto às sextas-feiras, quando debatia gramática, e o primeiro e último dia de sua determinação, quando debatia questões de moral e dogma.

O horário da determinação era das nove às doze horas e das treze às dezessete horas.[41] Enquanto isso, após o primeiro teste principal, o determinante continuava seus estudos até completar 21 anos, com a idade para tornar-se um licenciado, ou alguém com o devido direito de ensinar. Ele também deveria ter feito a leitura pública em alguma escola de um livro de Aristóteles durante um ano inteiro.

Para o ato grandioso de formatura havia um preparo árduo e longo por parte do atleta intelectual, e o acontecimento era acompanhado de grande excitação e alvoroço. A cerimônia era realizada no salão da nação a que o aspirante pertencia. O aspirante ia de escola em escola, convidando pessoalmente cada mestre.[42] Os convites, criações das mais elaboradas, eram enviados a personalidades de destaque e, muitas vezes, eram aceitos. Carlos VIII de França compareceu a uma defesa de tese em 1485. A ambição de todo bacharelando e seus amigos era que a reunião fosse brilhante, e recorriam a todos os meios para alcançar tal objetivo.

40 Henry Anstey, op. cit, vol. I, p. 87.

41 Ibid., p. 246.

42 Ibid., p. 433.

Essa ambição chegava ao extremo de tornar costumeira a abordagem de qualquer transeunte, qualquer fulano ou sicrano, para garantir uma platéia numerosa. Foram expedidos estatutos proibindo a prática, sob pena de excomunhão e detenção.[43]

A forma do debate não variava. As teses tinham sido anunciadas previamente. As conclusões tinham sido belamente inscritas nos convites enviados. Chegada a hora, entremos no salão. O mestre está sentado numa grande poltrona, sobre um tablado. O candidato à formatura fica de pé, à sua frente. A primeira tese é anunciada, o jovem bacharelando repete a proposição, subdividindo-a em seus vários componentes e explica cada um da melhor forma possível. De acordo com os estatutos, as interrupções são proibidas, mas, quanto a esse ponto, os estatutos são violados. Com pouco tempo de exposição, um oponente assume a palavra, apontando falhas nos argumentos e formulando todas as suas objeções nos moldes do silogismo. O defensor acata as objeções, separa-as em suas partes componentes, discute separadamente seu sentido positivo e negativo, coloca sua argumentação na forma silogística, ora discernindo quanto ao uso de termos, ora negando a premissa maior ou a menor, ora chamando a atenção para o emprego de um termo médio não-distribuído. Conforme o debate se intensifica, a habilidade e a argúcia de cada um brilham ainda mais. O oponente parte da última distinção feita pelo defensor, colocando-o, de fato, diante de um dilema. A platéia comemora. O defensor cambaleia, mas só por um momento. Ele retruca o dilema do opositor ardiloso e derrota-o, em meio ao clamor dos estudantes. Outro estudante toma a palavra e ataca a tese do seu ponto de vista. Mais uma vez, há distinções, silogismos e dilemas como antes. E assim, "em meio ao clamor intenso por parte da platéia e por parte dos combatentes, muito sacudir de cabeça, pisoteio, esticar de dedos, acenos e contorções de corpo como se tivessem enlouquecido",[44] o trabalho continua por horas, por dias inteiros e até semanas. Vale lembrar que, naquela época, uma tese ou monografia escrita era algo desconhecido entre os alunos. Tudo era feito oralmente.[45] Por fim, depois de muito embate, o bacharelando bem-sucedido torna-se um graduado. Aqui, aliás, origina-se nossa palavra *commencement*

43 Vallet de Viriville, op. cit.

44 Peter Cantor, *Verbum Abbreviatum*, cap. v, p. 34.

45 Charles Thurot, op. cit., p. 88.

[cerimônia de entrega de diplomas], aplicada ao encerramento dos exercícios de uma faculdade.

Concluído o debate, o recém-graduado presta o juramento de observar os estatutos e a ele é designada uma escola para fazer leituras.[46] Em seguida, o barrete é colocado sobre sua cabeça e ele profere sua aula inaugural. Se for um candidato graduado como mestre em gramática, o cerimonialista oferece-lhe a vara e a palmatória, com as quais ele publicamente açoita um menino no pátio da escola. Ele paga ao auxiliar pela vara e ao menino por receber o castigo.[47] Depois, tem lugar o banquete de formatura, do qual ninguém escapa. Até os membros das ordens religiosas são obrigados a pagar pelo lugar no banquete.[48] As autoridades e os convidados são dispostos por ordem de precedência pelo chanceler ou reitor, ou fiscal disciplinar da nação. Presentes, em geral luvas de seda ou pelica ou um gorro vermelho, são oferecidos às autoridades e aos convidados importantes.

Representantes beneficiados autorizados a ler as *Sentenças*[49] em Oxford eram obrigados a oferecer túnicas às autoridades exatamente como recebiam dos bacharéis.[50] Muitas vezes, essas cerimônias eram acompanhadas de episódios de desordem e até de violência. Os estatutos de Oxford decretavam que, devido a tais episódios, ninguém, no momento do banquete, deveria impedir o livre ingresso ou saída de qualquer mestre ou seus criados para dentro ou fora do salão ou tenda ou qualquer outro lugar onde o banquete de formatura estivesse acontecendo; e que ninguém, à exceção dos funcionários da universidade, ou o anfitrião, deveria entrar no referido salão ou tenda até que os mestres convidados entrassem com seus criados; e, depois de sentados, ninguém mais deveria sentar-se exceto com autorização do chanceler, e cada um na ordem correta segundo sua categoria. Além disso, ficava decretado que ninguém deveria bater em portas, mesas ou teto, ou lançar pedras ou outros projéteis para incomodar os convidados, sob pena de prisão, excomunhão ou multa de doze centavos.[51] As transgressões assumiram tamanha proporção que esses festejos dispendiosos acabaram abolidos.

46 Henry Anstey, op. cit., p. 414.

47 Veja James Bass Mullinger, op. cit., p. 344.

48 Henry Anstey, op. cit., p. 564.

49 Os quatro livros de sentenças, de Pedro Lombardo, século XII.

50 Henry Anstey, op. cit., vol. II, p. 237.

51 Ibid., vol. I, pp. 308–309.

O próximo passo do graduado era candidatar-se ao grau de mestre, o que ocorria da seguinte forma: apresentada a candidatura, o graduado recebia do chanceler um livro sobre o qual seria sabatinado. Depois de dominar o volume, ele voltava para determinar o dia em que deveria se apresentar para o exame. No dia marcado, ele se apresentava diante de uma banca composta por vários mestres, presidida pelo chanceler e, após um exame investigativo, ele era declarado apto à honra almejada ou submetido a uma nova argüição em um ano. De posse da aprovação eclesiástica, ele se apresentava diante dos membros do corpo docente de sua faculdade. E recebia deles o capelo de mestre. Uma vez feito mestre, exigia-se que o graduado ensinasse enquanto prosseguia com os próprios estudos de teologia, medicina ou direito civil ou canônico.

Segundo o Senhor James Bass Mullinger,

> o fato de que cada mestre de artes, por sua vez, era chamado a tomar parte no trabalho de instrução é um dos aspectos mais notáveis das universidades medievais. Sua remuneração limitava-se às taxas pagas aos bedéis pelos alunos, que formavam sua platéia. Portanto era, muitas vezes, mínima. Contudo, uma vez tendo cumprido com essa função, ele estava apto a dar aulas em qualquer faculdade que merecesse sua atenção e [...], ao estudar direito civil ou canônico, teologia ou medicina, poderia lecionar sobre assuntos incluídos no seu curso.[52]

Aqui deixamos o mestre ensinando filosofia e prosseguindo com seus estudos nos cursos profissionalizantes, para considerarmos outro elemento que não apenas entra na formação da universidade, como também contribui grandemente para seu desenvolvimento e prestígio, embora tal contribuição nunca tenha sido acolhida com simpatia.

III

Duas ordens religiosas, surgidas praticamente na mesma época que as universidades, logo se identificaram com elas e as influenciaram de forma profunda e permanente. Foram as ordens dos franciscanos e dos dominicanos. Apague dos registros, tanto em Paris quanto em Oxford, os nomes dos homens eruditos produzidos por essas ordens, e apagará

52 James Bass Mullinger, op. cit., p. 28.

também as luzes mais brilhantes, as glórias mais deslumbrantes do pensamento medieval. Abre-se um vazio impossível de ser preenchido. Se esses homens não tivessem vivido e trabalhado como fizeram, todo o curso do pensamento moderno teria sido diferente. Os dominicanos foram a primeira ordem religiosa admitida na Universidade de Paris e, com o tempo, tornaram-se os líderes do pensamento.

Por quase um século, os franciscanos orientaram os destinos de Oxford. Oxford foi o berçário da ordem. Da época em que Richard Muliner deu à corporação uma casa e um pedaço de terra para seu uso, e o Irmão Agnello, vindo de Londres, fez com que se construísse uma escola decente, na qual induziu Roberto Grosseteste a proferir palestras, e com que o futuro ilustre bispo de Lincoln elevasse sobremaneira sua reputação, daquela época em diante tornaram-se um poder na universidade.[53] Eles fizeram rápidos avanços no estudo, nos debates e no ensino. Os homens mais eminentes da Inglaterra consideravam uma honra palestrar sob seus auspícios. Sob a administração hábil de Adam Marsh, os frades cinzentos alcançaram uma reputação mundial pelo seu saber. Deixemos falar alguém que deles fez um estudo profundo e louvável, embora sem estar em visível comunhão e que, ao que tudo indica, morreu sem ser membro de sua família. O Professor Brewer afirma:

> Lyon, Paris e Colônia são gratas aos franciscanos ingleses de Oxford pelos seus primeiros professores. Eram constantes as candidaturas vindas da Irlanda, da Dinamarca, da França e da Alemanha para a fraternidade inglesa, e os estrangeiros eram enviados para a escola inglesa por ser superior às demais. Ela gozava de uma reputação pelo mundo inteiro por aderir da forma mais conscienciosa e total à pobreza e à austeridade da ordem. E, pela primeira vez em sua existência como universidade, Oxford elevou-se a uma posição superior à própria Paris. Os três eruditos do brilhantismo mais profundo e original, Roger Bacon, Duns Escoto e Ockham foram educados no seu interior. Nenhuma outra nação da cristandade exibe uma sucessão de nomes comparáveis aos eruditos ingleses em originalidade e sutileza, quanto ao alcance e variedade de suas realizações.[54]

53 John Sherren Brewer, *Monumenta Franciscana*, vol. I, pp. 17, 549.

54 Ibid., prefácio, LXXXI.

Um tributo assim tão generoso não é exagerado.

É ainda mais notável que os franciscanos tenham alcançado tamanha grandeza como grupo erudito, ao nos lembrarmos de que Francisco de Assis, ao fazer da pobreza sua noiva e a principal glória de sua ordem, desejara que a pobreza de espírito se estendesse à privação do alimento intelectual. Ele temia a influência dos sábios doutores sobre seus frades. Não era sua intenção criar uma ordem de estudantes. Sua única meta era formar homens simples nos moldes da própria simplicidade da natureza, desprovidos de tudo na vida, acima de tudo do ego, fervorosos no amor a Deus e no zelo pelo próximo. Homens do povo, em contato com o povo e com ele compadecidos, vivendo entre os mais pobres e comendo com os mais pobres, indo a hospitais e cuidando dos doentes, servindo aos leprosos, amando tudo o que fosse repulsivo na humanidade, buscando e valorizando tudo o que fosse abandonado ou rejeitado pelos outros, homens livres como a verdade. Ao moldar esses homens, ele estava fixando o pilar mais profundo e sólido sobre o qual erigir a mais nobre das superestruturas intelectuais.

O espírito do estudo, a ânsia pelo conhecimento, espírito e ânsia jamais superados, impregnavam a própria atmosfera do século XIII. Nenhum conjunto de homens, com aspirações tão nobres como as que os discípulos de Francisco possuíam,[55] resistiria à inspiração do momento ou acompanharia o ritmo do progresso da humanidade, sem empregar uma das dádivas mais divinas concedidas ao homem: seus predicados intelectuais.

Já em 1217 os franciscanos estavam instalados em Paris, e não foram muitos anos até vê-los fortemente preparados para os propósitos educacionais. Em pouco tempo, chegaram aos milhares. Ofereciam aos próprios adeptos uma escola de gramática, uma escola de retórica, uma escola de lógica e uma quarta escola para o estudo das *Sentenças* de Pedro Lombardo e da *Física* de Aristóteles. O salão para os alunos adiantados não era superado por nenhum outro da universidade. O método usado era o da universidade. Havia duas palestras pela manhã, uma sobre teologia dogmática e outra sobre alguma questão em particular merecedora de explicação. À tarde, havia uma palestra sobre a Sagrada Escritura e, das quatro às cinco horas, os frades organizavam um debate aberto,

55 Veja Luke Wadding, *Annales Minorum*, t. I, p. 248.

para quem quisesse participar.[56] Em suas regras de oração, no trabalho missionário, em sua dedicação à cura das doenças do corpo e da alma, eles foram treinados e receberam uma formação especial que a universidade não podia oferecer.

A influência educacional dos franciscanos teve muitas facetas. Misturando-se ao povo, eles refinaram a língua do povo, e ajudaram a determinar as formas de nossas línguas modernas. Como enfermeiros dos doentes, criaram medicamentos e aprenderam as propriedades curativas das plantas. Como missionários, viajaram por muitos lugares, como observadores argutos de homens, modos e costumes.[57] Como instrutores do povo nas verdades de sua religião, organizaram grupos para encenar, e eles mesmos encenaram, às vezes, peças com os milagres de tempos idos, as grandes verdades de nossa sagrada religião. Como discípulos de seu santo fundador, que amava todas as coisas da natureza e que chamava o sol de irmão e acolhia a morte como irmã, eles também respeitavam o pássaro e a fera, a flor e a árvore, com olhar bondoso e observador, e aprenderam a respeitar e investigar, reverentes, os fenômenos da natureza. E, então, Roger Bacon escreveu *Opus Majus*, o precursor do *Novum Organum* de seu homônimo [Francis Bacon], quatrocentos anos mais tarde. No domínio da arte, a terna devoção que tinham por Maria Imaculada inspirou a escola de arte que vicejou com as "Madonas" de Rafael.

Os dominicanos estabeleceram-se com o propósito formal muito maior de ocuparem-se com livros e estudos do que com a entoação de antífonas e responsórios,[58] pois tinham como única missão pregar as doutrinas do cristianismo e rejeitar a heresia. Seus cursos educativos foram, dessa forma, extremamente organizados desde o início. Em cada convento, quatro autoridades responsáveis eram encarregadas dos estudos: o prior, que cuidava da conduta geral e das necessidades espirituais e físicas dos jovens irmãos; o ledor e o ledor assistente, que ensinavam nas escolas; e o mestre de estudos, que estava sempre com os irmãos, participando de seus exercícios, comandando suas repetições, apoiando nos exames e até, às vezes, explicando a lição.

56 Roger Vaughan, *The Life and Labours of Saint Thomas of Aquin*, pp. 228–229.

57 Veja o "Itinerary of Blessed Odorico of Pordenone", no *Acta Sanctorum*, em 14 de janeiro. Com base nesse livro e no relato do frade franciscano Carpini, a respeito dos tártaros, Sir John Mandeville serviu-se de tudo o que é verdadeiro em suas supostas *Viagens*. Veja *Encyclopædia Britannica*, nova edição.

58 Theodosia Drame, *Christian Schools and Scholars*, vol. II, p. 59.

No século XIV, a esses foram acrescentados o leitor breve e um ledor chefe. O jovem aspirante à ordem era admitido aos quinze anos, e deveria ser instruído em todas as áreas preliminares da educação. Seu noviciado, que durava três anos, dividia-se em estudo, práticas espirituais e trabalho braçal. Findo o noviciado, o noviço passava por um curso de três anos de lógica e retórica. O curso inteiro de lógica durava cinco anos, e era conhecido como *Studium artium*. Correspondia, na universidade, ao curso de bacharelado, e o método consistia em três palavras tradicionais: aula, estudo e debate — *legendo, studendo, ac disputando*. O ledor explicava o texto de gramática, retórica ou lógica que o aluno tinha em mãos, e o aluno imediatamente retirava-se para estudar a lição. Mais tarde, todos reunidos, havia as repetições e os colóquios ou discussões em círculos de alunos de mesmo nível. Havia exames semi-anuais e debates formais realizados de tempos em tempos. Por esses meios, o aluno era preparado para o grande debate final.

O jovem dominicano passava, em seguida, para o curso de ética e física, contanto que tivesse sido avaliado como "testado, instruído e saudável",[59] pois o curso não era ministrado a nenhum outro. Tal curso era conhecido como *Studium naturalium*, e durava dois anos. A partir de 1372, passou a ser um curso de três anos. Dele faziam parte filosofia natural, ética, matemática e todas as ciências da época. Os tratados de Aristóteles eram rapidamente aplicados assim que eram traduzidos. Foi o curso em que o brilhantismo de Alberto Magno desabrochou e prosperou com pensamentos expressivos em assuntos científicos. Só um Poucher e um Humboldt para descrever com propriedade a grandeza de Alberto Magno no campo da ciência natural. Mesmo naquela época, Alberto contribuiu de modo definitivo para a ciência física.[60] Santo Tomás beneficiou-se tanto desse curso que, mais tarde, foi capaz de falar aos alunos da Universidade de Paris sobre a construção de aquedutos e os maquinismos para elevar e conduzir a água — *de aquarum conductibus et ingeniis erigendis* [Sobre a condução das águas e a construção de engenhos] —, assim como de expor o *Timeu* de Platão.[61]

Após esse curso, o estudante passava para a teologia, o *Studium theologiæ*, com duração de três anos. Ele diferia do curso anterior porque

59 Conselho provincial de Montpelier, realizado em 1271. Vide C. Douais, op. cit., p. 69.

60 Veja Jacques Echard, *Scriptores Ordinis Prædicatorum*, t. I, pp. 162–183.

61 Du Boulay, op. cit., t. III, p. 408.

não era dispensável do currículo. O assunto era tão vasto e seu estudo tão profundo, que nunca era completamente dominado. Nenhum membro era velho demais ou sábio demais para afirmar que nada mais tinha a aprender. Daí que todos eram obrigados a seguir o curso. Segundo Douais, "o monge pregador, fosse aluno ou professor, participava das aulas de teologia com a dupla finalidade de não esquecer o que já havia aprendido e de ampliar seu cabedal de conhecimentos".[62]

Aqui, também, o método de ensino era, em muitos aspectos, semelhante ao adotado na universidade. Um ledor lia e comentava um livro-texto que, por muito tempo, foi as *Sentenças* de Pedro Lombardo. Mais tarde, os comentários eram cuidadosamente escritos antes de serem passados aos alunos. As aulas eram diárias, exceto nas festas de guarda. Os costumes da ordem reconheciam três tipos de aula: a aula pública ou ordinária, com a ajuda de todos; a aula particular, dada para alunos atrasados; e as aulas extraordinárias ou rápidas semelhantes às da universidade, geralmente ministradas por bacharéis que não se sentavam na cadeira do mestre. Havia repetições, colóquios e debates como nas classes de filosofia. Só um doutor em teologia podia presidir os debates. As épocas dos debates eram o Advento e a Quaresma. A regra rígida insistia para que toda a irmandade estivesse presente nesses exercícios e só depois do debate é que tinham permissão para sair e pregar.

Humberto Romano, um dos expoentes da ordem, chamando a atenção dos alunos para as deficiências contra as quais deveriam se precaver, lança mais luz sobre o modo de conduzir a prática. Ele não poupa censura àqueles monges que, embora sendo doutores, ousam falar em todas as ocasiões de um jeito leve, descontraído, sem a preparação adequada, ou sem a capacidade suficiente para discutir seus temas. E não é menos severo quanto àqueles que conservam um silêncio obstinado durante todo o tempo de exercício, seja por preguiça, timidez ou medo da derrota. Alguns debatiam bem, mas a vaidade deles estava permanentemente se revelando e, fossem oportunos ou não, exibiam seu conhecimento em situações que gerariam vergonha aos homens santos e eruditos, como citar os autores que eles liam. Havia alguns que procuravam apenas obter o melhor do argumento, sem importar-se com a verdade; a outros faltava precisão e clareza, enquanto não eram poucos os obscuros e prolixos.

62 C. Douais, op. cit., p. 75.

Às vezes, mesmo as mentes mais sagazes perdiam-se em pormenores inúteis e sem sentido.[63] Esses debates entre os doutores em teologia não visavam apenas a aguçar o raciocínio, a realizar um certame intelectual ou a exibir talentos. O objetivo era mais elevado: a busca da verdade, a sondagem da verdade, a mais completa expressão da verdade.

Ainda não esgotamos os recursos educacionais dos dominicanos. A ordem tinha outros cursos separados. Cada província era obrigada a ter duas escolas especiais para os mais talentosos de seus integrantes.[64] Tais escolas eram apenas para aqueles jovens monges dotados de uma aptidão promissora para o dia em que se tornassem ledores. Os monges eram enviados para ali após concluir o curso regular de três anos de teologia. Um doutor em teologia, com um ledor assistente subordinado a ele, era o responsável por cada escola. Em 1290, um ledor era indicado para ensinar cursos especiais em exegese e outros estudos bíblicos nas escolas conhecidas como *studia solemnia*. O método de instrução então adotado era o mesmo do curso inferior. Os estudos eram apenas ampliados e aprofundados. Aqueles que os seguiam não podiam permanecer além de três anos.

E isso não era tudo. Em certos centros, estabeleceram-se escolas de estudo superior. Chamavam-se *Studia generalia*. Os enviados para essas escolas não eram meros noviços aprendizes. Eram indivíduos que já ensinavam há anos e que agora retomavam os estudos pretendendo obter o capelo de doutor e aperfeiçoar-se em áreas específicas. Essas escolas estabeleceram-se em Paris, Oxford, Bolonha, Nápoles, Montpellier e outros centros universitários. Os que freqüentavam o curso vigente em Paris visavam a tornar-se profundos teólogos; os que freqüentavam o curso em Bolonha tinham em vista principalmente o estudo do direito civil e canônico; aqueles que iam para Barcelona desejavam qualificar-se nas ciências dos mouros e dominar o árabe e o hebraico.

A disciplina nessas instituições era severa. Não havia férias como nas outras escolas. Os cursos eram profundos e ininterruptos ao longo dos três anos de duração. Somente eram admitidos nesses cursos os irmãos de saúde e resistência física comprovadas, com uma constituição capaz de esforços extremos. Eram pessoas que já haviam dado provas de sua

63 *Expositio regulæ B. Augustini*, Biblioteca Municipal de Toulouse, MS., 417 (I. 402, fo. 147b.), citado por C. Douais, op. cit., p. 79.

64 C. Douais, op. cit., p. 127.

excelência intelectual como professores de filosofia, teologia, Sagradas Escrituras ou mesmo como priores. O livro das *Sentenças* de Pedro Lombardo era lido por inteiro todo ano, e havia também um curso completo de estudos bíblicos, além das áreas específicas predominantes em cada escola. Ali os monges dedicavam-se a um estudo mais profundo dos erros filosóficos e teológicos da época — e o próprio ar exalava tais erros — assim como das Sagradas Escrituras e dos Santos Padres da Igreja.

Os professores da escola eram homens escolhidos. O superior convocava-os de toda parte da cristandade. Uma vez por semana, realizavam um debate solene. Tal debate — profundo, reflexivo, penetrante — devia contrastar bastante com as perambulações diárias que aconteciam na Rua da Escola em Oxford e na Rua de Fouarre, em Paris. Após quinze anos de estudo (sem contar os anos passados ensinando e pregando na missão), esses homens certamente estavam muito bem preparados para proclamar a verdade e perceber o erro, qualquer que fosse o disfarce com que ele se apresentasse. Ligada a esse grupo solene e erudito de homens discutindo as grandes questões de sua época, uma imagem toma conta da mente. É a do magnífico tributo prestado por Rafael à Presença Real em seu quadro sublime, *La Disputa del Sacramento*. No afresco, o artista pintou os próprios homens que participaram daquelas discussões. E embora Duns Escoto e Dante se sentissem mais à vontade nos salões de um convento franciscano, também encontramos ali os rostos familiares de Alberto e Tomás de Aquino.

Jamais nos cansaremos de repetir o fato de que a maior glória do *Studium* dominicano, e de toda a universidade medieval, é Tomás de Aquino. Não havia princípio da razão humana que ele não explicasse; não havia problema na ciência física ou metafísica que não examinasse e solucionasse; não havia erro notório que não atacasse e perseguisse até o último esconderijo. A própria construção das proposições em seu trabalho mais científico, a *Suma Teológica*, as próprias palavras com que ele formula objeções são compreendidas apenas à luz da história do erro contemporâneo. Ele não lutou contra moinhos de vento; não montou espantalhos para, em seguida, derrubá-los. Lidou com questões vivas. Estava em contato com sua época quanto a todas as suas necessidades e aspirações intelectuais. Ao meditar sobre suas páginas maravilhosas, não nos esqueçamos de que embora muito se deva à genialidade transcendente de seu escritor, muito também se deve ao admirável método conservador e à rígida disciplina intelectual da ordem em que aquele talento brilhante foi moldado.

Certa vez, um aluno perguntou a Tomás qual o melhor método para alcançar a excelência na ciência. As regras elaboradas pelo Doutor Angélico são poucas, simples e objetivas, e refletem a serenidade de sua vida pessoal. Elas revelam um hábito raro de cautela mental:

> Passe do fácil para o difícil; seja lento no falar e igualmente lento em concordar com o interlocutor; mantenha a consciência pura; não despreze a oração; seja afável com todos, mas mantenha-se centrado; acima de tudo, evite correr de uma escola para outra; que seja uma alegria sentar-se aos pés do professor;[65] preocupe-se mais em preencher a memória com boas palavras ditas do que em ficar olhando para quem as profere; esforce-se para compreender o que lê, esclarecendo todas as dúvidas ao longo da leitura; busque avidamente guardar qualquer conhecimento adquirido no depositório da mente; descubra o que pode fazer, examine suas limitações e não almeje nada que esteja muito além de suas capacidades.[66]

São palavras de ouro a serem estimadas por todo estudante, e sugestões especialmente valiosas para aquela época. O espírito da vida universitária era cativante, e esse espírito era rebelde e irreprimível.

Segundo o Arcebispo Vaughan,

> em grande parte, os professores eram aventureiros contumazes, qual cavaleiros errantes impetuosos que vasculhavam o país à procura de novidades para a mente e dinheiro para o bolso. Os alunos eram, principalmente, jovens desordeiros, vivendo no meio da corrupção, sem controle, amantes da vida barulhenta e desperdiçada na cidade. [...] Pintavam e bordavam, saindo e entrando nas escolas, como enxames de abelhas, zumbindo, implicando e discutindo uns com os outros, perturbando qualquer vestígio de ordem ou disciplina.[67]

O quadro não é exagerado. É apenas uma transcrição imperfeita dos relatos deixados por João de Salisbury e o Cardeal Vitry. "Os traços notáveis

65 Há aqui um jogo de palavras impossível de ser reproduzido: "Sellam frequentare diligas, si vis in cellam vinariam introduci" [Freqüenta com amor tua cadeira (*sella*), se queres ser introduzido na adega (*cella*) de vinhos].

66 Santo Tomás de Aquino, *Opusculum*, LXI, t. XVII, p. 338.

67 Roger Vaughan, op. cit., p. 206.

dessa vida estudantil", afirma Le Clerc, "cujas lembranças sobreviveram com uma tenacidade única, eram a pobreza, a dedicação entusiástica e a inquietação".[68] Os alunos eram tão incontroláveis nos assuntos intelectuais quanto licenciosos nas questões morais. Nenhum assunto era demasiado sagrado para sua curiosidade e não havia verdade que não estivessem preparados para desafiar. Os mestres eram ousados e inescrupulosos no tratamento das doutrinas mais sagradas. Na verdade, gostavam tanto de novidades que eram conhecidos por remunerar alunos para receberem seus estranhos ensinamentos. Os franciscanos e dominicanos, no fervor inicial de sua formação, cada um deles imbuído do espírito da caridade e do zelo, conservadores e ortodoxos em seus ensinamentos (especialmente os dominicanos), eram uma repreensão constante aos mestres e alunos dados a novidades e não desejosos de corrigir sua conduta. Até a melhor classe dos universitários olhava com desconfiança a presença desses religiosos entre eles. Eram vistos como intrusos. O preconceito estendeu-se da universidade para a corte. O laureado de São Luís atacou os dominicanos. "Eles pregam", diz ele, "que é pecado ficar irado e ser invejoso, enquanto eles mesmos fazem uma guerra por uma cadeira na universidade. Eles querem e vão obtê-la. [...] Os jacobinos são pessoas de tanto peso que podem fazer de tudo em Paris e em Roma".[69]

Entretanto, os membros da universidade não se contentavam com palavras, e tentavam boicotar os religiosos. "Os mestres e alunos das escolas rivais não permitiam que os rapazes assistissem às palestras dos dominicanos, nem permitiam que os jovens dominicanos estivessem presentes nos debates e defesas seculares".[70]

Os despeitos e invejas elencados contra eles tiveram voz no panfleto *Latter Day Perils*, de Guilherme de St. Amour. Foi um toque de trombeta convocando todos os sentimentos reprimidos que os homens vinham nutrindo contra os monges. Não vamos, aqui, entrar nos detalhes dessa controvérsia. Basta dizer que Tomás de Aquino foi indicado para responder ao trato vulgar, e ele o fez com toda a calma, a precisão científica e o delicado senso de justiça que qualifica suas obras acima das

68 Joseph Victor le Clerc, *État des Lettres au XIVème Siècle*, vol. I, pp. 269–271 (veja a passagem na íntegra).

69 Rutebeuf, *Oeuvres Complètes de Rutebeuf*, t. II, p. 251. Os dominicanos eram chamados de jacobinos por causa de seu convento de origem, o São Tiago.

70 Roger Vaughan, op. cit., p. 230.

de seus contemporâneos. Ele enfrentou a questão com seu jeito simples e direto, perguntando: "Será que os religiosos podem ser membros de um colégio de mestres seculares?", e responde que, sem a menor dúvida, podem, uma vez que a função que seculares e religiosos desempenham como professores tem por base aquilo que é comum a ambos, ou seja, estudar e ensinar.

"A função do ensino e do aprendizado", para usar as palavras dele, "é comum a homens seculares e religiosos. Portanto, não há nada que proíba homens religiosos de se associarem a seculares na mesma função de estudo e ensino,[71] ou que homens de diferentes condições componham o mesmo corpo eclesiástico, desde que professem uma única fé".

Normalmente mais organizadas do que a própria universidade, essas escolas religiosas tiveram uma influência permanente sobre seus alunos, professores e cursos de estudo.

IV

Agora, desceremos para as escolas universitárias e, a partir das diferentes luzes lançadas sobre elas, buscaremos ter uma noção da maneira como mestres e alunos nelas vivem e atuam. Em meio a toda essa massa intelectual efervescente, há escolas oferecendo formação em toda a gama de saber contida no trívio e no quadrívio. Aqui temos uma turma de jovens estudando gramática. Na Idade Média, a gramática incluía literatura e composição, assim como regras técnicas de construção de texto. Ela abrangia todas as ciências humanas. Rábano Mauro define gramática como sendo "a ciência de interpretar poetas e historiadores, e de escrever e falar corretamente".[72]

João de Salisbury, que residiu em Paris na segunda metade do século XII, assim descreve o método empregado por seu professor, um dos mais competentes da época:

> Bernardo de Chartres, sem limitar-se à gramática, incluía milhares de observações durante a leitura de sua lição, quanto à escolha das palavras

71 Santo Tomás de Aquino, op. cit., vol. I, cap. III, op. XVII, p. 11. O mesmo assunto é discutido na *Suma Teológica*, II, IIae, q. 187–188. Para um relato detalhado da controvérsia, veja Roger Vaughan, op. cit., pp. 208–367.

72 Rábano Mauro, *De Institutione Clericorum*, III, cap. XVIII.

> e dos pensamentos, assim como à variedade e a atratividade do estilo. [...] Ele trabalhava, de forma cuidadosa, a memória de seus alunos, obrigando-os a recitar (alguns mais, outros menos) as passagens mais bonitas dos historiadores e poetas comentados durante a aula, e sempre os argüia sobre a lição do dia anterior. Ele estimulava-os a limitar as leituras ao que fosse bom e edificante, e atribuía a eles, todos os dias, um exercício de composição em prosa e verso.[73]

Trata-se de um método admirável, impossível de ser melhorado, mesmo hoje após a experiência interveniente de sete séculos. Bernardo de Chartres era um professor ideal. No século seguinte, os gramáticos não foram tão esforçados. Tanto mestres quanto alunos ficavam impacientes para trilhar os labirintos dos debates lógicos. Como conseqüência, vemos uma perda em termos de estilo. "Os jovens das universidades, dispondo de poucos livros, e, a bem da verdade, indisciplinados, passavam pelas aulas de gramática sem qualquer proveito. Ficavam nelas o mínimo de tempo possível, atraídos pela onda sempre crescente de Aristóteles".[74]

Entramos numa dessas escolas de gramática. Os alunos estão todos numa sala. Eis um que chega do mestre, depois de recitar a lição e de ter o exercício corrigido. Ele vai para o seu lugar, providencia suas tabuletas, uma pena, tinta, um pedaço de pergaminho e, sentando-se à longa mesa que se estende no centro da sala, transcreve o exercício corrigido numa pequena folha de pergaminho. O traçado das letras é miúdo e apertado, as palavras são abreviadas. Qual seria o significado de uma linha assim escrita?

> *Tityre t p r s t f.*

O professor fazia alusão a Virgílio, e isso evidentemente é um relato abreviado de algum verso das obras do autor. Aqui está: a palavra "Tityre" dá a deixa:

> *Tityre, tu patulæ recubans sub tegmine fagi.*

O jovem ao seu lado faz anotações sobre lógica. Ele está, ao que parece, citando um trecho da *Lógica* de Ockham de forma condensada:

73 João de Salisbury, *Metalogicon*, I, cap. XXIV, col. 854.

74 Charles Daniel, *Des Études Classiques*, cap. VI, p. 138.

"Sic hic e fal sm qd simplr". Eis o texto: "Sicut hic est fallacia secundum quid ad simpliciter".[75] [Logo, isto é uma falácia do "qualificado para o simplificado"]. Quanto menos os alunos escrevessem no pergaminho, mais eles talhavam suas lições nas tabuletas da memória. Além disso, o papel e o pergaminho eram produtos caros naqueles dias e deviam ser usados com parcimônia. Mesmo já em 1502, cada aluno só recebia três folhas por semana para suas anotações.[76]

Passemos para outra escola. Essa é a Praça Maubert, que por muito tempo continuará a conservar o nome de Alberto, o Grande. Essa rua suja e úmida do bairro é a rua imortalizada por Dante em seu grande poema, a Rua de Fouarre.[77] Não é uma rua convidativa. Desde o início da manhã, é o ambiente mais movimentado e barulhento de Paris. Os alunos relatam sobre o despertar com os sinos das igrejas vizinhas. O sino da missa das carmelitas, com seu convento situado na Praça Maubert, dá o primeiro sinal às cinco horas. Uma hora mais tarde, o sino de Notre-Dame bate para a oração da manhã.[78] Em seguida, o estudante que mora fora deixa seus aposentos e, descendo a escada com cuidado, toma o caminho mais curto pelos atalhos e vielas até a Rua de Fouarre. Ele adentra uma daquelas salas baixas, mal ventiladas, com um cheiro forte de umidade. O mestre está sentado num banquinho. É uma manhã de inverno, há três ou quatro velas espalhando uma luz fraca pela atmosfera pesada, e os alunos, acomodados em pequenos amarrados de feno, tomam notas sobre a leitura feita pelo mestre.[79] Já tivemos uma noção sobre a escola de artes, então passemos para a escola de teologia.

A sala também é baixa e sombria e a luz é inadequada. Não há bancos, mas, aqui e ali, alguns blocos e palha em abundância. O mestre ocupa uma cadeira grande sobre um tablado. A cadeira tem um espaldar alto e reto e braços, e acomodaria duas pessoas com facilidade. Aquele ao lado do mestre é um aspirante à licenciatura. O mestre, porém, tem predomínio sobre o aspirante e sobre a escola.[80] Agora, reparem no método empregado. Compõe-se de duas partes: a leitura e a explicação, e o debate. Todo o ensino é oral. Segundo Vicente de Beauvais, "o ato de

75 Roger Vaughan, op. cit., p. 199.

76 Étienne Pasquier, *Recherches sur la France*, t. I, p. 920.

77 Dante Alighieri, *Paraíso*, X, 136–138.

78 Du Boulay, op. cit., t. IV, p. 413.

79 Alfred Franklin, *La Vie privée d'Autrefois*; *Écoles et Collèges*, p. 168.

80 Octave d'Assailly, *Albert le Grand, l'ancien monde devant le nouveaup*, p. 186.

ensinar pela voz ativa possui alguma energia misteriosa, e ele ecoa com mais vigor no ouvido de um discípulo quando proferido pela boca do mestre".[81] A princípio, o mestre tinha por hábito falar tudo sem um manuscrito. Mais tarde, na história da universidade, ele lia ou ditava um comentário sobre o texto, a partir de seu manuscrito. No entanto, quando, em 1354, o Cardeal d'Estouteville reformou a universidade, ele retomou a prática de comentar sem um manuscrito. Na verdade, sob juramento, o professor não devia ler um comentário por escrito sobre o texto em discussão, para que não deixasse de preparar suas lições apropriadamente.

O mestre está pronto para dar a aula. O livro das *Sentenças* aberto sobre os joelhos e os alunos sentados à volta, formando grupos. Alguns ficam sobre um dos joelhos com a tabuleta em mãos, prontos para as anotações. Outros poucos têm os próprios livros-texto, mas a maioria contenta-se com uma olhada no exemplar disponível na sala para uso comum. Primeiro o mestre lê uma proposição do Lombardo. Com voz branda e em tom afável, ligeiramente ascendente,[82] ele discorre sobre a proposição, e, enquanto isso, os alunos, o mais rápido possível, com aquela espécie de escrita abreviada já examinada, anotam a explicação. Ouça com que nitidez ele fundamenta cada divisão do texto, cada parágrafo, cada frase, cada termo empregado e observe a clareza com que ele faz as conseqüências fluírem a partir de então. Depois que o mestre termina sua explanação, os alunos comparam as anotações e chegam a uma compreensão do sentido e das palavras exatas do discurso ouvido. Alguns professores, mais cuidadosos do que outros, e para evitar mal-entendidos ou uma versão distorcida de suas palavras, ditam suas explicações. Em 1492, foi baixada uma lei geral determinando que a aula mais curta da manhã fosse dedicada ao ditado.[83] No entanto, no século XIII, o mestre cujas lições estamos acompanhando contentava-se em explicar o texto com um comentário passageiro, deixando aos alunos a tarefa de extrair da lição o máximo possível ou aquilo que se dispusessem a reproduzir. A seguir, o método estabelecido nos estatutos de Oxford:

> Os mestres devem ler o texto em pauta. Em seguida, devem explicá-lo da forma mais completa e clara conforme o assunto exigir. Devidamente apresentada a explicação, eles passam a escolher, no texto, passagens de

81 Vicente de Beauvais, *Speculum Doctrinale*, I, cap. XXXVII.

82 *De Disciplina Scholarium*, vol. LXIV, cap. V, col. 1234.

83 Du Boulay, op. cit., t. V, p. 808.

> destaque a serem lembradas. Por último, levantam pontos para discussão, mas apenas os naturalmente sugeridos pelo texto, de modo que nenhum assunto proibido seja ensinado.[84]

Entretanto, o principal elemento do treinamento universitário não era a aula, mas sim o debate. Mestre debatia com mestre diante dos alunos; o mestre debatia com seus alunos; estes debatiam entre si sob a supervisão de um determinante ali presente para reprimir brigas, corrigir erros, evitar que os debates degenerassem em ofensas pessoais, e marcar os indolentes que se recusassem a participar do debate. O exercício era, por vezes, deturpado. As proposições eram discutidas fora de contexto. Realizavam-se distinções, e as divisões e subdivisões atingiam um tal nível de perspicácia que apenas aquela prática, como então prevalecia, poderia alcançar. Esse processo de refinamento dialético era levado aos maiores extremos.

Assim, Stephen Langton, conhecido na história como o defensor das liberdades inglesas, fora anteriormente conhecido em Paris como um aluno cujo trabalho era tão sólido quanto brilhante, um dos expositores mais esclarecidos das Escrituras, um pregador poderoso, com uma voz melodiosa e forte que alcançava qualquer platéia. Até Stephen Langton foi incapaz de resistir à prática predominante de refinar o raciocínio e buscar um novo significado para palavras simples. Podemos vê-lo escolher uma cantiga romântica bem conhecida da época — "Belle Aaliz mains s'en leva" — e, com o intuito de transformar o ruim em bom, escreveu um comentário sobre ela, atribuindo-lhe um sentido alegórico e espiritual.[85] Cada professor buscava superar seu rival nas distinções, divisões e subdivisões lógicas. Cada estudante rivalizava com o outro para encontrar falhas nos argumentos, cada um buscando sobrepujar o outro e confundi-lo mentalmente com distinções sutis além de sua compreensão. Ninguém escapava.

Na Oxford de 1396, um certo frade da Irlanda, ao deixar de fazer um único debate, teve negada a permissão para ler as *Sentenças*.[86] Não havia

84 Henry Anstey, op. cit., vol. 1, p. 288.

85 Ele fala de Alice como se fosse a Santíssima Virgem, e assim fala sobre o nome: "Hoc enim Aalis dicitur ab *a*, quod est *sine*, et *lis, litis*; quase *sine lite*, sine reprehensione" [Ele descreve o que seria a etimologia do nome Alice (*Aalis*): *a* quer dizer "sem", *lis* quer dizer "disputa"; logo *Aalis* significaria "sem disputa", "sem falta", como a Virgem]. Bibliothèque Nationale, MSS, lat., 16, 497.

86 Henry Anstey, op. cit., p. 236.

outro caminho disponível para a conquista dos louros; portanto, cada um devia ficar alerta para responder a cada objeção com toda a garra possível. Se alguém se recusasse a participar de um debate, seu silêncio seria atribuído à ignorância ou à arrogância.[87] O debate era o grande campo para o triunfo e, como conseqüência, a maior parte do dia era passada com debates.

Qual era a rotina diária da vida universitária? Podemos descrevê-la da seguinte maneira: a primeira lição, conforme já visto, era dada cedo pela manhã. Os alunos, então, retiravam-se e organizavam o material da última lição ou preparavam-se para a próxima, até a hora do almoço, que, em geral, era às dez horas. Ao meio-dia, eles realizavam debates que, pela hora, eram conhecidos como meridionais. Às cinco, havia repetição das lições e conferências, durante as quais os alunos recitavam e respondiam a perguntas do mestre. Aos sábados, havia as recapitulações e a repetição das lições da semana. Tudo isso solenemente realizado sob a supervisão do mestre superior da escola.

Ficou preservada uma rotina diária da vida de faculdade em Cambridge, que, embora mencionada por Lever no século XVI, remonta às tradições da faculdade até onde a memória humana pode alcançar. Ei-las colocadas nas palavras usadas pelo Cardeal Newman:

> [O aluno] levantava-se entre quatro e cinco horas: das cinco às seis assistia à missa e ouvia uma exortação. Ele, então, estudava e freqüentava as escolas até as dez, que era a hora do almoço. A refeição, que parecia também ser um desjejum, não era farta. Consistia em carne em pequenas porções para quatro pessoas,[88] e uma sopa feita com seu molho e aveia. Do almoço até as cinco da tarde, ou ele estudava ou instruía outros, quando então ia jantar, que era a principal refeição do dia, embora pouco mais generosa do que o almoço. Depois, discutiam-se problemas e havia outros estudos até as nove ou dez da noite, e então meia hora era dedicada a caminhadas ou corridas por ali, para que não fossem para a cama com os pés frios, já que um recurso de calor ou fornalha para o aquecimento estava fora de cogitação.[89]

87 *De Disciplina Scholarium*, cap. IV, col. 1234.

88 "Um pedaço de carne de um centavo entre quatro", é a expressão de Lever. O sermão pregado em Paules Crosse; *Arber's Reprints*, vol. III, pp. 121–122.

89 John Henry Newman, *On Universities*.

No entanto, estamos aqui avançando sobre a disciplina e os métodos da faculdade nas universidades, um assunto que terá nossa atenção noutro artigo. Por ora, cuidemos para não perder de vista as verdadeiras proporções das universidades medievais na ânsia de intrometermo-nos em detalhes a seu respeito. Olhadas em seu contexto histórico, elas se destacam entre as maiores criações do espírito da verdade cristã. Foram as instituições da cultura mais elevada, os centros que irradiaram a última palavra da ciência e a mais avançada onda de pensamento.

As faculdades universitárias: origem e métodos[1]

I

O Senhor Compayré conclui o prefácio de seu livro mais recente com as seguintes palavras: "Acredito também que, se os dicionários literários do futuro concederem-me um lugar em suas páginas, terão a bondade de, ao mencionar meu nome, acompanhá-lo da seguinte nota: 'Gabriel Compayré, escritor francês, cuja obra menos medíocre, traduzida para o inglês antes de ser impressa, foi publicada nos Estados Unidos'".

A essa nota devemos acrescentar: o livro que tanto parece orgulhar o Senhor Compayré chama-se *Abelardo* e, mesmo assim, tudo o que o autor tem a dizer sobre Abelardo limita-se a 25 páginas. O livro, na realidade, cobre o mesmo tema da obra do Senhor Laurie, *The Rise and Constitution of Universities* e, portanto, está mal intitulado. Seria um assunto a ser desenvolvido pelo autor num livro especialmente brilhante.

A vida de Abelardo, seus professores, contemporâneos, as escolas nas quais estudou, as escolas por onde ensinou, seus alunos e discípulos, suas doutrinas, métodos, as perseguições e as influências constituem matéria

1 Gabriel Compayré, *Abelard and the Origin and Early History of Universities*. Nova York, 1893; Alfred Franklin, *La Sorbonne, ses Origines et sa Bibliothèque*. Paris, 1875; James Bass Mullinger, *The University of Cambridge, from the Earliest Times to the Royal Injunctions of 1535*. Cambridge, 1873; Henry Maxwell Lyte, *A History of the University of Oxford, from the Earliest Times to the Year 1530*. Londres, 1886; Joseph Antonio Saxis, *De Studiis Literariis Mediolanensum*. Milão, 1729.

suficiente para muitos capítulos interessantes, para os quais o autor precisaria examinar o terreno tão bem cultivado na obra clássica do Senhor Rémusat. Esse, sim, é o tipo de livro cujo título corresponderia, de fato, à nossa expectativa. E não conseguimos perceber a relação íntima entre Abelardo e a Universidade de Paris que o autor estabeleceria. Abelardo não é, de forma alguma, seu fundador. Ele não foi mais precursor dela do que seu professor, Guilherme de Champeaux. Abelardo foi um meteoro brilhante que cruzou os céus do século XII, lançando à sua volta uma luminosidade tempestuosa, despertando mentes e criando entusiasmo. Incansável, ativo, superficial, pretensioso, ousado, um intelecto afiado com uma eloqüência permanente. No entanto, não há como associar a universidade a ele. Caso não tivesse existido, a universidade, como corporação, teria sido criada em algum momento pouco tempo depois. Os debates escolásticos aconteciam antes de sua época, e talvez ele os tenha sistematizado melhor, mas não os criou. Seu saber em nada se comparou à fama conquistada.

O Senhor Compayré pode ser um bom professor, mas certamente não é um intelectual competente. Em 1877, quando escreveu o primeiro livro a dar-lhe notoriedade, *Histoire Critique des Doctrines de l'Éducation en France Depuis le Seizième Siècle*, demonstrou não só uma tendência resoluta a recorrer a fontes que confirmassem seus preconceitos, como também uma grande aversão a qualquer autoridade favorável, de alguma forma, à escola ou ao sistema que ele condenava. O método de fazer citações indiretas levou-o a associações bastante questionáveis. Ele acolhia informações das fontes mais duvidosas e, como resultado, era levado a cometer erros crassos que envergonhariam um menino de escola. Constate-se pela seguinte afirmativa em relação aos jesuítas: "Na metafísica, eles eliminam algumas das questões mais interessantes e essenciais, como, por exemplo, tudo o que diz respeito à existência de Deus e à natureza de Seus atributos".[2]

Como ele conseguiu fazer essa afirmativa? O Senhor Compayré encontrou uma tradução deturpada das "Constituições" e "Declarações" dos jesuítas com um apêndice desfavorável, contendo trechos distorcidos das regras daquela famosa entidade e, entre outras, ele leu as seguintes palavras: "In metaphysica questiones de Deo et Intelligentiis praetereantur". Ora, numa nota de rodapé o Senhor Compayré sustenta que tem

2 Gabriel Compayré, *Histoire Critique des Doctrines de l'Éducation en France Depuis le Seizième Siècle*, t. I, p. 196.

diante dele duas edições completas do *Ratio Studiorum*. Se ele tivesse aberto qualquer uma delas, teria descoberto uma proibição de se tocar naquelas questões referentes a Deus e Seus anjos nas discussões metafísicas que dependem completamente ou em grande parte de revelação e que, portanto, pertencem ao domínio da fé.[3] O Padre Daniel chamou a atenção dele para esse e outros disparates, sendo apenas um pouco menos contundente.[4]

Ora, até que ponto o Senhor Compayré aproveitou a lição? Que o leitor julgue a partir do seguinte trecho: "Tomás de Aquino escreveu os *De regimine principum* e *De eruditione principum*. Seu discípulo, Gil de Roma [Egídio Romano], arcebispo de Bruges, que foi tutor de Filipe, o Belo, também seguiu Aristóteles na política".[5]

A verdade é que ambos os volumes aqui citados constam entre os livros reunidos do Doutor Angélico, mas em geral considera-se que apenas o primeiro dos dois livros citados foi escrito por Tomás, enquanto a segunda obra é hoje universalmente atribuída à pena de Peraldus ou Guilherme Perault. Onde o Senhor Compayré colheu a informação aqui colocada de forma tão vaga? Certamente não das obras em si. Até mesmo a *Histoire Littéraire*, apesar de tratar desses livros de forma vaga, teria iluminado o autor e orientado sua escrita para ser mais precisa.

Mais tarde, nós nos referiremos a eles para outro propósito que não o de expressar uma trivialidade sobre a *Política* de Aristóteles. Não há uma frase ou expressão no parágrafo citado que não demonstre uma total ignorância do assunto tratado. Ora, por que razão hoje, assim como há dezesseis anos, o Senhor Compayré aceita um material tão inferior e impõe-no aos seus leitores como algo digno de sua inteligência? Depois da lição benéfica do Padre Daniel, seria admissível uma cautela maior da parte dele. São justamente parágrafos como esses que tornam o livro do Senhor Compayré indigno de um lugar permanente na literatura, e que desmerece o nicho que procura atender de modo tão modesto. Entretanto, o autor não escreveria um livro totalmente inútil, nem seria enfadonho se tentasse.

3 *In Metaphisica, questiones de Deo et Intelligentiis, quæ omnino aut magnopere pendent ex veritatibus divina fide revelatis, prætereantur.*

4 Charles Daniel, *Les Jésuites Instituteurs de la Jeunesse Française*, 1880.

5 Gabriel Compayré, *Abelard and the Origin and Early History of Universities*. Nova York, 1893, p. 290.

E quando começamos a perceber que não estamos lendo um livro sobre Abelardo, mas sobre as universidades medievais, constatamos que há muito a ser admirado e elogiado no relato. O estilo é pitoresco e brilhante, a estrutura de tópicos é delineada com clareza e o assunto, como um todo, é tratado de maneira inteligente. Ao fazer uma leitura cuidadosa do livro, ficamos em condições de formar uma boa noção da universidade medieval. Quanto a esse ponto, e nessa extensão, o livro pode ser elogiado. O leitor comum talvez não observe o tom de triunfo com que o autor registra cada passo na direção da secularização da universidade. Talvez esse leitor não note a aversão ao celibato, patente nas páginas da pequena obra. Talvez ele se esqueça de que o autor menosprezou, ou tratou de modo inadequado, a influência das ordens religiosas sobre a vida universitária. E, ao terminar a leitura atenta do livro, talvez nunca lhe ocorra que os próprios elementos ignorados ou depreciados pelo autor são a alma das universidades. Com a extinção desses elementos, iniciou-se a decadência das universidades.

II

Voltemo-nos agora para a vida na faculdade universitária. Ela nos aproxima da vida da escola superior moderna. Com o avanço do século XIII, a situação desregrada cresceu cada vez mais entre os estudantes universitários. Apesar das regulamentações e dos estatutos, eles eram explorados pelos moradores da cidade que os hospedavam. Muitas vezes caíam nas mãos de judeus que cobravam juros escorchantes por quantias emprestadas. Diariamente, podiam ser vítimas de mulheres e homens vulgares, sempre à espreita de novas presas. Em muitas situações, a vida de privações desses estudantes sustentava-se graças à vitalidade de sua juventude e uma sede insaciável de conhecimento. Enquanto isso, o clero formal mantinha escolas ordeiras e disciplinadas onde os jovens eram bem cuidados e ciosamente protegidos das provações e tentações que sempre assolavam o estudante hospedado na cidade. Os grandes luminares de suas respectivas ordens palestravam nas universidades e atraíam jovens que, por admirarem seus professores, passavam a apreciar a vida de paz e quietude e a disciplina religiosa, e acabavam solicitando a admissão como membros. Eram rapazes, em geral, promissores e de boa família. E assim, os carmelitas e os agostinianos, os franciscanos e os dominicanos (especialmente os últimos dois) congregavam em seus noviciados o escol da juventude medieval. Os pais tinham pavor de enviar os filhos para Oxford, receosos de que se tornassem frades.

Em 1358, foi determinado que se qualquer frade mendicante induzisse ou causasse a indução de qualquer membro da universidade menor de dezoito anos a juntar-se aos ditos frades, ou de alguma forma auxiliasse no seu aliciamento, nenhum graduado pertencente ao mosteiro ou sociedade da qual tal frade fosse membro teria permissão para dar aulas ou presenciá-las em Oxford ou em qualquer outro lugar no ano subseqüente.[6] Richard Fitzralph, arcebispo de Armagh, que não tinha pelos frades mais afeição do que seu discípulo John Wyclif, conta como os frades de Oxford levaram embora o filho de um inglês, então com menos de treze anos, e como o pai era impedido de falar com o menino, exceto na presença dos frades. O pai foi, então, a Avignon levar o caso até o Papa.[7] Mas muito antes que esse sinal de alarme soasse, os mosteiros religiosos eram os únicos refúgios seguros em meio ao tumulto da vida universitária.

Não que as autoridades não sentissem necessidade de resguardar o aluno, mas todas as universidades, em seus primeiros tempos, eram pobres. Até meados do século XIII, nem Paris, nem Oxford possuíam um prédio que pudessem chamar de seu. As escolas e as salas eram alugadas, ou eram cedidas pelas ordens religiosas ou até pelos moradores da cidade. Os almoços oficiais dos mestres de artes eram realizados nas tabernas comuns da cidade. Assim, em Oxford, nos séculos XIII e XIV, o corpo docente de artes costumava reunir-se na Igreja de Santa Mildreda, enquanto os graus eram concedidos e, com a devida permissão, outros negócios seculares eram efetuados na Igreja St. Mary the Virgin.[8]

Ainda assim, mesmo no alvorecer da vida universitária, distinguimos vestígios de esforços para auxiliar e proteger os jovens pobres. É sabido que o Danish College [Faculdade Dinamarquesa] estabeleceu-se em 1030, já com uma dotação para 130 clérigos. Em 1187, Roberto de Dreux, irmão de Luís VII da França, fundou em Paris uma casa

6 Henry Anstey, *Munimenta Academica, or Documents Illustrative of Academical Life and Studies at Oxford*, vol. I, p. 205. Este estatuto foi posteriormente revogado; Charles Henry Cooper, *Annals of Cambridge*, vol. I, p. 109.

7 Henry Maxwell Lyte, op. cit., p. 174.

8 Ibid., p. 98.

de oração e uma casa de estudos sob a proteção de Santo Tomás de Cantuária. Além disso, sabemos que em 1180 Joce de Londres, ao regressar de Jerusalém, cedeu um aposento no hospital Hôtel-Dieu, onde dezoito estudantes poderiam ser alojados. Mais tarde, a faculdade foi transferida para a praça de Notre-Dame, ainda conservando o nome de Maison des Dix-Huits.[9] O objetivo primordial dessas instituições e de outras semelhantes era simplesmente prover abrigo e proteção aos alunos. Não havia intenção de torná-las instituições de ensino. Na verdade, podemos remontar seu início ao albergue em que certos mestres autorizados costumavam acolher os estudantes a preços módicos.

Segundo Mullinger,

> o albergue das universidades inglesas nos primeiros tempos pode ser definido como uma casa de pensão sob o comando de um diretor cujos alunos residiam por conta própria. [...] Não se oferecia ajuda financeira, mas simplesmente proteção contra a extorsão e uma moradia onde o silêncio era garantido e a disciplina, aplicada, ou seja, vantagens bem raras naquela época turbulenta.[10]

Os albergues ou estalagens, então, eram relativamente poucos e, em geral, bastante inadequados para o grande número de jovens que acorriam às universidades. Foi apenas no início do século XV que Oxford teve condições de proibir os clérigos de hospedarem-se nas casas dos seculares.[11]

Nesse ínterim, ficou evidente que, enquanto as ordens mendicantes prosperavam e absorviam os maiores talentos nas universidades tanto de mestres quanto de alunos, o clero secular (ou diocesano) decaía. De que outra forma seria, considerando os perigos a que os rapazes estavam expostos ao ingressarem na vida universitária? Tome, por exemplo, os que afluíam em quantidade para Paris. Eram mal acomodados e alimentados, e as roupas e livros sujeitos à pilhagem. Em geral, logo nos primeiros tempos da chegada a Paris ficavam sem seu dinheiro. Apesar da vigilância dos inspetores da nação em que estavam inscritos, eram ludibriados, roubados, explorados a toda hora. Os moradores locais

9 Jean Lebeuf, *Histoire de la Ville et tout le Diocèse de Paris*, t. II, pp. 129–130.

10 James Bass Mullinger, op. cit., vol. I, p. 217.

11 Henry Maxwell Lyte, op. cit., p. 69.

consideravam-nos legítimas presas.[12] Espertalhões, tanto mulheres quanto homens, perseguiam-nos, armavam ciladas, fazendo-os vítimas de seus golpes até que o último centavo fosse surrupiado.

Muitos pais zelosos, no afã de ver seus filhos talentosos tornarem--se clérigos cultos no caminho para o crescimento e a distinção, empobreceram suas famílias para que seus filhos favorecidos tivessem meios suficientes para viver em Paris, e viram aqueles filhos voltarem ricos em experiências valiosas, porém pobres em tudo o mais. Rutebeuf descreve um jovem desse tipo. Seu pai vende parte do patrimônio para prepará-lo para a universidade. O rapaz chega a Paris, arranja más companhias e logo lhe é retirado tudo o que trouxe, até a ambição para estudar, e com o "dinheiro sumido e roupa velha, ele tem de recomeçar a vida".

> *Ces argens faux et sa robe usée;*
> *Or tout est à recommencer.*[13]

Tais experiências levaram as pessoas a refletir. Por que os jovens pobres, lutando contra tantas dificuldades para ingressar no sacerdócio secular não poderiam encontrar um pouco daquela acolhida e do cuidado tão generosamente concedidos aos candidatos à vida religiosa? A pergunta ocupou o pensamento de Robert de Sorbon, o piedoso e culto confessor de Luís IX. Em 1256, com o auxílio do rei virtuoso e de vários eclesiásticos abastados da corte, ele fundou uma instituição onde os jovens aspirantes ao sacerdócio secular pudessem ser hospedados e alimentados, e ter os estudos supervisionados. Desde o princípio, tal instituição foi especialmente concebida para ser um berçário da teologia. Dezesseis estudantes, quatro de cada nação, tinham direito a bolsas de estudo. Esses jovens levavam uma vida regrada e austera. Tudo na casa era muito pobre. Segundo Crévier, "a pobreza era o atributo peculiar da casa da Sorbonne, e por muito tempo ela adequou sua realidade ao título".[14] Sob a sanção real e a bênção papal, a instituição prosperou e, quando Robert faleceu, em 1274, a Sorbonne já tornara-se a sede da faculdade de teologia.[15]

12 Charles Jourdain, *Excursions à travers le moyen âge*, p. 249.

13 Rutebeuf, *Le Dis de l'Université de Paris*, t. I, p. 185. As mesmas experiências ainda são compradas pelo mesmo preço. Veja Alphonse Daudet, *Sappho*.

14 Crévier, *Histoire De l'Université de Paris*, vol. I, pp. 494–495.

15 Alfred Franklin, op. cit., p. 16.

Os regulamentos que Robert formulou e aplicou durante os vinte anos em que comandou a instituição comprovam sua sabedoria e um oportuno bom senso. Eles permaneceram válidos até 1790, quando a Sorbonne sofreu a catástrofe daquele ano. Robert criou uma escola preparatória, e os alunos só eram admitidos na faculdade depois de receber o grau de bacharel, defendendo uma tese chamada de Robertine, em homenagem ao fundador, e obtendo a maioria dos votos após três votações.

Havia duas classes de membros, os convidados e os associados (*fellows*). Os convidados (*hospites*) dispunham de todas as conveniências para estudar, mas não participavam da administração da casa. Tinham permissão para estudar na biblioteca, embora não ficassem com a chave. Eram obrigados a sair tão logo recebessem o grau de doutor, para dar lugar a outros. Os associados (*socii*) eram mais privilegiados, e participavam nos assuntos administrativos. Prevalecia entre eles uma igualdade absoluta. Os ricos pagavam ao estabelecimento uma quantia equivalente ao valor recebido pelos bolsistas. O prior era escolhido entre os associados mais jovens, e ficava um ano no cargo. Entre os mais velhos, eram escolhidos quatro seniores. Seu dever era cuidar de assuntos difíceis e manter os costumes tradicionais. Os associados reuniam-se uma vez por mês para discutir todos os assuntos da administração. Robert colocou a Sorbonne sob a proteção da Santíssima Virgem Maria, mas do século XIV em diante, a santa padroeira passou a ser Santa Úrsula.[16]

O piedoso fundador apreciava o valor de uma boa biblioteca naqueles dias em que os livros eram escassos e caros. Sabe-se que "ele cuidava para reunir em sua faculdade todos os livros necessários aos teólogos e à instalação de uma biblioteca".[17] Ao morrer, legou à faculdade todos os seus livros, incluindo o esplêndido exemplar da Bíblia escrito em 1270 e que, supõe-se, teria sido presenteado a ele por Luís IX.[18] Em 1289, a biblioteca foi devidamente organizada. Dividida em duas partes, uma delas, denominada grande biblioteca (*magna libraria*), incluía as obras usadas com mais freqüência. Essas obras ficavam acorrentadas e só em ocasiões raras e excepcionais era permitido que fossem removidas. A outra parte chamava-se a pequena biblioteca (*parva libraria*) e continha todas as cópias e obras raramente consultadas, que podiam ser emprestadas

16 Jean Lebeuf, op. cit., t. I, p. 240 e ss.

17 Jean-Baptiste Ladvocat, "Sorbon", em *Dictionnaire Historique*.

18 Exemplar agora sob o n. 15467 entre os MSS., lat., na Bibliothèque Nationale.

mediante depósito de certa quantia ou qualquer artigo de valor suficiente para cobrir o preço do livro. Em 1290, a biblioteca contava com um total de 1017 volumes, entre os quais o *Roman de la Rose* [Romance da rosa], o único livro em francês mencionado. Um belo gesto de caridade naqueles tempos era legar bibliotecas para o uso de estudantes pobres. Assim, sabemos que, em 1270, Gerard d'Abbeville legou suas obras teológicas não só aos estudantes da Sorbonne como a todos os seculares cultos. No ano seguinte, Stephen, arcebispo de Cantuária, deixou seus livros para a Igreja de Notre-Dame na intenção de que fossem colocados à disposição de alunos pobres que fariam uso deles no decorrer de seus estudos.[19]

Os conselhos deixados por Robert a seus alunos foram de igual valia. Foram descobertos há alguns anos e, na medida em que lançam uma luz sobre a vida na faculdade daquela época, não será inadequado condensá-los aqui: em suas palavras,

> o aluno que quer se beneficiar de seus estudos deve observar seis regras essenciais: primeira, dedicar um horário a uma leitura específica. Segunda, fixar a atenção naquilo que lê, sem passar rapidamente para algo diferente. São Bernardo afirma que: "A diferença entre ler e estudar é a mesma que existe entre um anfitrião e um amigo, entre um cumprimento trocado na rua e um afeto inalterável". Terceira, extrair diariamente da leitura algum pensamento, algum grão de verdade, e gravá-lo na memória com cuidado especial. Quarta, escrever uma síntese do que foi lido, pois as palavras não-escritas voam como poeira ao vento. Quinta, reunir-se com os colegas ou familiares para debates ou conversas informais. Essa prática é de serventia ainda maior do que a leitura, por resultar no esclarecimento de todas as dúvidas e incertezas que restarem após a leitura. *Nihil perfecte scitur, nisi dente disputationis finiatur.* Sexta, orar. Na verdade, a oração é um dos melhores meios de aprender. São Bernardo ensina que a leitura deve estimular os afetos da alma, e que deve ser um meio de elevar o coração a Deus sem interromper o estudo.

O piedoso doutor chama a atenção dos rapazes para o desperdício de tempo com insignificâncias. Suas palavras lançam uma luz sobre uma das maiores fraquezas da vida universitária medieval.

Segundo ele,

19 Alfred Franklin, *La Vie privée d'Autrefois*, p. 84.

> certos alunos agem como tolos. Demonstram grande sutileza em relação a trivialidades e revelam-se superficiais em assuntos importantes. Para não deixar transparecer que perderam tempo, eles montam volumes grossos de pergaminho cheio de páginas em branco, encadernados com couro vermelho elegante. Mais tarde, retornam ao lar paterno com um saco cheio de conhecimento que pode ser roubado por ladrões, devorado por ratos e insetos, destruído pelo fogo ou pela água.

De olho nessa classe de estudantes que não fazem bom uso de seu conhecimento, ele acrescenta:

> A gramática forja a espada da Palavra de Deus, que é polida pela retórica. Por fim, é a teologia que a emprega. Há alguns que não se cansam de aprender a forjar a espada, a afiar seus lados e usá-la sempre no esforço de aguçá-la. Outros a mantêm totalmente embainhada e quando decidem sacá-la descobrem que envelheceu, que o metal enferrujou e nada mais têm a fazer. Quanto àqueles que estudam apenas com a intenção de alcançar altos postos na Igreja, é enorme sua decepção, pois raramente conquistam o objeto de sua ambição.[20]

Foram conselhos sólidos e oportunos e que deixaram sua impressão na faculdade. Certo número de doutores dedicou-se exclusivamente à solução de casos de consciência. A prática trouxe a habilidade e, ao longo do tempo, gente de toda parte da Europa habituou-se a enviar casos delicados para serem ali solucionados e, assim, a Sorbonne passou a ser considerada a maior autoridade da cristandade para resolver problemas morais. Ela era consultada pelo rei e pelo Papa.

Durante a segunda metade do século XIII, as faculdades multiplicaram-se. Em 1262, Walter de Merton, então lorde chanceler da Inglaterra sob Henrique III, obteve uma autorização para destinar certas mansões à moradia de clérigos que estudavam nas escolas superiores de Oxford.[21] Seu principal objetivo era assegurar para os sacerdotes seculares as vantagens acadêmicas que as ordens religiosas tanto usufruíam. "Ele tomou emprestado das instituições monásticas a idéia de um agregado de pessoas vivendo sob uma regra comum, sob uma direção comum,

20 Bibliothèque Nationale, MS., lat., 15971, fol. 197 e ss.; Le foy de la Marche, *Le Treizième Siècle*, pp. 50–52.

21 Henry Maxwell Lyte, op. cit., p. 73.

dispondo de todo o necessário à vida corpórea e espiritual, alimentadas por concessões garantidas e protegidas de toda interferência externa, exceto a de seu legítimo benfeitor".[22] Portanto, Merton foi o primeiro a conquistar para o sacerdócio secular de Oxford aquilo que Robert de Sorbon conseguira para a mesma ordem em Paris. Os motivos que impeliram esses fundadores foram os mesmos, e os regulamentos aplicados, semelhantes em vários detalhes.

Em Merton, assim como na Sorbonne, os estudantes adquiriam conhecimento profundo nas artes liberais e em filosofia antes que lhes fosse permitido estudar teologia ou direito canônico. A teologia é o principal objetivo da fundação de Merton, assim como da Sorbonne, mas em Merton alguns poucos tinham permissão para estudar direito canônico, e o direito civil, apenas o suficiente para lançar uma luz sobre os cânones. Treze meninos pobres, aparentados do fundador, recebiam educação inicial gratuita na qual se qualificavam para bolsas de estudo. "Enquanto oferece uma boa formação liberal e fundamentos gerais sobre todo o conhecimento suplementar, ele protege, de forma possessiva, o principal objetivo do estudo teológico tanto de ser abordado cedo demais pelo menino ainda não formado quanto de ser abandonado cedo demais em nome de tentações por algo mais vantajoso".[23] Fica definido que um dos associados (*fellows*) deve se dedicar a um estudo especial de gramática; que se dedicará tão-somente a esse assunto; "que lhe sejam fornecidos todos os livros necessários, e que, de forma regular, ele instrua os alunos mais novos, enquanto os mais avançados devem contar com sua assistência quando a ocasião o exigir".[24]

Outras partes dos estatutos foram inspiradas, sem dúvida, nas regras monásticas. Cada aluno era submetido a um período probatório de um ano antes de tornar-se membro da sociedade.[25] Cultivava-se um espírito de companheirismo e igualdade. Os alunos usavam uniforme. Todos almoçavam e jantavam juntos enquanto um deles lia um livro edificante em latim, e participavam na direção e na administração. O mais velho do dormitório era conhecido como decano e determinava a hora de despertar e de dormir. Três dos associados atuavam como contadores

22 Edmund, bispo de Nelson, *Sketch of the Life of Walter de Merton*, p. 22.

23 Ibid.

24 James Bass Mullinger, op. cit., p. 168.

25 *Statutes*. Ed. Percival, p. 20.

e cinco como auditores das contas. Três vezes por ano, havia uma análise geral da conduta, quando o comportamento de cada interno era examinado detalhadamente e todas as queixas, tratadas. Qualquer aluno que recebesse um benefício ou entrasse para uma ordem religiosa era obrigado a desocupar a vaga.[26] Todos eram obrigados a comparecer aos comunicados dos benfeitores três vezes por ano.

Em 1280, a herança deixada por William de Durham foi empregada para criar o University Hall; outras benfeitorias permitiram que o prédio tivesse uma biblioteca própria onde os livros podiam ser emprestados. A disciplina era severa. Os debates eram realizados na sede e também nas faculdades. Nenhum livro era retirado sem um depósito superior ao valor do livro e o consentimento de todos os alunos. Era permitido que eles usassem um sinete comum. Eram obrigados a viver honestamente como clérigos, de forma conveniente aos santos, sem brigar, sem usar linguagem vulgar ou grosseira, sem recitar, cantar ou intencionalmente ouvir canções ou histórias de caráter sensual ou indecente, sem ridicularizar ou provocar a ira uns dos outros e sem gritar, para não perturbar os estudos ou o descanso dos esforçados.[27]

Os estatutos do Balliol College, firmados em 1282, comungam do mesmo espírito e, sem dúvida, foram sugeridos pelo confessor franciscano de Dermguilla. O diretor era eleito pelos próprios alunos. Eles deveriam assistir às palestras diariamente e realizar debates quinzenais na própria casa, e tinham de participar das práticas religiosas na igreja da paróquia aos domingos e ouvir o sermão. Caso a dotação semanal fosse insuficiente, os alunos mais abonados eram obrigados a compensar a diferença, e quem reclamasse era expulso. O alimento que sobrava após cada refeição deveria ser dado a alunos pobres.[28]

A Sorbonne, em Paris, e Merton, em Oxford, serviram de modelo para a criação de todas as faculdades medievais. Contudo, foram necessários trezentos anos para que o sistema do ensino superior amadurecesse. Somente em 1550 ele passou a predominar. Por algum tempo, a instituição de Walter Merton foi vista com desconfiança, como um experimento perigoso. Nesse ínterim, estabeleceram-se alojamentos para alunos que não tinham bolsa, mas que podiam pagar.

26 Henry Maxwell Lyte, op. cit., p. 78.

27 Henry Anstey, "Statutes of William of Durnham", op. cit., vol. 1, pp. 56–61.

28 Henry Maxwell Lyte, op. cit., pp. 2, 86.

A princípio, leigos alugavam aposentos do reitor da universidade e preparavam alguns alunos, em particular. Ao perceberem a prática como lucrativa, ampliaram seu campo de operações. Tais casas tornaram-se muito numerosas e ficaram conhecidas como casas pedagógicas. Foram estimuladas e consideradas bem melhores do que os buracos e redutos miseráveis, úmidos, apertados e mal ventilados para onde os estudantes eram empurrados por moradores locais em várias partes da cidade. Com o tempo, porém, as casas pedagógicas abusaram de sua condição. Negligenciaram o treinamento religioso e moral dos jovens confiados a elas, considerando-os simplesmente como tantas outras fontes de renda. Gerson acusou esses homens de ignorância crassa, negligência e imoralidade. Por medo de perder seus alunos, elas não os corrigiam nem os puniam. Não se empenhavam em formar seus pensionistas nas práticas da fé e do decoro. Esses rapazes eram tão avessos às doutrinas da cristandade quanto os próprios pagãos. Portavam-se mal na igreja, chegando ao ponto de perturbar o pregador com interrupções, zombarias, assovios e sussurros.[29]

Ao reformar a Universidade de Paris, o Cardeal d'Estouteville foi severo em relação a essa classe de homens. Proibiu-os de procurar hospedarias e tabernas e de reservar os alojamentos; fez com que parassem de especular com a alimentação e as acomodações dos estudantes, regulamentando ao mesmo tempo "que eles só pedissem um preço justo e moderado pelos víveres de acordo com seu tipo e estação; e fez com que a comida fosse servida com asseio e fartura".[30] Na última forma de organização da universidade, distinguimos três categorias de estudantes: (1) aqueles que se hospedavam fora, sendo dois ocupando o mesmo quarto e muitas vezes a mesma cama. Eram conhecidos como *martinets* (ou *chamberdekyns*, em Oxford) e eram supervisionados pelo membro do corpo diretivo da universidade; (2) os estudantes sob os cuidados dos pedagogos e eram chamados *camerists*; (3) os alunos da faculdade que se hospedavam com o diretor e eram conhecidos apenas por pensionistas. Os alunos mais velhos que passavam de uma escola para outra ou de um ramo para outro, parecendo não ter meta definida nos estudos e, de fato, sem outro propósito na vida a não ser viver e morrer como estudantes

29 *Opera*, t. I, p. 110. Carta escrita por volta do ano de 1400.

30 Du Boulay, *Historia Universitatis Parisiensis*, vol. V, p. 572.

universitários (rapazes preguiçosos sem ambição de excelência em nada), eram chamados de *galoches*.[31] Na Inglaterra, com o crescimento das faculdades, os albergues decaíram, sendo fundidos às faculdades ou não mais utilizados.[32]

III

A princípio, as faculdades foram vistas com desconfiança, mas, conforme cresceram em quantidade, tornaram-se objeto de atenção especial por parte das autoridades universitárias. Em Paris, o reitor era obrigado a visitar cada faculdade pelo menos uma vez por mês. Após o século XVII, quando a universidade estava perdendo todo o controle sobre as faculdades, tais visitas rarearam. No entanto, quando de fato aconteciam, eram transformadas em ocasião de grande contentamento para os estudantes. "Se o reitor entra na faculdade", comenta Pasquier, "são indescritíveis a alegria na sua acolhida e as aclamações na recepção, evidências da honra e do respeito com que é tratado".[33] Nessas ocasiões, o reitor fazia a visita desfilando pela cidade trajando um manto vermelho, precedido de dois sacristãos levando cetros de prata, seguidos dos mestres de artes, marchando aos pares em cortejo.

Em 1452, o Cardeal d'Estouteville deu poderes ao reitor para convocar as quatro nações a fim de eleger quatro professores a quem ele poderia delegar a missão de visitar as faculdades, hospedarias e casas pedagógicas, e cujo dever era garantir a moral, a disciplina, o ensino e a alimentação de cada uma e, com o auxílio do bispo, reformar o que precisasse de reforma.[34]

A tarefa de traçar o histórico das relações das faculdades com sua universidade foi longa e entediante. Basta dizer que essas faculdades foram criadas muito mais como lugares onde os alunos pobres tinham alimentação e moradia do que como escolas de formação. No princípio, o diretor conduzia os estudantes até o salão de palestra do professor, e levava-os de volta à faculdade em grupo. Ali, com a ajuda de assistentes, supervisionava seus estudos, promovia debates e, vez ou outra, ouvia os

31 Étienne Pasquier, *Recherches sur la France*, IX, cap. XVII.

32 Robert Potts, *Liber Cantabrigiensis*, p. 177.

33 Étienne Pasquier, op. cit., IX, cap. XXII, t. I, p. 937.

34 Du Boulay, op. cit., t. V, p. 570.

alunos recitarem, e, assim, de forma produtiva, preenchia a parte do dia não ocupada com palestras. No entanto, percebendo que essas idas e vindas eram oportunidade para desordem e significavam uma perda de tempo considerável, assim que os alunos se tornaram numerosos, os mestres, a princípio em particular, palestravam nas faculdades. Mais tarde, essas palestras foram reconhecidas pelas autoridades universitárias. "Não sabemos com exatidão", afirma Du Boulay, "quando essa prática teve início; é opinião geral que o Collège de Navarre, reformado em 1464, foi o primeiro a abrir seus portões para esses professores públicos de letras".[35]

E assim essas instituições cresceram, de um início modesto e nada pretencioso até serem, por si mesmas, centros de luz. O regulamento da rotina diária esclarece melhor a vida nas universidades do que qualquer descrição extensa:

Às 4h, hora de levantar. Os alunos eram despertados por um membro da classe de filosofia, que percorria o dormitório para acordar os que tivessem ignorado o sino, e para acender as velas, na época em que as velas eram necessárias.

Às 5h, o mesmo membro verificava se os alunos estavam devidamente posicionados nas salas. Das 5h às 6h, os professores ministravam sua primeira lição.

Às 6h, desjejum, que consistia num pequeno pedaço de pão. Após o desjejum, havia um descanso, sem recreação.

Das 8h às 10h, a principal aula da manhã.

Das 10h às 11h, discussão e argumentação.

Às 11h, almoço, acompanhado de leitura da Bíblia ou vidas dos santos. O capelão fazia as orações antes e depois das refeições, relembrava os benfeitores, acrescentando piedosas exortações. O diretor tomava a palavra, fazia repreensões, distribuía elogios ou queixas entre os estudantes, e anunciava os castigos e as correções determinadas na noite anterior.

Das 12h às 14h, revisão e argüição sobre as lições da manhã.

Das 14h às 15h, descanso, quando havia leitura pública de algum poeta ou orador — *ne diabolus hominem inveniat otiosum.*

Das 15h às 17h, a principal aula da tarde.

Das 17h às 18h, discussão e argumentação sobre a lição recém-recebida.

Às 18h, jantar.

35 Ibid.

Às 18h30, perguntas sobre as lições do dia.

Às 19h30, oração da noite e bênção.

Às 20h no inverno e às 21h no verão, hora de dormir.

Os mestres e alunos autorizados podiam manter a vela acesa até 23h. As maneiras rebeldes e descontroladas dos estudantes suavizaram-se com representações teatrais dentro das faculdades, e por esportes e passeios ao ar livre. Nas tardes de terça e quinta-feira, os alunos tinham tempo livre quando era permitido que caminhassem até o Près-aux-clercs. Havia longas jornadas pelo campo, com grande pompa e circunstância. Além do Landit, havia algumas anuais, cumpridas com critério. Eram os cortejos de Notre-Dame des Vignes, Notre-Dame des Champs e outro, notável, realizado em maio, quando os estudantes se reuniam diante da porta do reitor e ali plantavam uma árvore.

Havia variações nos regulamentos aqui apresentados. Assim, no Collège Sainte-Barbe, só havia tempo livre depois de terminada a lição principal da tarde.[36] Noutras escolas, a quinta-feira toda era para a recreação.[37] Mesmo sendo numerosos, os dias de guarda não eram desperdiçados, mas passados com práticas devocionais e estudos fora da programação da universidade, de acordo com o gosto de cada aluno. Não havia dispensa nesses dias santos. Uma questão sempre em pauta era o que constituía trabalho servil para um aluno no domingo. No início do século XIV, Burand de Champagne decidiu que não seria permitido aos alunos fazer cópias completas de suas anotações ou serem contratados por outros como transcritores, mas podiam tomar notas das lições para preservá-las na memória, assim como dos sermões, anotando-as com o estilo.[38] Os estudantes tinham permissão de ir para casa durante o mês de setembro. Era o período das vindimas — *les vendanges*. O termo "férias" limitava-se aos três meses de verão, período em que os cursos e os exames da universidade eram suspensos.

A taxa de anuidade nas faculdades variava e era regulamentada segundo certos estatutos da universidade. Dependia muito da vindima e do resultado da colheita. Cada ano, ela era fixada pelo reitor, os decanos das quatro faculdades, os diretores e dois comerciantes parisienses.[39]

36 Jules Quicherat, *Histoire de Sainte-Barbe: collége, communauté, institution*, t. I, cap. X, p. 83 e ss.

37 Noël du Fail, *Oeuvres*, t. II, p. 186.

38 Joseph Victor le Clerc, *Histoire Littéraire de la France au XIVème Siècle*, vol. XXX, p. 302.

39 *Statutes*, op. cit., art. 67.

Outro estatuto autorizava os professores a receberem de cada aluno, sem que determinassem eles mesmos qualquer quantia, cinco ou seis coroas de ouro ao final do ano escolar.[40] No mês de junho, durante a festividade do Landit, cada aluno oferecia um limão ao seu mestre, cuja casca servia para montar as coroas douradas, e a polpa era colocada num jarro de cristal cheio de doces e balas.[41] Certa vez, os alunos de toda a escola, carregando essa oferenda, marcharam com grande pompa ao som de flautas e pandeiros e, numa grande cerimônia formal, ofereceram-nas aos mestres. O costume, porém, foi abolido em 1600.[42]

Poucos mestres e professores acumularam fortuna. Com raras exceções, as faculdades preservaram o espírito original de sua criação. Continuaram a manter faculdades para os jovens pobres, conduzidas sob os auspícios da religião, e a marca da pobreza permaneceu estampada em suas regras, sendo os alimentos doados e os trajes passados adiante. Referindo-se a Oxford, o Senhor Lyte afirma: "Em sua condição corporativa, a Universidade era, com certeza, pobre, e mal tinha renda para aplicar em propósitos de ordem geral".[43] O diretor e seus assistentes, em muitas das escolas parisienses, viviam com uma ninharia de três ou quatro centavos por semana, e eram obrigados a recorrer a outros meios para sobreviver. Quando Sir Thomas More, por um revés da sorte, viu-se obrigado a economizar, escreveu à esposa: "Meu conselho, porém, é que não caiamos para a tarifa mais baixa em primeiro lugar; não desceremos, portanto, à tarifa de Oxford". A tarifa de Oxford significava uma vida pobre. Alunos pobres costumavam receber do chanceler uma autorização para mendigar.[44] E Sir Thomas descreve-os, com bolsas e carteiras, cantando "Salve Regina" à porta dos ricos. Os estudantes pobres do Collège Montaigu iam até o convento cartuxo vizinho para o desjejum, esperando a vez de serem servidos junto a outros indigentes. Vale observar que nem todos os estudantes das faculdades eram obrigados a mendigar. Em toda faculdade, havia duas classes: os ricos, que pagavam por seu sustento, e os pobres, que trabalhavam e mendigavam para sobreviver. A refeição dos alunos menores era pão dormido com um pouco

40 Ibid., art. 32.

41 Alfred Franklin, op. cit., p. 216.

42 Jacques Albert Hazon, *Eloge Historique de L'Universite de Paris*, 1771.

43 Henry Maxwell Lyte, op. cit., p. 97.

44 Ibid, vol. II, p. 684.

de manteiga, um prato de legumes, meio arenque ou um ovo. Os estudantes maiores, pela idade e o trabalho físico prolongado, podiam beber um terço de quartilho (cerca de 160 ml) de vinho, um arenque inteiro e dois ovos, mais um pequeno pedaço de queijo ou uma fruta. Carne vermelha nunca era servida a eles.[45] A disciplina rigorosa e a extrema abstinência praticadas no Collège Montaigu eram famosas, e intelecto e apetite tornaram-se igualmente afiados como seu nome:

Mons acutus, ingenium acutum, dentes acuti.

Erasmo não encontrou palavras severas o suficiente para recriminar o tratamento desumano e a alimentação precária enquanto estudou naquela faculdade,[46] e que tanto prejudicaram sua constituição, enfraquecendo-o para o resto da vida. Rabelais não tem palavras afáveis para a mesma instituição e seus abutres. Ponócrates denuncia as crueldades praticadas: "Criminosos e assassinos condenados têm um tratamento melhor". E conclui de forma enfática: "Fosse eu rei de Paris, atearia fogo àquele lugar e queimaria até às cinzas tanto o diretor quanto os professores por permitirem tamanha desumanidade diante dos próprios olhos".[47] Em 1630, Francion não é menos grave em relação à comida distribuída em pequenas porções no Collège de Lisieux. Considerou os criadores de porcos de sua terra natal mais bem alimentados. "Além disso", diz ele, "éramos chamados de comilões e tínhamos de nos servir um depois do outro. Aqueles que comiam menos eram os favoritos". Na verdade, toda a descrição de Francion indica que ele caiu nas mãos de um Squeers do século XVII.[48]

Entretanto, para serem compreendidos, os modos e os costumes medievais devem ser olhados com outros olhos que não os do século XIX. Francisco de Assis, ao fazer da pobreza sua noiva, idealizou essa virtude.[49] Seus discípulos glorificavam e exaltavam o ato de esmolar e fizeram com que as pessoas respeitassem a pobreza. Não havia humilhação em ser pobre, tampouco degradação pessoal em pedir uma caridade. Os estudantes não se sentiam mais desrespeitados pedindo auxílio para sua moradia,

45 André Félibien, *Histoire De La Ville De Paris*, t. III, p. 731.

46 "Peixe e carne". V. Erasmo, *Colloquies*.

47 François Rabelais, *La vie de Gargantua et de Pantagruel*, I, cap. XXII, pp. 119–120.

48 Veja Alfred Franklin, op. cit.; Écoles et Collèges, pp. 223–224. [Personagem de Charles Dickens, um diretor de escola malvado — NT].

49 Dante Alighieri, *Paraíso*, canto XI, versos 64–100.

ou prestando serviços domésticos para seus instrutores, do que um criado servindo a seu patrão. Essa visão ampla e elevada da pobreza criou uma irmandade de sentimento que inspirou os mais abastados a estender a mão caridosa aos menos favorecidos pelas circunstâncias. Os bolsistas da faculdade distribuíam suas sobras aos alunos pobres de sua nação. Os mestres doavam roupas e sapatos usados a seus alunos.[50] Essa consideração era maior nos dias santos. Em 1214, a comunidade de Oxford concordou em pagar 52 xelins por ano destinados aos alunos pobres, e em dar a 650 deles uma refeição com pão, cerveja e sopa, com um grande prato de carne ou peixe no dia de São Nicolau.[51] Os próprios estudantes necessitados recorriam a muitos biscates para poderem sustentar os estudos. Às vezes, copiavam livros e transcreviam anotações e, noutras, varriam e arrumavam os aposentos de um companheiro rico ou um instrutor a quem se afeiçoavam. Às vezes, mantinham a casa em que se hospedavam limpa e em ordem. Meninos com boa voz cantavam de porta em porta. Era esse o costume, até mesmo na época de Lutero.[52]

O custo da instrução era proporcional aos recursos financeiros de cada estudante. Àquele que, sob juramento, afirmasse ter apenas o suficiente para pagar a alimentação e a moradia nada era cobrado pela instrução. A educação dos jovens estava classificada entre as obras de caridade, e os alunos necessitados costumavam ser lembrados nos testamentos e últimas vontades. Cofres ou fundos foram criados para seu alívio temporário. Em 1293, aquele que tomasse emprestado do cofre da Condessa de Warwick era obrigado a recitar três Pai-Nossos em homenagem à Santíssima Trindade, e cinco Ave-Marias em homenagem à Santa Virgem.[53] Vale esclarecer que na Universidade de Paris, ao longo de toda a sua carreira, houve uma notória falta de economia e previdência quanto a assuntos de dinheiro. Assim como os bolsistas colocavam todo o excedente num fundo comum para os alunos pobres, o excesso das receitas sobre as despesas era distribuído entre os mestres e os bedéis, e freqüentemente bebido nas tabernas.[54] É evidente que, nesses assuntos,

50 *De Disciplina Scholarium*, cap. IV.

51 *Anthony à Wood*, vol. I, p. 183.

52 Charles Schmidt, *La vie et les travaux de Jean Sturm*, p. 39.

53 Henry Anstey, op cit., vol. I, p. 63.

54 Du Boulay, op. cit., t. IV, 674; Charles Thurot, *De l'Organisation de l'Enseignement dans l'Université de Paris au Moyen Âge*, p. 27.

como em tudo o mais, havia exceções. Existiam estudantes que pensavam apenas em se vestir e se exibir, e mestres que extorquiam dinheiro de seus alunos.

A disciplina, os exercícios e os passatempos da vida nas faculdades, tanto em seus aspectos bons quanto nos ruins, foram retratados por Rabelais com sua sátira impagável.[55] As faculdades deram continuidade às escolas universitárias na observância dos feriados, jogos, divertimentos e costumes. Os recém-chegados à faculdade (*béjaunes*) eram muito maltratados pelos alunos mais antigos. Eram aterrorizados, sendo levados a agir da forma mais ridícula ou perigosa, conforme os caprichos de seus perseguidores. Nosso "trote" de hoje é um residual desses tempos medievais. Na Alemanha, o costume em relação à iniciação formal era algo parecido com o seguinte: o calouro era agarrado, vestido com traje estofado com areia ou outro material grosseiro e, na cabeça, um chapéu com chifres ou orelhas de burro. Em seguida, os colegas corriam atrás dele e, ao capturá-lo, fingiam cortar as orelhas com uma tesoura, barbeá-lo com um machado e golpeá-lo com pedaços de madeira para que, segundo um autor antigo, o novo aluno aprendesse a eliminar os chifres da vaidade, a abrandar as arestas agudas de sua personalidade e a clarear os caminhos para seu intelecto. A tralha era, depois, colocada no centro do pátio para indicar que o estudante tinha-se livrado de todos os maus hábitos que o equiparavam aos embrutecidos. O cabelo, então, era cortado. Em seguida um enorme limpador de ouvido era apontado para uma das têmporas, para indicar que ele deveria escutar apenas os dizeres sábios e criteriosos. O dente de um javali era extraído com longas tenazes, e a operação pretendia mostrar que o estudante deveria se livrar da calúnia e da difamação. Suas mãos e unhas eram limpas, como símbolo para evitar todo tipo de briga. No rosto, pintavam uma barba negra, uma imagem de que ele estava ingressando na idade adulta e um alerta para que pusesse de lado o que estivesse ligado à sua infância. Cantavam, então, em coro sobre ele, simbolizando a harmonia em que deveria viver. O estudante ajoelhava-se diante dos presentes na cerimônia como sinal do respeito à autoridade. Os chifres, retirados e postos de lado, simbolizavam que o aluno tinha mudado e surgia como um novo homem. Ele recebia, então, o vinho da alegria e o sal da sabedoria. Aqui se encerrava

55 François Rabelais, op. cit., I, cap. XVI–XXIV.

a iniciação e, em seguida, o estudante era recebido pelos colegas para a nova vida de estudos.[56] Esse tipo de iniciação era uma prática comum nos primeiros tempos da vida universitária e, na verdade, a tradição remonta aos tempos pagãos. São Gregório de Nazianzo fala de uma cerimônia semelhante realizada na Atenas de sua época, para, segundo ele, livrar os rapazes do orgulho e torná-los mais dóceis.[57]

À minha frente, há uma gravura representativa do processo de iniciação. Data de 1666, mas a cena tinha pelo menos trezentos anos. Os espectadores estão sentados à volta. Dois indivíduos deitados no chão, à espera do deleite de seus torturadores. Os chapéus de chifre estão jogados para um lado. Um suposto executor inclinado sobre eles, empunhando um machado de guerra, erguido para o golpe. Por trás desse homem, há um jovem sendo submetido a outro estágio da iniciação. Ao fundo, outros aparecem sendo levados para o pátio na companhia de seu executor, que segura uma clava.[58] Em todos esses ritos e cerimônias, mestres uniam-se aos alunos. Eram um só no estudo, nas brincadeiras, e até mesmo nas bagunças que aconteciam de tempos em tempos.[59] Dessa maneira, ficamos com uma noção da vida universitária medieval muito mais instrutiva e estimulante do que a revelada por cartas de autorização e estatutos.

IV

O Cardeal Newman sintetiza as relações entre faculdades e universidades com as seguintes palavras: "A princípio, as universidades eram quase democracias; as faculdades procuraram dobrar seu espírito anárquico, introduziram categorias e deram o exemplo das leis, e treinaram um conjunto de estudantes que, sendo moral e intelectualmente superiores aos membros do corpo docente, tornaram-se os depositários da influência e do poder acadêmicos".[60]

Conforme as faculdades aperfeiçoaram-se, a universidade começou a decair. Algumas remontam seu declínio a 1380. A desintegração estabeleceu-se de forma muito rápida depois da Renascença. O caráter eclesiástico

56 Adam Walther Strobel, *Histoire du Gymnase Protestant de Strasbourg*. Apêndice, nº. 8, p. 133.

57 Veja Colin de Planey, *Dictionnaire Feudale*, t. I, pp. 57–58.

58 *Ritus Depositionis*, apud. Petrum Aubry, 1666.

59 Charles Thurot, op. cit., p. 39.

60 John Henry Newman, *Historical Sketches*, pp. 221–222.

da universidade diminuiu e tornou-se mais secular. Em 1452, os mestres em medicina foram dispensados do celibato e, em 1600, os doutores em direito, ligados à universidade, tiveram permissão para se casar. Os jesuítas conseguiram aperfeiçoar o sistema de faculdades de forma tão admirável que, com toda a segurança, pode-se atribuir-lhes a principal causa do declínio da Universidade de Paris. Ao final do século XVII, eles haviam comprado doze de suas faculdades. Por volta de 1764, vinte escolas da universidade foram fechadas por não conseguirem ser auto-suficientes.[61]

Já no século XVII, começaram a surgir rumores sobre o declínio e as ineficiências das universidades. Em 1602, na Inglaterra, foi apresentado um recurso no parlamento para reformar as Universidades de Oxford e de Cambridge. Tenho diante de mim uma cópia dessa petição. Está assinada por J. H. e muito provavelmente foi escrita pelo arcebispo anglicano, Joseph Hall. Ele é categórico em sua condenação aos estudos, aos métodos e aos resultados universitários.

Em suas palavras:

> Eu jamais faria uma idéia tão negativa de uma verdadeira universidade como a de que ela não deveria servir a nenhum propósito mais nobre que alimentar uns poucos jovens xucros, saídos de alguma escola pobre do interior, com escassos fragmentos de latim, que é tão pouco musical para um ouvido apurado como os grunhidos de uma porca ou o ruído de uma serra para aquele acostumado às leis da harmonia. E, então, possivelmente, antes que tenham examinado o alfabeto grego, sejam assolados e torturados com noções duras, abstratas e lógicas que suas inteligências não são mais capazes de suportar do que seus corpos o *strapaddo* [instrumento de tortura], e que sejam entregues a uma filosofia estéril, árida, peripatética, adequada apenas (como afirma Descartes) a inteligências abaixo da mediocridade. [...] E então, tão logo tenham terminado, enfeitam esse arquivo para refinar-lhe a ética, que talvez lhes diga o mesmo, em palavras mais duras, como as que teriam ouvido suas mães falarem em casa, ao pé da lareira.[62]

61 Charles Thurot, op. cit., p. 131.

62 J. H., *An Humble Motion to the Parliament of England Concerning the Advancement of Learning and Reformation of the Universities*. Londres, pp. 25, 26.

Tal é a essência do conhecimento encontrado por Hall nas universidades de sua época. Evidentemente, o espírito de Bacon e Descartes está no exterior.

O que ele espera? O que poderia ter? Eis sua concepção sobre como deveria ser uma universidade: "Eu até esperaria de uma universidade que, embora nem todos possam aprender tudo, ainda assim deveriam ser capazes de ensinar tudo a todos, e de ou atrair homens eruditos de fora às custas da própria fortuna ou, ao menos, poder fazer uma troca".[63]

Para ele, falta química e anatomia nas universidades. Não há mestres para examinar velhos pressupostos de forma profunda ou para rever velhos experimentos e tradições, nenhum que faça um levantamento da história antiga ou uma investigação séria na história, e há uma falta absoluta de um ensino de línguas pronto e generoso. Todas essas deficiências ele teria supridas, "não por algum jovem xucro, que talvez compreenda aquilo que professa tão pouco como qualquer outra coisa e que sobe na cadeira duas ou três vezes por ano para resmungar algumas impertinências, mas por algum homem sério de capacidades sabidas e testadas em sua profissão".[64]

Segundo ele, as escolas universitárias "ainda não chegaram à precisão das faculdades jesuítas". A opinião de Lorde Bacon quanto às mesmas faculdades não foi menos favorável. Em tudo o que diz respeito à instrução dos jovens, ele afirma que "precisamos consultar as classes dos jesuítas, já que não há nada de melhor".[65] Ele implora ao parlamento para que reduza "aquelas listas intermináveis de bolsas de estudo" para um número menor, e aquelas que restarem "sejam concedidas a indivíduos excelentes em seus talentos pessoais e específicos para um uso ou outro, para que o número de professores aumente".[66] Ele sugere a combinação de todas as faculdades espalhadas e patrocinadas de modo precário, ao norte e ao sul do país, sob alguma das grandes universidades; que haja maior liberdade de imprensa e que dois exemplares de cada livro novo sejam enviados à biblioteca pública; que todas as medalhas, estátuas e outras antigüidades que, na época, eram propriedade pública ou confiscadas pela coroa, sejam encaminhadas aos museus das universidades e, finalmente,

63 Ibid., p. 27.

64 Ibid., pp. 27–28.

65 Francis Bacon, *De Augmentis Scientiarum*, v, cap. iv.

66 Ibid., p. 29. Modernizei a grafia dessas citações.

que estrangeiros instruídos sejam devidamente honrados e estimulados a terem seu lar nas universidades.[67]

Certo escritor anônimo do mesmo período, visivelmente a par do funcionamento da Universidade de Paris e ansioso por seu bem-estar, expressa um grito de alerta semelhante e lamenta os males que gostaria de ver sanados. Ele é contra qualquer transgressão à velha ordem, e não lhe agrada que as faculdades monopolizem o ensino universitário.

Segundo ele, "existem sessenta e três faculdades ou escolas superiores na Universidade de Paris. Elas não foram criadas originalmente para internos, nem para que as artes fossem ali ensinadas, como acontece hoje, mas para alimentar e manter certos alunos que os antigos chamavam de bolsistas. Esses presenciavam as palestras públicas na Rua de Fouarre".[68]

Ele gostaria que elas voltassem ao velho costume. Os professores não são mais remunerados adequadamente. Segundo ele, os jesuítas produziram esse sistema desastroso do ensino gratuito, "e nem mesmo os jesuítas ensinam gratuitamente, pois garantem ótimas dotações para suas faculdades".[69] Ele, então, com prazer, queria vê-los expulsos de Paris, e arrisca dizer o que considera o modo de tratamento apropriado em relação a eles, chamando atenção para o fato de que "Carlo Borromeo tomou dos jesuítas os seminários que havia criado na diocese de Milão".[70] O anônimo lamenta o fato de que nem entre eles mesmos os mestres têm o ânimo apropriado, tampouco têm sobre os alunos a mesma influência do passado. E se é para serem benéficos como anteriormente, precisam reformar o atual modo de vida e, obedecendo ao estatuto de 20 de setembro de 1577, servir ao bem comum.

O autor anônimo critica a forma como os estudantes são tratados em algumas faculdades. Ele não tem palavras elogiosas para a severa disciplina imposta aos alunos do Collège Montaigu e defende a redução de sua quantidade para um terço do que era, de modo a alimentá-los e vesti-los melhor, para que usem "um traje mais civilizado e respeitável do que o que vestem hoje". Ele lamenta o desprezo pelas lições nos feriados e dias santos, e afirma: "Há vinte e cinco ou trinta anos, as lições eram

67 Ibid., pp. 30–31.

68 *Mémoires pour le Règlement de l'Université,* MDLX, na Bibliothèque Nationale, 1073, 24, 115–2130, p. 2.

69 Ibid., p. 3.

70 Ibid., p. 6.

ensinadas na universidade nos dias santos e aos domingos, das nove às dez da manhã, e à tarde das quatro às cinco, e nas festividades dos Apóstolos havia declamações públicas — *usance qu'il est nécessaire remettre*"[71] [costume que devemos retomar].

Ele considera os professores negligentes quanto aos deveres: "Cada professor deve observar os alunos no lazer, para que se comportem com modéstia e reserva, falem somente em latim e cumprimentem educadamente todos os que passarem pela área".

O anônimo diz-se insatisfeito com as escolas preparatórias da universidade, por não cumprirem seu dever, por não punirem as crianças o suficiente. Ele relata que há trinta dessas escolas em Paris, que seus mestres são, muitas vezes, ignorantes e que insistem em levar as crianças para outros campos de estudo em vez de limitá-las aos rudimentos. Como conseqüência, ele reclama, com amargura, da dificuldade de fazer com que as crianças desaprendam o que aprenderam de errado e, acima de tudo, corrijam os maus hábitos de pronúncia.[72]

Uma base como essa só pode sustentar uma superestrutura medíocre. E que solidez existe em instituições cujos diretores são escolhidos não pelo mérito, mas por uma eleição, como resultado de caça a votos e intrigas?[73] Tal era o estado de coisas entre as faculdades da Universidade de Paris em 1610. E aqui deixamos o autor anônimo, gratos pelo vislumbre que ele nos deu das causas da desintegração daquela estrutura maravilhosa.

A Universidade de Paris começara a perder poder e influência muito tempo antes. No início do século XVI, enquanto havia uma leve diminuição do número de alunos, uma mudança notória passava-se pelo seu espírito: o prestígio minguava. Ela deixara de ser o seminário da cristandade e era simplesmente uma instituição nacional.[74] As causas desse declínio foram locais e gerais. No século XIV, as universidades multiplicaram-se em quase todos os países da Europa. Cada nação, às vezes cada província ou distrito, possuía a própria universidade, naturalmente os estudantes ficavam em casa e, com poucas exceções, serviam-se das universidades próximas de sua residência. O antigo rigor exercido na distribuição das

71 Ibid., p. 21.

72 Ibid., p. 22.

73 Ibid., p. 23.

74 Charles Thurot, op. cit., p. 2.

honras acadêmicas foi relaxado e, dessa forma, as graduações de Paris perderam seu significado original. Por conseqüência, foram menos requisitadas. Por fim, durante a temporada do papado em Avignon, privilégios eclesiásticos jorraram sobre os professores, que, a partir dali, abriram mão de seus cargos e estudos e, como resultado, o trabalho da universidade era geralmente realizado por pessoas inferiores.[75] Naquele tempo, como agora, é verdade que o valor pessoal e a influência pessoal são os fatores principais na determinação da natureza e do prestígio da faculdade ou universidade. Agora, como naquele tempo, um grande educador, ou um grande corpo de educadores, pode se estabelecer num celeiro e atrair multidões, enquanto as estruturas arquitetônicas mais nobres, com o mobiliário escolar mais avançado, podem erguer orgulhosamente seus pináculos e, ainda assim, se dirigidas com incompetência ou mediocridade, serão ultrapassadas ou apoiadas por aquela categoria de pais que julga os méritos de uma escola pelas imagens de seu prospecto.

V

Vejamos os bastidores dessa vida de faculdade e observemos os manuais pelos quais os mestres se orientavam nos ensinamentos. Estamos acostumados a considerar a pedagogia como uma ciência moderna. Mas não nos iludamos. Nos tempos medievais, havia saudáveis estudos de métodos. Àquela época, assim como agora, os mestres consideravam meios e formas de alcançar os melhores resultados.

O manual mais em voga no século XIII era uma pequena obra em sete capítulos, conhecida como *De Disciplina Scholarium*[76] e atribuída a Boécio, mas que só foi escrita após o completo estabelecimento da Universidade de Paris. O livro é citado por Roger Bacon em 1627.[77] O nome de Boécio popularizou e deu ao manual um caráter prescritivo que, de outra forma, talvez nunca tivesse alcançado. Ainda assim, há uma boa quantidade de conselhos proveitosos ao longo de suas páginas.

O autor desconhecido defendia a instrução contínua e ininterrupta, inculcada no cérebro por meio da repetição freqüente até que os versos

75 O primeiro *Rotulus Nominandorum* foi enviado em 1316 ao Papa João XXII. Veja a apresentação do Professor Shirley ao *Fasciculi Zizaniorum Magistri Johannis Wyclif Cum Tritico*, p. 11.

76 Boécio, *De Disciplina Scholarium*, em Patrologia Latina, vol. LXIV.

77 No *Opus Majus*.

dos poetas ou as frases dos filósofos ganhassem um lugar permanente na memória. O mestre não deve se contentar com o ensino de simples palavras (que produz sofistas), nem com a atividade puramente mental que desenvolve o julgamento e dá origem à ciência, mas deve combinar com esses dois o uso comum, que resulta do hábito. A ciência sem a prática é de pouca valia, enquanto a prática sem a ciência vale imensamente. Ele deve ser culto, afável, preciso, sério e criterioso sem ser arrogante.[78] O aluno deve sempre se submeter ao mestre, pois só aquele que sabe obedecer sabe se autocontrolar. Tal submissão é de caráter triplo: atenção na prática, docilidade da mente e boa vontade da alma. O estudante deve sempre estar atento para ouvir, dócil para compreender e pronto para reter. Cabe ao mestre compreender seus alunos e orientar cada um conforme seus talentos. A mente obtusa para a mecânica, a medíocre para a política e a arguta, para a filosofia.[79] Mestres e alunos devem formar uma família, e se o mestre for obrigado a aplicar um castigo físico, tem de fazê-lo com a permissão do pai. Em tudo o que foi aqui transcrito muito pouco pode ser melhorado, depois de uma experiência de seis séculos.

O carmelita William Whetely fez um exame cuidadoso desse pequeno volume e, de acordo com seus princípios, dirigiu por 25 anos as escolas de Stamford. Sob seu comando eficiente, Stamford alcançou tamanha proeminência que foi considerada rival de Oxford e de Cambridge. O historiador de Stamford fala sobre o convento carmelita: "É fato que esse convento foi tão feliz no tipo de homens de relevo que produziu, quanto suas escolas e a casa em si foram notáveis pela rigidez de sua disciplina".[80]

Whetely redigiu um comentário elaborado sobre o manual atribuído a Boécio, e que Leland chama de "boeciano". O comentário, em manuscrito, ainda existe na biblioteca do Pembroke College, em Cambridge.[81]

Uma voz da mesma época, falando de Bréscia, a voz de um juiz perito na lei, Albertano Albertani (ca. 1250), dentre algumas digressões morais, abordou o assunto da educação com o senso prático de um homem de negócios. Num panfleto intitulado "Sobre a fala e o silêncio"

78 Boécio, op. cit., cap. VI, col. 1235.

79 Ibid., cap. V, col. 1233.

80 Francis Peck, *Academia Tertia Anglicana*, VIII, p. 44.

81 Veja James Bass Mullinger, op. cit., pp. 637–638.

(*De Loquendi et Tacendi Modo*) o autor registrou os requisitos para o estudo.[82] Segundo ele, há três fatores essenciais na aquisição de conhecimento, a saber: a doutrina; o uso e o exercício; e a aplicação prática. Depois, a mente é auxiliada por pensamentos poderosos sobre a doutrina, que devem ser remetidos à memória; pela leitura constante, pela escrita, e pela mastigação da ciência que está sendo aprendida. Ao estudar, nenhuma ciência, nenhum documento escrito deve ser desconsiderado ou menosprezado. Nunca alguém deve se sentir envergonhado por aprender com qualquer outra pessoa que ofereça informações e, por fim, não deve desprezar os outros por ter alcançado um conhecimento sobre alguma ciência.[83]

Outro manual de pedagogia é o tratado *De Eruditione Principum*, fruto da pena de Guilherme Pérault (ou Peraldus), contemporâneo de Tomás de Aquino. Ele morreu por volta de 1275. Por muito tempo, seu livro foi atribuído a Santo Tomás, e ainda pode ser encontrado nas edições impressas de suas obras.[84] Echard provou, de forma conclusiva, que o tratado pertence a Peraldus.[85] A obra divide-se em sete livros. O primeiro consiste em reflexões de ordem moral consideradas adequadas para um jovem príncipe. Ele enfatiza a vaidade das riquezas, dos elogios e da glória mundanos, e os riscos, as misérias e as responsabilidades que acompanham o poder terreno, e recomenda a clemência, a piedade, a sabedoria e as outras qualidades como constituindo o seu poder terreno e verdadeira nobreza.[86] O segundo trata das relações do príncipe em relação a Deus e à Igreja; enfatiza a fé, a esperança, a caridade e o temor ao Senhor. Ele ressalta as regras e os motivos que impelem alguém a amar a Deus e ao seu próximo.[87] O terceiro revela o zelo que o príncipe deve ter consigo. Embora envolvido e ocupado com outros, é sua obrigação não negligenciar a vida interior. Ele pode ter todo o conhecimento sobre os homens e as coisas, mas, sem conhecer-se, apenas construiria uma base precária. Não é sensato aquele cuja sabedoria não alcança

82 Albertano de Bréscia, *De Loquendi et Tacendi Modo*, cap. XI.

83 Veja uma análise dessa pequena obra por Vicenzo di Giovanni, em "Nota", publicado em Palermo, 1874. Um exemplar da obra em si encontra-se na Biblioteca Mazarin. Veja também Everardo Micheli, *Storia della Pedagogia Italiana*, pp. 79–80.

84 Santo Tomás de Aquino, *Opusculum, XXXVII*, vol. XVI, 1865.

85 Jacques Echard, *Scriptores Ordinis Prædicatorum*, t. I, pp. 131–136. Paris, 1719.

86 Santo Tomás de Aquino, *Opera omnia*, vol. XVI, pp. 391–493.

87 Ibid., pp. 400–414.

a própria salvação. Em todo ato, ele deveria perguntar-se: "É lícito? É conveniente? É apropriado?". Ele deve sempre voltar-se para o seu interior e perguntar-se quem e o que ele é, além do tipo de vida que leva. Ele demonstra ser mais forte ao superar-se do que ao conquistar um exército.[88] O quarto livro trata das relações do príncipe com os outros. Mostra os infortúnios e as tentações a que os príncipes estão expostos quando cercados por homens corruptos e calculistas. Ele enfatiza a necessidade de conselheiros sensatos e de ter homens honestos à frente dos interesses, de estar acima do recebimento de recompensas, de fazer justiça pelos pobres, jamais cobiçando o que a eles pertence.[89]

O quinto livro é o mais importante. É composto por 66 capítulos, e pode ser considerado um tratado completo sobre educação. Peraldus descreve o princípio elementar que os pais devem aos seus rebentos como dever primordial, de cuja falta é indesculpável, que é o de prover a educação dos filhos. Não se trata de uma disciplina apenas com palavras, é preciso ser também um treinamento por meio do chicote — *nec sufficit ut eruditis verborum immo necessaria est etiam disciplina verberum*. A criança é acompanhada desde seus primeiros anos e suas inclinações são estudadas, e os hábitos, formados de acordo. As vantagens de suportar o jugo do Senhor desde os tempos de juventude são claramente colocadas. Por parte do mestre, exigem-se cinco características, a saber, que seja dotado de reconhecido talento; que sua vida seja correta e honrada; que possua um conhecimento adquirido com exatidão e bem compreendido antes de instruir os outros; que ele tenha uma forma eloqüente de transmitir as informações; e que tenha experiência como professor. A instrução transmitida por um professor experiente possui cinco qualidades: é clara e simples para alcançar a inteligência mais fraca; é transmitida com um mínimo de palavras; é útil; é apresentada numa variedade de ângulos para torná-la agradável, e o tema não é nem muito extenso nem explorado muito rapidamente. Esse é um capítulo[90] pedagógico valioso sobre a forma e o método de ensino. Não menos instrutivo é o capítulo seguinte sobre as qualidades do bom aluno.

O bom aluno deve levar uma vida correta. Orgulho, raiva, inveja, preguiça, gula, amor e ódio são, todos, impedimentos no caminho

88 Ibid., pp. 414–422.

89 Ibid., pp. 422–427.

90 Ibid., cap. IX, pp. 431–432.

do aprendizado. O bom aluno esforça-se para superar todo vício terrível. Ele ora muito e, sendo a sabedoria um dom de Deus, constantemente implora à Fonte Divina para tê-la em abundância. Ele traz a humildade para seus estudos, especialmente todos os referentes à Sagrada Escritura. Essa humildade conduz o aluno ao amor honesto pela verdade, que o faz não se envergonhar de confessar a ignorância quando não sabe e estar sempre pronto e desejoso de aprender. Como aquele que recebe de todos se torna mais rico, o que aprende com todos se torna mais sábio. O bom estudante sempre acalenta o temor a Deus em seu coração. Esse medo, que é o início da sabedoria, leva-o a caminhar com cuidado na direção certa, e protege-o contra o erro, a presunção e a negligência no estudo. Ele é afável, sempre recebendo instruções, especialmente as lições das Escrituras Sagradas, com docilidade. Ele é aplicado nos estudos, porque aquele que é rápido ao ler as palavras de um texto não percebe todo o seu significado ou aprecia toda a sua beleza. Aqui, o estudante é alertado contra a curiosidade que sacrifica o relevante pelo trivial, contra a inconstância e a instabilidade na leitura, contra debates acalorados e filigranas verbais.

O bom aluno é metódico. Onde há ausência de método, com certeza haverá muito trabalho árduo, porém, pouquíssimo progresso. Ele é perseverante nos estudos, pois essa é a condição essencial para todo e qualquer progresso. A perseverança tem sido chamada de mãe das artes, e a negligência, a madrasta de todo aprendizado. Outro requisito de extrema importância para os jovens é a prática continuada. O ferro, sem uso, enferruja. Daí o valor dos debates conduzidos de forma amistosa, eles afiam e burilam os intelectos. Além disso, o bom aluno grava na memória tudo o que lê, do contrário seu esforço seria em vão. De que vale o cão abocanhar a caça se logo depois a solta? A água recebe impressões com facilidade, porém sem qualquer finalidade porque não as retém. A mente descobre o saber, a memória preserva-o. A assiduidade ajuda a lentidão intelectual e a memória fraca pode ser melhorada com repetições freqüentes e com anotações. O aluno deve sempre ter estima e respeito pelo professor, e ser submisso e afetuoso em relação a ele. Por fim, ele deve estar atento para agradecer a Deus e glorificá-lo pelos talentos e conhecimentos que lhe foram concedidos.[91]

O restante do livro é dedicado à disciplina da juventude em relação a comportamento, vestuário, comida e bebida, casamento e virgindade.

91 Ibid., cap. x, pp. 433–434.

O autor frisa as tentações a que os rapazes estão expostos, as puerilidades que deveriam evitar, as virtudes a serem praticadas, em particular a paciência, a humildade e a obediência. Ele elogia o matrimônio e usa termos entusiásticos quanto ao amor e à estima mútuos que devem existir entre marido e mulher. No entanto, ele defende da forma mais genuína a liberdade de ação entre aqueles rapazes que optassem pela vida celibatária e por servir a Deus numa ordem religiosa. Vários capítulos são dedicados à criação das filhas. Não tinham permissão para andar a esmo, nunca deviam ficar ociosas, mas dedicarem-se ao estudo. Deveriam crescer castas, humildes, piedosas, dóceis e reservadas; sua virtude, cuidadosamente preservada. A bondade e o valor moral deveriam ser prezados acima da beleza física, e os ornamentos espirituais da alma considerados superiores aos que enaltecem a beleza do corpo. O autor fala sobre a honra da viuvez, o estado de virgindade é elogiado e indicado como estando bem acima daquele do matrimônio, sua beleza é comparada à do lírio, e a eficácia e glória especial exaltadas.[92]

Pouco precisa ser dito sobre os livros restantes. O sexto versa sobre as relações do príncipe com seus súditos. O autor começa descrevendo a magnitude do mal que um príncipe impiedoso pode causar aos súditos, e o castigo que deverá sofrer. Mais adiante, ele descreve com eloqüência as bênçãos que acompanham o reino de um príncipe bondoso. O sétimo e último livro refere-se às relações do príncipe com seus inimigos, e aos diversos deveres pertinentes à vida militar. Naquela época, as únicas vias conducentes à honra e ao *status* eram a militar e a eclesiástica. Nesse livro, então, ele afirma que "assim como no corpo da Igreja o clero é o cérebro, assim a organização militar é a mão [...] do clero, ela tem a direção, e a ele, conseqüentemente, deve proteção".[93] Aqui termina esse tratado notável sobre educação escrito por Guilherme Pérault. Petit-Radel, depois de fazer um relato bastante inadequado do livro, afirma com a verdade: "Podemos elogiar o estilo lúcido, as máximas sensatas, os sentimentos nobres e belos, a organização nos detalhes que permeiam a obra".[94] O reconhecimento de Pérault como grande educador e escritor de destaque é um ato de justiça tardio.

92 Ibid., pp. 427–466.

93 Ibid., cap. III, p. 472.

94 Louis-Charles-François Petit-Radel, *Histoire Littéraire de la France*, t. XIX, p. 315. Veja *Bibliothek der Katholischen Pädagogik*, vol. III, p. 212. Veja também Wilhelm Emmanuel von Ketteler, *Die Pflichten des Adels*. Mainz, 1868.

Outro dominicano que preservou as tradições educacionais dos dominicanos em seus escritos, e mais ainda com os alunos em sala de aula, foi Frei Bartolomeu de San Concordio (1262–1347), que os anais de Pisa elogiam como professor. O tributo a ele mais expressivo de que se tem notícia diz que, enquanto estimulava os talentosos, não desprezava os jovens menos dotados; que era acessível a todos; que transmitia o que aprendera sem distinção e sem pretensão. E ele foi tão bem-sucedido que as mentes mais rudes saíram de sua escola muito bem formadas, com uma habilidade que parecia natural e uma eficiência que parecia resultar de arte. Além de dirigir o *studium* de seu convento, Frei Bartolomeu fundou uma escola de oratória e poesia para a comunidade laica. Em seu *Ammæstramenti degli Antichi*, ele reuniu cerca de duas mil passagens de 120 diferentes autores, e, por meio de citações, entremeou suas sugestões pessoais, belas e práticas. Há pouca novidade em seu método, mas, ao tratar das disposições naturais do corpo e da alma, das ações que conduzem à virtude, do estudo e do ensino, e do modo de falar, ele aborda assuntos que todo estudante de pedagogia leria com proveito.[95]

Outro volume que exala o espírito de Santo Tomás e foi escrito no mesmo diapasão que o de Pérault é o *De Regimine Principum*, de Egídio Romano da família Colonna (1241–1316). Egídio, embora agostiniano, sentara-se aos pés do Doutor Angélico por vários anos, seguindo-o de cátedra em cátedra. Mais tarde, tornou-se dirigente supremo dos agostinianos e bispo de Bourges. Encarregado da educação do Delfim de França, que veio a ser conhecido como Filipe, o Belo, ele escreveu esse tratado sobre a educação de um príncipe. O livro foi escrito antes de 1285 e divide-se em três partes. A primeira trata do autogoverno, ou da moral; o segundo, do governo da família, ou da economia, e o terceiro do governo civil, ou da política. A segunda parte inclui o tema da educação. Felix Lajard declara-o "um tratado completo sobre a educação, física, intelectual e moral, adaptado às diferentes idades da criança desde o berço".[96] Revolvendo o mesmo terreno cultivado por Pérault, e nele trabalhando com o mesmo espírito e segundo os mesmos princípios, é decorrência natural que as mesmas idéias sejam aplicadas na obra de Egídio. O autor começa enfatizando o cuidado e a prudência que os pais devem ter ao guiar os passos dos filhos no caminho da verdade e da virtude. Ele insiste

95 Veja Milanese, *Storia della Pedagogia*, vol. II, p. 1491.

96 Louis-Charles-François Petit-Radel, op. cit, t. XXX, p. 521.

no amor entre pai e filho, amor que deve ser o princípio da obediência da parte do filho. Mais adiante, ele fala sobre a instrução a ser transmitida. A primeira e essencial é tudo o que pertencer à religião, em seguida bons hábitos e maneiras, depois a correção do discurso e, finalmente, a ciência. Ele percorre a gama do trívio e do quadrívio, a eles acrescentando como essenciais na educação de um príncipe a metafísica, a teologia, a política e a ética. Tampouco devemos concluir desse programa elaborado que o autor verdadeiramente culto — *Doctor Fundatissimus* era como o chamavam em sua época — era um teórico impraticável. Ele discrimina. E afirma:

> Os filhos de príncipes devem saber teologia suficiente para confirmá-los em sua fé; conhecer bem as ciências morais para aprender com elas a se autogovernar e governar os outros. De certas ciências, devem saber tudo o necessário para seu desenvolvimento moral; da gramática, o suficiente para compreender os idiomas em que a religião e a moralidade são ensinadas; da retórica e da dialética, tudo o que tornar seu intelecto pronto para apreender e que lhes der facilidade de expressão; da música, o que quer que contribua para as boas maneiras. Quanto às outras ciências, uma ligeira noção é suficiente.[97]

O professor deve possuir três qualidades essenciais: ser instruído na ciência da filosofia; conhecer todos os assuntos em que um homem pode e deve se ocupar; e ser bom e correto na vida. Deve ensinar as crianças a falar, escutar e ver. Há regras estabelecidas em relação à comida e à bebida e todas as necessidades do corpo humano e especial cuidado quanto às más companhias no sentido de evitá-las. O autor divide o período educacional em três partes: a primeira, do nascimento aos sete anos; a segunda, dos sete aos catorze anos; e a terceira, dos catorze anos em diante. A seguir, ele detalha em minúcias todos os requisitos para o desenvolvimento do corpo, a instrução da mente e a educação do coração, em cada estágio do crescimento. Acima de tudo, recomenda-se que o professor estude a inclinação mental da criança e faça com que essa inclinação seja seguida de maneira especial. Quanto a isso, Egídio concorda com o autor anônimo do manual do professor atribuído a Boécio. Segundo esse princípio, àqueles que têm um gosto pela leitura, pelo estudo,

97 Egídio Romano, *De Regimine Principum*, p. 310.

pela ciência, deve-se oferecer todos os recursos para que prossigam nos estudos, enquanto aqueles sem inclinação para os livros, que sejam exercitados nas armas, para que possam beneficiar seu país. Finalmente, no último capítulo, trata da educação de meninas, e aí ressalta mais ainda que sejam embelezadas com todas as virtudes, em detrimento de serem instruídas em todas as ciências. Ele condena a dança, passeios em público e o ócio nas varandas. Em vez disso, ele as quer simples e modestas, sempre ocupadas, com maneiras graciosas e recatadas. Esse livro foi traduzido por Henri de Gauchi, a pedido de Filipe, em benefício de seu povo, e logo se tornou popular.[98] Thomas Occleve incorporou a maior parte da obra em seu poema "The Governail of Princes".

Contudo, os dominicanos não foram os únicos a nos esclarecer sobre os métodos de ensino empregados naqueles dias. Havia os franciscanos, não menos atentos às necessidades da época. Vejamos Roger Bacon (1214–1292). Ele via profunda e claramente a realidade das coisas e o valor dos sistemas. Distinguia o sólido e substancial nos estudos e ensinamentos de seu tempo daquilo que era superficial, mero verniz, e que muitas vezes substituía o verdadeiro conhecimento. E não escondeu sua impaciência frente ao que considerava mera pretensão. Ao longo de seus escritos, vive atacando seus contemporâneos. Criticou o trabalho preparatório dos meninos de sua época. Ele garante que milhares de meninos ingressaram nas ordens mendicantes incapazes de ler os Salmos ou sua gramática latina, e que logo em seguida, sem qualquer outra preparação, eles eram iniciados no estudo da teologia. E então, até no estudo da teologia, ele descobriu que Pedro Lombardo era mais considerado do que as Sagradas Escrituras. Na verdade, decepcionou-se ao ver como os homens abandonavam o estudo da teologia pelo estudo mais lucrativo do direito. "Todo homem de primeira categoria", afirma ele, "tendo aptidão para teologia e filosofia, entrega-se ao direito civil porque vê que os civis são respeitados por todos os prelados e príncipes". Ele pode ser ignorante em teologia e direito canônico, mas é mais considerado do que o mestre de teologia e logo será indicado para honrarias eclesiásticas.

Bacon não simpatizava com os métodos sinuosos pelos quais, à custa de muito dinheiro e tempo, uma pequena parcela de conhecimento era adquirida. Ele afirmava que, em um ano, poderia ensinar um menino promissor tudo o que as escolas levariam vinte anos para transmitir. Ele

98 Louis-Charles-François Petit-Radel, op. cit, t. xxx, p. 531.

desestimulava o estudo de literatura trivial e considerava os escritos morais de Sêneca e a Vulgata um melhor treino para os rapazes do que os poemas sensuais de Ovídio. Considerou o método para o ensino de geometria como desnecessariamente longo e entediante, e lamentava a escassez de bons matemáticos. Era favorável ao emprego da experimentação e do cálculo matemático à física. A ciência natural não depende de autoridade, mas do experimento como o único caminho seguro para a certeza. Ele defendia o estudo criterioso das línguas e da matemática como o segredo de todo o conhecimento. Se os homens conhecessem melhor as línguas, haveria mais precisão no pensamento. A matemática apura a visão intelectual e prepara o aprendiz para a conquista de todo o saber, porque a matemática é o elo entre todas as ciências.[99] Para ele, a lógica não era tão importante, pois naturalmente a conhecemos, e até os não-instruídos silogizam.[100] Ele retorna ao funcionamento da mente humana e avalia os obstáculos que se interpõem na aquisição do conhecimento humano.

"No caminho para conquistar a verdade", diz ele, "há quatro bloqueios que impedem toda e qualquer sabedoria, que dificilmente permitem que qualquer um alcance a verdadeira sabedoria. São eles: o poder de uma autoridade fraca e inadequada, o costume prolongado, a opinião popular ignorante e a ocultação da ignorância com o conhecimento aparente".[101]

Assim, com base nas observações isoladas que permeiam as obras desse franciscano eminente, ainda que franco demais, seria possível construir toda uma metodologia bem à frente de seu tempo e de sua geração.

Bonvicini de Ripa foi outro homem de projeção que, para a instrução e desenvolvimento de mestres e alunos, escreveu em latim, em versos, um pequeno tratado sobre a vida escolar. É um dos nomes mais reverenciados em Milão. Ele foi registrado como dominicano,[102] mas desconfiava-se que fosse franciscano. Mas Bonvicini não era nem um, nem outro: seu monumento informa que foi um membro importante da ordem terceira dos Humiliati.[103] Em maio de 1291, ele participava do capítulo geral de sua ordem. Os antigos cronistas referiam-se a ele como um eminente professor na escola palatina, em Legnano,

99 Roger Bacon, *Opus Tertium*, p. 37.

100 Ibid., p. 102.

101 Id., *Opus Majus*, I, p. 2.

102 Echard et Quetif, *Script. Ord. Praed.*, t. I, p. 419.

103 Fillipo Argelati, *Bibliotheca Scriptorum Mediolanensium*, t. II, p. 187.

onde ergueu um hospital, e em Milão. Além disso, foi o primeiro a criar, em Milão e no distrito vizinho, o costume piedoso de trazer à lembrança a Encarnação com o soar dos sinos, conforme seu apologista expressa,[104] nas palavras de seu epitáfio: "Qui primo fecit pulsari companas ad Ave Maria Mediolani et in comitatu". Ainda no mesmo epitáfio: "Dicatur Ave Maria pro anima ejus".[105] Não nos esqueçamos dessa herança piedosa. Bonvicini era cortês, generoso e dedicado à tarefa nobre de educar os jovens. Ainda que escrevesse em latim, num estilo elogiado por Sassi, cultivava o italiano com entusiasmo, língua que procurou aprimorar, e na qual escreveu, dentre outras coisas em verso, um livrinho com regras de cortesia e bom comportamento para crianças. Essas regras foram editadas pelo Senhor Michael Rossetti e publicadas pela Early English Text Society.

Vejamos rapidamente o poema "De Vita Scholastica".[106] O piedoso autor começa afirmando que colocaria nas mãos de cada estudante as chaves para que ele, ao progredir nos estudos, pudesse abrir, da melhor forma, o portão da sabedoria. A edição do poema do qual se extraiu o resumo está subdividida em diversos títulos. Ora, a primeira chave que o autor coloca nas mãos do aluno é o temor a Deus. Ele enfatiza a fé ativa que tem por base esse temor. "O Demônio crê, mas falta-lhe a fé vivificante". Em seguida, o poeta aconselha o estudante a vigiar seus pensamentos e intenções para que tudo que aprenda seja em honra a Deus. Faz parte da sabedoria ser discreto no uso da palavra. Nunca se deve difamar, enganar, envaidecer-se, vangloriar-se, ser prepotente, bajular, ser falso, nem orgulhoso.[107]

A seguir, o autor enfatiza a observância da humildade e o distanciamento do orgulho. Para ele, o estudante deveria fugir da inveja, ser grato por favores e perdoar as ofensas. E todos os seus estudos estariam a serviço da glória de Deus e à salvação de sua alma. O poeta conta, então, a lenda do Mestre Serlon de Paris, cujo discípulo apreciava indevidamente os sofismas e também se orgulhava, de modo indevido, de seu poder no debate lógico. O mestre, horrorizado com o aparecimento desse

104 Giuseppe Antonio Sassi, *De Studiis Literariis Mediolanensium Antiquis et Novis Prodromus Ad Historiam Literario*. Milão, 1729, p. 94.

105 Fillipo Argelati, op. cit.

106 *Fratris Bonvicini Mediolanensis Vita Scholastica*. Bréscia, 1585.

107 "Lingua tibi non sit detractrix: subdola; vana; grandis; adulatrix; falsa; superba loquax", ibid., p. 3.

discípulo amaldiçoado por sua vaidade, e envergando uma túnica de sofismas que o abate e consome, em seguida se converte e se recolhe num mosteiro, dizendo: "Deixo as rãs ao seu coaxar; os corvos, ao seu gralhar; e as coisas da vaidade, aos fúteis; e daqui em diante, busco a lógica que não teme a argumentação da morte":

Linquo coax ranis; croc corvis; vanaque vanis,
Ad logicam pergo; quæ mortis non timet Ergo.

Outra parte do poema adverte o estudante a evitar a intemperança, e o vício da sodomia, que prevalecia entre mestres e alunos, e pelo qual Dante colocou o próprio professor no Inferno. O estudante é aconselhado a ser comedido na comida e na bebida e alertado contra a gula, o uso de roupas elegantes e o dormir em camas muito acolchoadas e confortáveis, contra jogos de azar, festas e bailes freqüentes, a avareza e a cobiça, contra a extravagância ao doar, sabendo sempre a quem doa. Ele deve regrar seus sentidos e firmar os pensamentos no Céu para que sejam dignos dele e repletos de bondade. Há uma ênfase em evitar as más companhias; em ser caridoso com todos, principalmente com os colegas; nos deveres a serem cumpridos pela manhã e à noite, nas orações a serem feitas; no sinal da cruz ao comer e beber; no amor e na reverência devidos a pai e mãe; na oração aos santos e na ida freqüente à missa — *ut videas Christum virgine matre natum.*

Por outro lado, Bonvicini não ignora os deveres do professor.[108] Ser digno de seu posto era a primeira coisa que o mestre teria de fazer, pois, "para controlar seus alunos, ele deve corrigir discretamente os próprios defeitos". Ele deve evitar todo tipo de vaidade e aperfeiçoar-se nos estudos. O mestre carente de um saber sólido prepara-se para viver de forma desonesta. Ele é discreto ao corrigir, e não deve ser tomado facilmente pela raiva. Onde a paz e a disciplina estão juntas, os estudos são conduzidos com propriedade. Tal é a essência desse livro raro.[109]

Encontramos nos escritos de Dante uma síntese do que melhor existia nos métodos educacionais dessa época. Dante (1265–1321) nasceu e cresceu numa república em que a educação era geral. Segundo Villani, todas as 12 mil crianças, de uma população de 90 mil habitantes então

108 *Regimine Magstrorum*, II.

109 O volume do qual retirei essa descrição está na Biblioteca Mazarin, em Paris.

existente em Florença, freqüentavam a escola. Dessas, a grande maioria recebia apenas instrução elementar. As meninas, desde muito cedo, aprendiam com as mães todos os afazeres domésticos e os meninos aprendiam os ofícios dos pais, que transmitiam aos filhos a destreza que tornou Florença tão famosa. Setecentos rapazes recebiam educação superior. Nos tempos de Dante, o espírito das artes era verdadeiramente escolástico. Lê-se a história na Igreja de Orsanmichele, onde cada arte com sua obra-prima recebe uma coroa; nas capelas de Santa Maria Novella, na pintura de Gaddi do trívio e do quadrívio; e na escultura de Giotto, lê-se o mesmo tema sobre seu admirável campanário. Era essa a atmosfera em que Dante viveu sua infância e juventude.

A missão do poeta era refletir em sua obra o espírito e as idéias predominantes que impregnavam sua época. Ora, naquele tempo, as universidades eram o elemento controlador no pensamento, na arte, na política, dando forma aos pensadores e governantes da época tanto na Igreja quanto no Estado. Dante, porém, foi um eterno estudante. Viajou de região em região e de escola em escola, e sentava-se, paciente, aos pés dos mestres, absorvendo todo e qualquer conhecimento que pudessem transmitir. Ele debatia em público. Seu olhar brilhante e feições fortes, sombrias e reservadas, atraíam a atenção dos colegas conforme seguia seu caminho, absorto nos próprios pensamentos, pela Rua de Fouarre, e adentrava o salão em que Sigier discursava.[110] Reza a tradição que ele não foi um freqüentador menos assíduo da Rua da Escola, em Oxford. Dante não legou nenhum tratado famoso sobre educação, mas ele, que incorporava toda a ciência da época, que era exímio no ensino de tantas matérias, não poderia silenciar em relação à pedagogia. Um volume inteiro de regras e princípios sobre educação poderia ser compilado de seus escritos. Em *O Convívio* (ou *Banquete*), ele se expressa integralmente sobre as diferentes idades do crescimento e desenvolvimento humanos, falando da obediência como um requisito essencial para a criança, que, depois dos pais, deveria obedecer aos mestres e aos mais idosos.[111] Ela também deveria ser gentil e modesta, respeitosa e ávida por adquirir conhecimento. E ainda: reservada, nunca impulsiva, disposta a arrepender-se de seus erros até conseguir superá-los. Assim como nossa alma precisa de um organismo corpóreo para funcionar,

110 Dante Alighieri, op. cit., canto X, versos 136–138.

111 Id., *O convívio*, IV, cap. XXIV.

cabe-nos exercitar o corpo para que ele cresça com graça e disposição, que seja bem cuidado e esteja em ordem para que a alma possa controlá-lo em vista do melhor resultado. Portanto, uma natureza nobre procura ter a mente sã num corpo são.[112]

Dante foi um discípulo fervoroso de Santo Tomás de Aquino como também o foi Egídio Romano. Assim como o Doutor Angélico, ele sustenta que a alma foi criada para conhecer a verdade, para amar e possuir o bem e para apreciar o belo. O coração foi criado para o bem. Todos, sem exceção, apreendem o bem ao qual a alma aspira e no qual repousaria:

> Cada um confusamente um bem compreende
> que contente o seu ânimo, e o deseja;
> logo, para alcançá-lo ele contende.[113]

Noutro escrito, ele faz uma bela comparação entre a alma em busca do bem e o viajante numa terra estranha, indo de porta em porta, na esperança de que cada casa em que entra seja a estalagem onde se hospedará. Da mesma forma faz a alma, voltando os olhos ora para uma coisa, ora para outra, e, por ser seu conhecimento limitado e fragmentado, e por não enxergar as realidades sob sua verdadeira luz, a alma, não raro, aceita como um grande bem aquilo que na verdade é mínimo e insignificante.[114]

Conforme o coração procura o bem, o intelecto busca a verdade. O intelecto foi feito para a verdade e alegra-se ao possuir a verdade:

> Que todos têm deleite, hás de saber,
> conforme a sua visão mais se aprofunda
> na Verdade que aquieta o seu querer.[115]

A alma também se alegra ao contemplar o belo. No entanto, assim como existem gradações de bondade, há diferentes graus de beleza. A beleza espiritual do dogma e da doutrina religiosos, por exemplo, conforme explicada pela ciência da teologia — aquela que "entre a verdade e a

112 Ibid., cap. XXV.

113 Id., *Purgatório*, canto XVII, versos 127–129 [trad. de Italo Eugenio Mauro].

114 Id., *O convívio*, IV, cap. XII.

115 Id., *Paraíso*, canto XXVIII, versos 106–108.

mente a luz insinua"[116] — e simbolizada em Beatriz, está muito acima da beleza que atrai os sentidos, e absorve tanto a alma que ela a separa de todas as formas mundanas do belo. Eis como o poeta expressa tal verdade:

Minha mente enlevada, que assedia
sem trégua a minha dama, por lançar
sobre ela os olhos mais que nunca ardia.

Quanto Natura ou Arte fez, pra olhar
prender, a fim de conquistar a mente,
em corpo humano, ou no seu figurar;

todo reunido nada seria, frente
ao encanto divino que esplendeu
quando voltei-me ao rosto seu ridente.[117]

Entretanto, os sentidos do homem e os predicados de sua alma são desenvolvidos para outros propósitos que não a autogratificação. Dado que ele é feito para a sociedade, e a sociedade exige vários deveres, funções e várias aptidões nas artes, nas ciências e nas diferentes searas da vida, então é da natureza das coisas que deva existir entre os homens uma diversidade de talentos. Esse é o ensinamento de Aristóteles:

E ele tornou: "Dize, acharias molesto
não ser, na Terra, o homem cidadão?".
"Sim", respondi, "mas razão não requesto".

"E o pode ser, se diversa função
diversa vida não venha ordenar?
Não, que de vosso mestre essa é a lição".[118]

Segundo esse princípio, sobre o qual se baseia a natureza do homem como ser social, Dante constrói a grande verdade pedagógica pela qual as naturezas não devem ser forçadas por caminhos inadequados para elas;

116 Id., *Purgatório*, canto VI, verso 46.
117 Id., *Paraíso*, canto XXVII, versos 88–96.
118 Ibid., canto VIII, versos 115–120.

que, na escolha de uma condição de vida, os gostos e as inclinações devem ser considerados; que seria insensato obrigar o amante da arte e do recolhimento a optar pela carreira das armas, ou aquele que prefere a vida ao ar livre e atividades práticas a ficar limitado aos livros. Para ele, quem tivesse um tino mecânico deveria se dedicar a um ofício; aquele com inclinação para a ciência iria se dedicar às ocupações científicas; o afeiçoado aos livros e à leitura seria orientado para uma vida de letras, e assim por diante com outros talentos e vocações. Dessa forma, os desígnios da Providência serão realizados da melhor forma, resultando num bem maior. Para isso, assim falou Carlos ao poeta:

> Sempre Natura, se a si desafeito
> ambiente encontra, tal como semente
> fora de sua região, tem mais proveito.
>
> Se o mundo, embaixo lá, pusesse a mente
> na, que Natura deu, distribuição,
> e a acompanhasse, boa seria a sua gente;
>
> mas vós torceis para a religião
> um que nasceu para se cingir da espada,
> e tornais rei quem apto é para sermão;
>
> e é o nosso rumo assim fora da estrada.[119]

No entanto, o poema, como um todo, reconhece a necessidade da educação. Dante, em pessoa, representa a humanidade. Ele é incapaz de se desvencilhar da floresta escura ou de superar os vários obstáculos em seu caminho sem a orientação de Virgílio, a quem chama de seu mestre[120] e pedagogo.[121] Ainda assim, a humanidade não pode, por si, sair da floresta do erro, do vício, da ignorância e do preconceito sem o auxílio de um mestre para guiá-la com segurança e revelar-lhe o conhecimento das coisas do Céu e da Terra. Seja com o menino de escola ou com

119 Ibid., versos 139–148.

120 Id., *Inferno*, canto I, verso 85.

121 Id., *Purgatório*, canto XII, verso 3.

a humanidade, a estrada para o progresso e a liberdade se faz sob uma tutela vigilante.

Os franciscanos fizeram da língua do povo o veículo do pensamento espiritual. Dante, num momento oportuno, fez dessa língua o meio de comunicação do mais elevado pensamento filosófico e estabeleceu sua estrutura como uma forma clássica de expressão para todos os tempos. Desde aquele memorável dia 12 de agosto de 1373, quando os cidadãos de Florença apelaram aos governantes da república "para que se providenciasse a escolha de um homem culto, capaz e bem versado na doutrina da *Divina Comédia*, de ler e explicar o referido poema todos os dias do ano menos os feriados" e os governantes escolheram Boccaccio; e quando Bolonha, Pisa, Ravena, Placência e outras cidades, seguindo o exemplo de Florença, estabeleceram cátedras para o estudo de Dante — desde aquele dia, Dante tornou-se o mestre-escola da Itália, mantendo vivo o fogo do patriotismo, habituando o povo às verdades mais sublimes cantadas nos versos mais nobres. E, em meio à boa e à má sorte, sempre mantendo para o espírito italiano um padrão tão elevado de pensamento que qualquer conhecedor de Dante possuiria uma formação bem mais completa do que a transmitida por Homero ou os gregos antigos. Houve intervalos em que o estudo de Dante foi desprezado, mas ainda que a nação possuidora de um clássico desses viesse a ser extinta, ela não poderia continuar vivendo e ignorando as lições preciosas contidas naquele tesouro inestimável. Dante não é mais o educador exclusivo da Itália. Logo ele se torna o mestre-escola das mais cultas entre as nações da cristandade. Se eliminarmos Dante, também eliminaremos a vida e os métodos das faculdades conforme existiram quando a faculdade ainda mantinha uma ligação com a universidade.

A escola primária na Idade Média[1]

I

O Abade Allain especializou-se na história da educação anterior à Revolução de 1789 na França. O volume à minha frente é um entre vários de sua autoria. Não é somente um compêndio dos trabalhos de outros indivíduos no mesmo campo; baseia-se também em pesquisas originais, trazendo à luz fatos e números que não podem ser ignorados. O erudito abade é incansável. A quantidade de leitura abordada em qualquer um dos pequenos capítulos deste modesto livro comprova a consciência do trabalho realizado. O livro será uma revelação para muitos leitores.

Houve uma época, não faz muito tempo, em que os homens estavam convencidos de que, na França, o ensino primário começou com a revolução, sem enxergar nada anterior àquela época além de um povo ignorante, privado de qualquer instituição educacional para seus filhos. A existência de educação primária, ainda por cima gratuita, antes de 1789 é, para muitos, um fato ainda desconhecido, embora inegável, conforme atestará qualquer indivíduo que diga conhecer um pouco da história da

1 *Educational Review*; Abbé Ernest Allain, *L'Instruction primaire en France avant la Revolution, d'après les Travaux récents et des Documents inédits*. Paris: Librairie de la Société Bibliographique, 1881, XVI, p. 304.

educação na Europa. O entusiasmo espontâneo com o qual os homens se viram, em diferentes partes da França, trabalhando nesse assunto é em si fenomenal. Não tenho como fazer um registro completo dos livros produzidos, repletos de erudição e todos unânimes em seus resultados, mas examinarei algumas das obras mais importantes.

O primeiro, que eu saiba, a esclarecer o assunto da educação do povo foi o sábio diretor da Biblioteca Nacional de Paris, o Senhor Léopold Delisle. Em seu ensaio, intitulado *Études sur la Condition de la Classe Agricole, et l'État de l'Agriculture en Normandie au moyen âge*,[2] ele se referiu ao *status* intelectual do campesinato da Normandia e, com base em fontes originais, provou que as pessoas estavam bem servidas no que diz respeito à educação, uma visão nova, revelando uma situação inesperada. O livro é exemplar, e tem sido amplamente utilizado dessa forma na França.

O próximo autor a tratar do assunto foi o Senhor Fayet. Em 1858, ele leu no Congresso Científico da França seu primeiro livro de memórias sobre o estado da educação primária em Auxerre nos últimos séculos. Na mesma ocasião, encontramos um livro de memórias semelhante, escrito pelo Senhor Quantin.[3] Desde então, o Senhor Fayet não parou de reunir documentos, lançando luz adicional sobre o assunto, e escreveu outros trabalhos valiosos sobre educação.[4]

Em 1868, o Senhor Maggiolo leu na Sorbonne seu importante ensaio, *De la Condition du Maître d'École en Lorraine avant 1789*. Desde então, ele publicou diversos trabalhos e livros, todos relacionados à questão do ensino fundamental; mas os principais resultados de suas investigações podem ser encontrados em artigos valiosos espalhados pelas páginas do *Dictionnaire de Pédagogie*, de Buisson.

Outros trabalhos sobre o assunto começaram a se multiplicar com uma rapidez surpreendente, fornecendo um exemplo impressionante do que pode ser alcançado quando método, erudição, perseverança e pesquisas são aplicados a uma questão controversa ou mal compreendida. Trinta anos atrás, os homens poderiam informá-lo sobre as faculdades dos jesuítas ou os oratorianos na França durante os séculos XVI e XVII, mas sobre o estado da educação primária (se é que ela existia) antes da revolução,

2 Evreux, 1857.

3 *Congrès Scientifique de France, 15ème Session, tenu à Auxerre en 1858*, t. II, pp. 115, 130.

4 Entre outros, podemos citar *Les Écoles de la Bourgogne, sous l'Ancien Régime*. Langres, 1875; *Recherches historiques et statistiques sur les Communes et les Écoles de la Haute-Marne*. Paris, 1879.

eles não sabiam nada. Hoje, só alguém muito ousado ou ignorante afirmaria, na presença de uma audiência inteligente em qualquer parte do mundo civilizado, que não havia educação primária antes do final do século XVIII. Foi para refutar essa afirmação que todo o acervo de literatura educacional mencionado foi produzido. Esse era seu único intuito.

Provavelmente, não existe nenhuma província francesa na qual os arquivos não tenham sido revisados, com fatos e números de todos os tipos, revelando dados tão incríveis quanto inusitados. Não tentarei enumerar todos. Beaurepaire dividiu em três volumes a história do ensino público na diocese de Rouen antes de 1789.[5] Quantin fez o mesmo com o departamento de Yonne.[6] De Charmasse forneceu-nos documentos inestimáveis sobre o estado da educação na antiga diocese de Autun.[7] Babeau trouxe à tona o estado da educação no departamento de Aube.[8] Armand Ravelet, o brilhante editor do *Le Monde* de Paris, na introdução à sua história do beato João Batista de La Salle, resumiu o que foi publicado na época e acrescentou novo material, resultado de sua própria pesquisa.[9] Esses são apenas alguns dos muitos trabalhos que posso citar. Todos foram muito bem aproveitados pelo Abade Allain.

Agora, procedo a um esboço geral da escola primária na Idade Média, como a encontramos descrita nos trabalhos e documentos mencionados.

II

Sempre existiu algum tipo de escola na história da Igreja Cristã. Mesmo nas catacumbas, encontramos, ao lado da pequena capela, a sala dos catecúmenos, onde eles tinham seus próprios professores, distintos daqueles que instruíam os fiéis.[10] No Oriente, basta mencionar as escolas de Edessa

5 *Recherches sur l'Instruction publique, dans le Diocèse de Rouen, avant 1789.* Evreux, 1872.

6 *Histoire de l'Instruction primaire avant 1789, dans les Pays formant le Departement de l'Yonne.* Auxerre, 1874.

7 Anatole de Charmasse, *État de l'Instruction primaire dans l'ancien Diocèse d'Autun pendant les XVIIème et XVIIIème Siècles.* 2ª ed. Paris, 1878.

8 Albert Babeau, *L'Instruction primaire dans les Campagnes avant 1789.* Troyes, 1875.

9 Armand Ravelet, *Histoire du Vénérable Jean-Baptiste de La Salle, Fondateur de l'Institut des Frères des Écoles Chrétiennes.* Paris, 1874. Léon Gautier fez mais acréscimos a essa parte do trabalho de Ravelet em uma nova edição, que ele editou em francês e depois foi traduzida para o inglês pela falecida Kathleen O'Meara.

10 Padre Marchi, *Monumenti delle Arti Christiane Primitive nella Metropoli del Christianesimo.* Roma, 1844, p. 172.

e Alexandria. Vimos que onde quer que se estabelecessem instituições monásticas, surgiam escolas. Havia também a escola episcopal, a escola da catedral, a escola paroquial, a escola do burgo, a escola rural, e as escolas ligadas aos hospitais para os pobres. Todas essas escolas apareceram durante a Idade Média, acompanhando o curso da cristandade.

Nas páginas de Gregório de Tours (539–593), lemos relatos vívidos de envenenamentos, assassinatos, guerras e intrigas na corte real, enquanto Quilperico está discutindo arianismo e escrevendo versos ruins. Mas, mesmo naqueles dias sem lei, tudo indica que sobravam escolas. Quilperico torna-se gramático e faz adições ao alfabeto. Gregório diz sobre ele: "Ele enviou ordens a todas as cidades do seu reino para que o novo alfabeto fosse ensinado às crianças e que todos os livros escritos anteriormente fossem apagados com pedra-pomes e redigidos de novo".[11]

Mais uma vez, Guiberto de Nogent, nascido em 1065, escrevendo sobre educação em sua época, diz: "Um pouco antes dessa época, e mesmo depois, havia uma escassez tão grande de mestres-escola que raramente se encontrava um no país, inclusive nas grandes cidades; e mesmo os que se encontravam eram tão atrasados em termos de conhecimento que não podemos compará-los com os professores que temos agora (1110) nas escolas do país".

Ele testemunha um renascimento geral da aprendizagem, "vendo como os homens dedicam-se ao estudo da gramática e que um número cada vez maior de escolas disponibiliza o conhecimento aos homens mais simples".[12] A partir desse momento, evidências da existência de escolas rurais tornam-se mais freqüentes.

O Senhor Simeon Luce, no curso de suas pesquisas históricas, sente-se obrigado a notar sua existência no século XIV. Ele diz:

> É um erro grave imaginar que não havia escolas primárias. Todos os documentos atestam a existência de escolas rurais, mesmo naqueles em que menos esperaríamos encontrar tal evidência, e tudo indica que durante os anos mais tempestuosos do século XIV, a maioria das aldeias tinha seus mestres-escola, que ensinavam as crianças a ler e a escrever, além de um pouco de aritmética.

11 Gregório de Tours, *Histoire*, vol. v, p. 45.

12 Guiberto de Nogent, *History of the Crusades*, prefácio.

Em outro lugar, o mesmo autor apresenta-nos uma pequena cena de um mestre-escola de 1377 com dificuldade de cobrar o que lhe devem. Tassin de Loitre (esse era o nome do professor), depois de beber vinho na taberna de um tal de Thomas D'Aunoy, recusa-se a pagar. "E por que não?", pergunta o anfitrião. "Porque", responde Tassin, "o senhor mantém um clérigo na minha escola por quem me deve mais de quarenta centavos".[13]

No século XIII, de uma população de 90 mil habitantes em Florença, 12 mil crianças freqüentavam a escola, uma proporção de freqüência escolar comparável à da cidade de Nova York no ano de 1893. Um estatuto da diocese de Rouen, publicado no ano de 1230, diz: "O clero deve exortar seus paroquianos a serem cuidadosos e exigentes, enviando seus filhos para a escola".

James Grant testemunha uma multiplicidade de escolas na Escócia: "Nossas escolas de burgo", diz ele,

> não foram criadas por um ato do parlamento, mas pelo próprio povo ou em decorrência de uma conexão com a Igreja. De qualquer maneira, no final do século XV, havia escolas em toda cidade importante da Escócia. E a memorável lei de 1496, tão freqüentemente citada, pressupõe a existência de um número suficiente de escolas capaz de fornecer às pessoas o conhecimento de arte, "jure" [obediência, preito] e "perfeito latim".[14]

Em suas pesquisas, Babeau verifica o mesmo cenário na França. "De acordo com um grande número de tradições", diz ele, "a escola era tão freqüentada antigamente quanto hoje, se não mais".[15] Já em 1500, na província do Reno Médio, de três em três quilômetros havia uma escola. Nos anais de Wesel, no ano de 1494, cinco professores foram orientados a "instruir os jovens em leitura, escrita, números e música eclesiástica".[16]

Além disso, os pais nos tempos medievais não eram tão indiferentes à educação de seus filhos quanto poderíamos pensar. Nos burgos e aldeias, os pais que obrigavam os filhos jovens a aprender algum ofício ou a executar uma tarefa manual como trabalho também impunham a

13 Siméon Luce, *Histoire de Bertrand du Gueselin et son Èpoque: La Jeunesse de Bertrand (1320–1364)*, p. 15.

14 James Grant, *History of the Burgh and Parish Schools of Scotland*, p. 25.

15 Albert Babeau, op. cit., p. 41.

16 Johannes Janssen, *Geschichte des Deutschen Volkes seit dem ausgang des mittelalters*, vol. I, pp. 23–24.

seus preceptores condições, obrigando-os a enviá-los para a escola em determinados momentos do ano e providenciar instruções elementares. Assim, lemos que, em 1398, um sujeito chamado Jean Milles, ao preparar o filho para servir a um tal de William Louvet, estipula que o mestre-escola o acompanhe em todas as tarefas básicas da vida, a saber, "comer, beber, calçar os sapatos, vestir-se e freqüentar a escola".

Mais uma vez, lemos que, no ano de 1399, entre as estipulações que vinculam um jovem a seu tio por nove anos, uma prevê que este o mantenha na escola durante todo esse tempo, assegurando sua tonsura — *faire avoir couronne*.[17] Essa solicitude estendia-se ao tempo em que eles não podiam mais cuidar de sua educação. Uma expressão comum encontrada nos testamentos de comerciantes e artesãos do século XIII em relação ao filho era: "Volo quod sibi provideatur in scholis".[18] [Desejo que a ele sejam providenciadas escolas].

O clero estava igualmente interessado na educação das crianças. Nos distritos rurais, os próprios clérigos costumavam dar aula nas escolas. E no século VIII, um bispo de Modena, ao enviar um de seus padres a uma importante paróquia da cidade, exorta-o a "ser diligente nos estudos e na educação das crianças".[19] Um estatuto da diocese de Rouen, do ano de 1230, diz: "O clero deve exortar seus paroquianos a serem cuidadosos e exigentes, enviando seus filhos para a escola, pois ninguém sem instrução pode receber benefícios eclesiásticos".[20]

Dederich Goelde, um frade menor, num catecismo escrito em 1470, diz a respeito dos deveres dos pais para com os filhos: "As crianças devem ser enviadas cedo à escola, a professores dignos, para que aprendam a tratar os outros com respeito e consigam escapar do pecado e dos maus hábitos aprendidos nas ruas".[21]

A Igreja sempre foi solícita em fornecer professores, especialmente para as escolas primárias. O Concílio de Vaison, realizado em 529, decretou que cada pastor tivesse em sua casa um grupo de rapazes estudando para o sacerdócio, como era costume geral em toda a Itália. Esses jovens também

17 A tonsura era admitida em benefício do clero, sendo muito procurada pelos pais para seus filhos. Lemos que na diocese de Rouen, da Festa de São Miguel de 1465 à Festa de São Miguel de 1466, 3954 crianças foram submetidas à tonsura. Cf. Beaurepaire, *Recherches sur l'Instruction publique dans le Diocèse de Rouen, avant 1789*, pp. 53–62.

18 Louis Guibert, "Limousin", em *Dictionnaire de Pédagogie*, p. 1594.

19 Francesco Cerruti, *Storia della Pedagogia in Italia*, p. 95.

20 Beaurepaire, op. cit., p. 53.

21 Cf. Johannes Janssen, op. cit., p. 22.

ensinavam crianças pequenas. E assim, no século IX, uma das perguntas a serem feitas quando o bispo visita sua paróquia é "se o pároco tem com ele um clérigo capaz de ensinar na escola (*qui possit tenere scholam*), além de ajudá-lo nos serviços divinos".[22]

Riculfo, o bispo de Soissons, admoesta seus sacerdotes a, entre outras coisas, darem atenção especial aos estudantes que lhes são confiados, ensinando-lhes gramática para que eles não destruam seus frutos por imprecisão lingüística.[23] O bom bispo, ao pedir a seus padres que encontrassem um método de ensino de gramática capaz de fazer com que os alunos falassem corretamente, apresentava-lhes um problema que pouquíssimos mestres-escola de hoje foram capazes de resolver. Mais tarde, os estatutos de Troyes decretam que todo pároco tenha em sua casa um clérigo que lecione na escola, e esse clérigo deve solicitar a seus paroquianos que enviem seus filhos à igreja para serem devidamente instruídos por ele.[24]

Os mosteiros também apoiaram alguns jovens clérigos, com vistas a se tornarem professores.[25] E em cada grande mosteiro havia geralmente duas escolas, uma para os que pretendiam entrar no serviço da Igreja e outra para os jovens que continuariam a viver no mundo. Em 817, o Concílio de Aix-la-Chapelle emitiu um decreto que mostra que os mestres-escola eram muito procurados naquela época. O decreto diz:

> Se o irmão encarregado do cuidado das crianças não se esforçar o suficiente para instruí-las ou ensinar-lhes outras coisas além das matérias pertinentes, ou, ainda, vier a machucá-las com surras, que tais pessoas sejam severamente punidas e removidas de seu cargo, e que este cargo seja ocupado por outro irmão, que manterá a inocência das crianças com o exemplo de sua vida, incentivando-as à prática de boas ações.[26]

Nas áreas urbanas, no início do século XI, os capítulos encarregaram-se das escolas.[27]

22 Heinemann, *Statutes of 852, XI: Acts of the Province of Rheims*, I., p. 211.

23 Constitutions of the Diocese of Soissons, 889, art. XVI.

24 Estatutos do Sínodo de Troyes, início do século XIII. Cf. Albert Babeau, op. cit., p. 8.

25 Beaurepaire, op. cit., vol. II, p. 28.

26 *Statuts et Règlemens des petites Écoles de Grammaire de la Ville, Cité, Université, Faux-bourgs, et Banlieuë de Paris*. Paris, 1672, p. 214.

27 Choron, *Recherches Historiques, Bulletin de la Société Archeologique*, 2º fascic., p. 54.

Deduzimos que o mestre-escola na Idade Média, até o século XV, era geralmente um jovem eclesiástico ou um clérigo que morava com o pároco, que o ajudava a cantar os ofícios divinos, que o auxiliava de diversas maneiras e que atuava como sacristão. Flodoardo conta-nos de um clérigo que, para estudar (ou por algum outro motivo), costumava roubar o óleo das lâmpadas acesas diante das relíquias de certos santos. Seus alunos, a quem ele ensinava o saltério, o denunciaram.

Mesmo quando não era clérigo, o mestre-escola ainda desempenhava certas funções na igreja. Assim, lemos os seguintes artigos do contrato, com data de 25 de julho de 1699: "Gaillardet promete ensinar a ler, escrever, criptografar, cantar [...], obrigando-se a tocar os sinos frente a ameaça de vento, granizo ou tempestade, e a entoar orações durante o Advento e a Quaresma".[28]

Esta fórmula encarna as ocupações tradicionais do mestre-escola por séculos. Temos um documento semelhante dos dias católicos da Escócia, que diz: "O mestre-escola Harry Henryson deverá ser um bom, verdadeiro e agradecido servo do abade, do convento e de seus sucessores, durante toda a sua vida, participando das missas cantadas e vésperas dos festivais solenes, com sua sobrepeliz".[29]

Em Paris, esperava-se que o mestre-escola "pregasse no Domingo de Ramos na Igreja de Notre-Dame" ou pagasse do próprio bolso alguém para substituí-lo.[30] Em Pavilly, o mestre-escola e seus alunos costumavam freqüentar a missa aos domingos e banquetes solenes na capela do convento, onde cantavam, jantando com o prior após a missa.[31]

A conexão do mestre-escola com o canto na igreja é muito mais antiga. Assim, lemos que, quando Carlos Magno modificou o sistema de música do sistema gaulês para o sistema romano, mais eficiente, ele ordenou que todos os mestres-escola levassem seus antifonários aos cantores Teodoro e Bento para serem corrigidos. Vemos que o chantre da catedral costuma ser também o superintendente das escolas. Mas não devemos pensar, nem por um momento, que, devido aos cargos que ocupava na igreja, o mestre-escola dos dias medievais não fosse respeitado. Esses cargos não eram considerados nada degradantes. Naqueles tempos de fé,

28 L. Maglio, "Bourrgogne", em *Dictionnaire de Pédagogie*, de Ferdinand Édouard Buisson.

29 James Grant, op. cit., p. 23.

30 *Mémoires de la Société de l'Histoire de Paris*, t. XIII., p. 47.

31 Beaurepaire, op. cit., p. 28. Esse jantar era chamado de *Truée*.

era uma honra ser um humilde empregado de qualquer cargo relacionado ao serviço divino.

"Alguns se riram", diz o Abade Allain,

> e até afetaram indignação ao ver nossos velhos mestres-escola como professores, cantores e sacristãos. Esses bons cristãos tinham outra visão do assunto. Os simples deveres que eles desempenhavam na igreja eram grandes aos seus próprios olhos. Em vez de manchar sua reputação frente a seus alunos e às pessoas em geral, esses deveres engrandeciam-nos.[32]

A assembléia-geral do clero da França, realizada em 1685, decretou que "os mestres-escola, vestidos com sua sobrepeliz, fossem respeitados na igreja e ocupassem o lugar de honra acima de todos os leigos, até da aristocracia da paróquia".[33] O professor era, segundo Merlet, "o homem da paróquia, depois do pároco. Ele via o nascimento das crianças; felicitava o jovem casal que prometia amor eterno ao pé do altar; recitava as últimas orações diante do túmulo que se fechava sobre algum falecido".[34]

Ele era o conselheiro das famílias, o confidente dos segredos; quando uma carta precisava ser escrita, homens e mulheres recorriam a ele. Não raramente, ele exercia alguma função cívica relacionada ao ensino: algumas vezes de notário público, outras vezes de escrivão; algumas vezes de advogado, outras vezes de prefeito da cidade.[35] Ele era respeitado durante a vida, e sua memória, acalentada após a morte. As professoras não eram menos estimadas, como demonstra este comovente epitáfio, datado de 1687: "Catherine Ravigné, professora, foi sepultada na presença do capítulo reunido, levando consigo a estima de toda a congregação por seus muitos ofícios de caridade feitos a todos".[36]

Além disso, o mestre-escola gozava de muitos privilégios do Estado, sendo geralmente isento de impostos e do serviço militar.[37]

A forma de remuneração do mestre-escola variava de acordo com a localidade. Às vezes, ele recebia certo estipêndio dos burgueses ou da paróquia.

32 Abbé Ernest Allain, op. cit., p. 132.

33 *Collection des Procès-verbaux du Clergé de France*, t. v, pp. 602–603.

34 Merlet, III.

35 Para este e outros casos, vide Abbé Ernest Allain, op. cit., pp. 144–145.

36 Célestin Port, *Dictionnaire historique, géographique et biographique de Maine-et-Loire*, t. III., p. 379.

37 Albert Babeau, *Le Village Sous L'Ancien Régime*, p. 231 e ss.

Às vezes, cobrava de cada aluno de acordo com o assunto estudado. Um documento do século XIII regulava da seguinte maneira o ordenado de um gramático: o vilarejo era responsável pelo pagamento dos estudos, que não incluíam gramática, de todas as crianças menores que moravam dentro de seus limites, e o mestre-escola não deveria cobrar nada delas. Quem era de fora devia pagar o valor de cinco soldos.[38] Quem estudava gramática devia pagar sete soldos e seis centavos; e a escola primária chegava a vinte soldos. Os pobres podiam estudar de graça.

Um decreto da cidade de Worms, em 1260, diz o seguinte: "Ninguém será excluído das escolas por indigência". Muitas vezes, o preceptor recebia o pagamento em espécie, de acordo com os produtos locais. O Abade Allain, resumindo as observações detalhadas das autoridades sobre o assunto, diz: "Em suma, a posição de nossos antigos educadores, em termos de facilidade e competência, não era inferior à de seus importantes sucessores em nossos dias".[39]

III

Esse era o mestre-escola. E a própria escola? Inicialmente, as aulas da escola primária ou rural aconteciam na igreja. Só depois de muita luta e diversos decretos sinodais é que as aulas passaram a ser em outro lugar. Assim, Reginald de Durham, no século XII, assegura-nos de que as aulas do ensino primário costumavam ser dadas na igreja e menciona o incidente de um garoto que pensou que se livraria de todos os problemas escolares jogando a chave da igreja no fundo do rio que corria nas proximidades.[40] O bispo de Bayeux em 1662 proíbe a realização de aulas em igrejas e capelas.[41] Se a residência pastoral fosse grande o suficiente, as aulas eram realizadas lá. Crianças de todas as séries eram reunidas na mesma sala, e só depois de uma rigorosa legislação é que os meninos foram separados das meninas. Nas cidades, isso aconteceu antes.

Os livros escolares eram poucos. A criança tinha um livro contendo o alfabeto e suas orações em latim, chamado às vezes de abecedário,

38 Gabriel Compayré, *Études Historiques et Documents inédits sur l'Albigeois*. Albi, 1841, p. 209.

39 Abbé Ernest Allain, op. cit., p. 133.

40 James Grant, op. cit., p. 5.

41 *Lettre Pastorale*, p. 56. O livrinho sobre o método anexo a esta carta é raro e valioso.

porém mais conhecido como *Croix de par Dieu*,[42] por exibir a imagem da cruz. O próximo livro colocado em suas mãos era o livro de Salmos e dos ofícios de domingo.[43]

"É sem dúvida ao estudo dos Salmos", diz De Charmasse, "feito nos bancos da escola que devemos atribuir o gosto universal que todas as classes da sociedade na Idade Média preservaram para a recitação quase diária do saltério".[44]

As crianças aprendiam a ler latim antes de aprender a ler no vernáculo. Na Inglaterra, o costume mudou durante o século XVI.[45] Na França, este era considerado o método natural, pois a língua latina era a base do francês. Em conseqüência disso, as crianças eram retiradas da escola antes de aprenderem a ler na língua materna. O costume havia começado numa época em que o latim era a língua vulgar.[46] Somente no século XVII é que La Salle conseguiu, em meio a grande oposição, mudar essa ordem e ensinar primeiro o francês.

O antigo modelo pode parecer-nos difícil, mas devemos lembrar que estamos lidando com um período em que os jornais não existiam e os livros eram escassos e custosos. Não havia muitos livros na língua materna e os poucos que havia eram comparativamente caros. Graças aos trovadores itinerantes, as pessoas estavam familiarizadas com o conteúdo das canções e lendas populares (a literatura romântica), paralelas aos escritos espirituais e teológicos da época. Mesmo para aqueles que aprenderam a ler no vernáculo, a quantidade de material disponível para leitura era escassa e não se estendia além do catecismo, com alguma história bíblica e um ou outro livro religioso.

No século XIII, foi adicionado um código de cortesia. Os alunos avançados passaram a ler gráficos e manuscritos. Encontramos menção a prêmios concedidos por excelência na leitura de documentos.[47] Quando o aluno conseguia decifrar registros antigos e pergaminhos empoeirados, geralmente escritos com letra de difícil leitura, sua educação era considerada completa. O mestre não tinha mais nada para ensinar-lhe.[48] Professores fo-

42 "Croix de par Dieu" equivale a "Croix *de parte Dei*".

43 Chamava-se "petit Latin" e de sua forma peculiar "longuette". Cf. Babeau, op. cit., p. 39.

44 Anatole de Charmasse, op. cit., p. 22.

45 Richard Mulcaster, *Positions*, p. 31.

46 *Essai d'une École Chrétienne*. Paris, 1724, p. 293.

47 Maggiolo, *Les Archives scolaires de la Beauce*, p. 19.

48 Albert Babeau, op. cit., p. 40.

ram rejeitados porque não conseguiram decifrar as escrituras, gráficos e documentos de um município.[49] Os leitores que tiveram alguma experiência em decifrar todos esses documentos não deixarão de respeitar a inteligência e a paciência do professor ou aluno que se tornou especialista no trabalho. No século XVII, os alunos aprendiam a ler livros impressos em caracteres góticos. Assim, um dos primeiros manuais de pedagogia diz: "Enquanto aprendem polidez e lêem manuscritos, o mestre deve ensiná-los a ler em algum livro impresso em letras góticas, mostrando uma vez por dia os caracteres, ligaduras, abreviações e maiúsculas nesse tipo de impressão".[50]

A aritmética na escola primária não passava do conhecimento dos números. Até a Idade Média, empregava-se o sistema romano de ensino de números e letras com pedras.[51] Alcuíno, assim como Isidoro, buscava mais o significado místico dos números do que sua utilidade prática. Somente em cálculos relacionados ao ano eclesiástico é que se fez algum uso sério deles. Até Gelberto apresentava somente o ensino de Boécio, e embora tenha simplificado o ábaco, não introduziu números arábicos, como costumam afirmar.[52]

Foi em 1202 que Leonardo Fibonacci, um comerciante de Pisa, publicou seus livros sobre aritmética e álgebra, apresentando os algarismos árabes, números decimais e outra modificação do ábaco.

Vicente de Beauvais, um dos homens mais enciclopédicos de sua época, popularizou o sistema. Até 1581, não encontramos menção de aritmética na escola primária.

Mulcaster fala apenas de "escrever e ler" como as duas coisas que as crianças podem aprender facilmente "em prol da religião e seus assuntos correlatos".[53] Um livro de aritmética publicado em 1719, na França, contém numeração e as três primeiras regras fundamentais. Os exemplos são todos concretos, referindo-se a metros de tecido, barris de vinho e coisas do gênero. Por conta disso, o livro foi considerado uma novidade.[54]

49 Sérurier, p. 54; *Archives de la Gironde*, 328; Abbé Ernest Allain, op. cit., pp. 168–169.

50 Jacques de Batencour, *L'Éscole Paroissiale*, p. 253.

51 Cf. Isidoro de Sevilha, *Etymologia*.

52 Chasles, *Mémoires de l'Académie de Science*, 1843.

53 Richard Mulcaster, op. cit., p. 139.

54 Foi chamado *Instruction nouvelle pour enseigner aux Enfants à connoitre le chiffre et à sommer*. Lille, 1719. Resbecq analisa isso em seu trabalho muito instrutivo e valioso, *Histoire de l'lnstruction primaire dans le Departenient du Nord*. Paris, 1878, pp. 84–85.

Os alunos aprendiam a escrever na escola primária, mas como o mestre-escola geralmente era o escriba da vila, e no emprego de sua caneta encontrava uma fonte extra de renda, protelava o ensino da escrita, temendo que seus alunos roubassem seu trabalho mais tarde.[55]

No século XIV, a escrita é pouco praticada entre o povo; ainda pertence a uma profissão exclusiva. No século XV, deixa de ser algo tão exclusivo, e descobrimos que a burguesia escreve. No primeiro quarto do século XVI, começam a aparecer assinaturas de todo tipo de artesão. Também nesse período encontramos os mestres da escrita organizados em guildas, aparentemente para proteção mútua contra as invasões de outros professores.

Por um decreto com data de 2 de julho de 1661, os professores primários são classificados em relação à quantidade de escrita que podem ensinar a seus alunos, ficando proibidos de ensinar alunos específicos, a menos que tenham licença para abrir uma escola especializada no ensino da escrita, tudo de acordo com um decreto do ano de 1600. Do mesmo modo, os mestres da escrita eram proibidos de ensinar qualquer assunto além de escrita, aritmética e ortografia. "Só para esse fim eles tinham permissão para usar livros impressos ou manuscritos, sem abusar deles para ensinar a ler, sem fraude ou subterfúgio".[56]

Foi Jean-Baptiste de La Salle quem rompeu esse monopólio, cerca de vinte anos depois. Além disso, as meninas começaram a aprender a costurar e tricotar, e todas as crianças passaram a aprender canto. A educação religiosa permeava a escola da manhã até a noite. O último quarto de hora era dedicado diariamente à doutrina cristã, e nas tardes de quarta e sábado as crianças recebiam o catecismo da diocese. Mais tarde, em Paris, por causa de reclamações de que as crianças estavam dedicando tempo demais às aulas de catecismo, as aulas de sábado foram transferidas para o domingo.[57] E para que os professores fossem imbuídos do espírito de fé e piedade, eles deveriam ler diariamente algum livro espiritual. O preceptor de Notre-Dame prescreve os seguintes livros: *Imitação de Cristo*, *Vidas dos santos*, *Introdução a uma vida devota*, de São Francisco de Sales; *Catecismo do Cardeal Belarmino*, *Catecismo do Arcebispo*, o Antigo Testamento,

55 Eugène Rendu, *De l'Éducation populaire dans l'Allemagne du Nord*, p. 8.

56 Cf. Charles Jourdain, *Histoire de l'Université de Paris*, p. 215.

57 Jacques de Batencour, op. cit., p. 113.

sobretudo Provérbios, Sabedoria, Eclesiastes; o Novo Testamento. Este é o alimento espiritual com o qual sua piedade era nutrida. Além disso, recomendava-se que eles lessem dois trabalhos valiosos sobre métodos de ensino: *Le Pédagogue Chrétien* e *L'Escole Paroissiale*.[58]

Tais eram as matérias ensinadas nas escolas primárias da Idade Média. Não os censuremos por seu escopo limitado. Não havia nada melhor em lugar nenhum. Nas escolas primárias mouriscas da Espanha, por exemplo, as crianças das classes mais pobres aprendiam, à sua maneira, o que nossas crianças cristãs também aprendiam. Elas aprendem a ler e a escrever, além da doutrina religiosa. A criança aprende primeiro o alfabeto árabe. Depois, aprende a diferença das letras de acordo com a pontuação, a acentuação, o som, a composição e outros elementos que entram no estudo das palavras árabes. Posteriormente, é cuidadosamente introduzida na pronúncia. Finalmente, aprende a ler o Alcorão, que é para os árabes o alfa e o ômega de todos os estudos. Aqui sua educação termina.[59]

É evidente que as escolas primárias medievais cristãs não mantiveram sempre a uniformidade em todos os lugares, nem eram essas as únicas escolas em que as crianças podiam adquirir conhecimento. Havia inúmeras escolas particulares, mantidas por uma turma de professores conhecidos como gramáticos. Esses gramáticos, ao que tudo indica, formavam uma classe inquieta, viajando de cidade em cidade e sujeitos a pagar um imposto.[60] Erasmo descreveu-os com uma pena embebida em fel:

> Uma raça de homens miseráveis, que envelhecem em seu trabalho, cercados por rebanhos de meninos, ensurdecidos por contínuos tumultos e envenenados por uma atmosfera imunda e hermética; satisfeitos, no entanto, desde que possam intimidar a multidão com os terrores de sua aparência e discurso, maltratando a todos com férula, bétula e chicote, de modo a gratificar sua própria natureza impiedosa.[61]

Talvez fosse freqüente esse cenário, mas deve ter havido (e havia) muitos homens dignos na profissão.

58 *Statuts et Règlements des Petites Ecoles de Grammaire de la Ville, Cité, Université, Faux-bourgs et Banlieuë de Paris*, 1672, prefácio.

59 Henricus Middeldorpf, *Commentatio de Institutis litterariis in Hispania quæ Arabes Auctores habuerunt*. Gottingen, 1810, p. 53.

60 Choron, op. cit., p. 69.

61 Erasmo, *Encomium Moriæ*.

Durante a Idade Média, o nível de educação variou de acordo com a época e os lugares. Os estragos da guerra, os terríveis flagelos da peste e da fome que devastaram povos inteiros, foram tão desastrosos para o progresso da educação quanto para a vida e a civilização. A escola, sendo sustentada pelas iniciativas locais, oscilava com as flutuações da energia local.

O que poderíamos chamar de escola pública na França passou a existir somente no século XV, atingindo seu apogeu no século XVI e declinando no século XVII, passando a renascer no século XVIII, com o novo impulso de La Salle a todos os ensinos primários. Dizem que durante os dezoito anos do reinado de Luís XVI, mais escolas, grandes e pequenas, foram fundadas do que durante toda a monarquia francesa em 1200 anos.[62] Paris sempre foi uma cidade especialmente favorecida no que diz respeito à educação.

Independentemente das escolas ligadas às igrejas, onze professores e uma professora figuram no rol do imposto territorial cobrado dos habitantes de Paris por Filipe, o Belo, em 1292. No século XIV, encontramos registros de 41 professores e 22 professoras; no século XV, há cem; e, no final do século XVI, o preceptor Claude Joly contabiliza nada menos do que quinhentos mestres-escola, entre professores e professoras. Os estatutos que regulam essas escolas remontam ao ano de 1357.[63] Devemos lembrar que esse foi o período (entre os séculos XIII e XVI) em que a grande Universidade de Paris floresceu, contando com milhares de alunos.

IV

Agora vamos dar uma rápida olhada na vida escolar, como nos foi revelada. Naquela época, como hoje, havia pouca uniformidade em termos da idade em que as crianças eram enviadas para a escola. Os antigos romances franceses geralmente falam do herói que é enviado para a escola e aprende a ler e a escrever, como é o caso de Hervé de Metz[64] e de Garin, que sabia ler em românico e em latim.[65] De outro herói, somos

62 Théophile Boutiot, *Histoire de l'Instruction publique et populaire à Troyes, pendant les quatre derniers siècles*, pp. 7–15.

63 Ravalet, *Life of Blessed De La Salle*, p. 27.

64 Bibliotheque Nationale, MSS., franc., 19,160.

65 "*Le Loherains fut a escoles mis, /Bien savoir lire et roman et latin*" — *Garin le Loherains*, vol. I, pp. 179–180.

informados de que "quando completou doze anos, já era bacharel [...] e havia passado quatro anos na escola".[66]

Às vezes, o herói levava quinze anos para terminar sua educação, como foi o caso do filho de Parisi la Duchesse.[67]

James Melville, da Escócia, nascido em 1556, conta-nos que, aos cinco anos de idade, o livro de preces foi colocado em suas mãos em casa, mas ele fez pouco progresso. Aos sete anos, ele foi enviado para a escola em Logie Montrose.[68] Durante os primeiros cinco ou seis dias, o aluno foi separado dos outros e nenhuma lição lhe foi passada. Depois, deram-lhe o abecedário, que ele carregava pendurado no cinto.[69] Ele também carregava a vara com que seria punido.[70] O uso da vara era universal. Lemos sobre seu emprego na Inglaterra no século XI.[71] São Luís, rei da França, na infância, apanhava de vara uma vez por semana.[72] Guiberto de Nogent conta sobre o tratamento severo que recebia. Quando sua mãe, vendo os vergões e feridas em suas costas, disse, chorando, que não queria mais que ele aprendesse gramática, ele respondeu que continuaria estudando até a morte, porque queria se tornar clérigo.[73] Nem todos foram igualmente duros.

O Bispo Bertram conta que São Germano de Auxerre era um professor amável, responsável não só por seu conhecimento, mas também por levá-lo à honra de abraçar o sacerdócio com suas orações. Fortunato desenha uma bela imagem desse mesmo santo em sua catedral, cercada pelos velhos e pelos jovens que ele está treinando para o sacerdócio.[74] Anselmo de Bec defende a brandura e protesta veementemente contra a vara como o único meio de treinar a criança: "É possível, com espancamentos", questiona ele, "formar o coração da criança e levá-la a bons princípios?".[75] Mas os homens daquela época e daquela geração acreditavam na eficácia da vara como fator essencial da educação.

66 "*Quant ot xii. ans moult fu biax bachelier /D'esches de tauble fut bien en doctrinez /Et a l'ecolle fut bien iiij. ans passez*" — Bibliotheque Nationale, MSS., franc, 19,160, f. 3, § 7.

67 "*Quant l'anfes ot quinze ans et compliz et passez /Premiers apprist a letres tant qu'il en soi assez*" — "Parisi la Duchesse", 11.964–65.

68 James Grant, op. cit., p. 59.

69 Sermão anônimo. Bibliothèque Nationale, MSS., lat, 15.955.

70 James Grant, op. cit., p. 61.

71 Ælfric, *Colloquies*.

72 Henry Martin, *Histoire de France*, 4ª ed., t. IV, p. 133.

73 Guiberto de Nogent, *Vita Sua*, I, cap. VI.

74 Fortunato, *Carmina*, II, p. 8.

75 Cf. Augusta Theodosia Drane, *Christian Schools and Scholars*, vol. I, pp. 418–419; Choron, op. cit., p. 74.

A escola abria às sete e meia nos meses de verão e às oito e meia nos meses de inverno.[76] As crianças geralmente chegavam meia hora antes. Ao entrar, seu primeiro ato era fazer uma oração de joelhos.[77] Uma dessas orações, da época em que a Escócia era católica, foi-nos transmitida e vale a pena conhecê-la:

> Agradeço-te, Pai Celestial, por teres desejado que a noite passada fosse próspera para mim; e oro para que também me sejas favorável neste dia, por tua glória e a saúde da minha alma; e tu que és a verdadeira luz, sem conhecer ocaso, Sol eterno, iluminando, sustentando, alegrando todas as coisas, digno de alumbrar minha mente, para que jamais caia em pecado, para que, por tua orientação, alcance a vida eterna. Amém.[78]

As crianças começavam o estudo do dia ajudando na missa. Ao voltar da igreja, tomavam o café-da-manhã. Naqueles dias, era costume que cada criança trouxesse não somente sua própria refeição, mas também algo para os pobres, que não tinham nada para trazer.

Com o início da escola, seria interessante conhecer os métodos adotados no ensino. Há diante de mim uma velha xilogravura do século XVI, representando o interior de uma escola. Como os costumes demoraram a mudar, podemos considerá-la como um modelo da escola da Idade Média. O professor está sentado em uma grande poltrona, com um chapéu de abas largas e copa baixa na cabeça, além de um manto nos ombros. Tem na mão um maço de varas e, no colo, uma grande folha de papel aberta. O garoto cuja lição ele ouvia estava de um lado, enquanto o mestre está admoestando outro garoto de chapéu na mão, e deduzimos que ele chegou atrasado e será devidamente punido. Em volta de uma mesa comprida no centro da sala, os outros meninos adotam diversas posturas, com o livro aberto diante deles. Há um banco baixo destinado aos recém-chegados. Um menino pequeno deixou o livro no banquinho e foi brincar com bolas de gude no chão. Em outra gravura, datada de 1493, vemos o mesmo banquinho baixo, com o mesmo menino, estendendo o livro a um pequeno *terrier*, como se quisesse que o cachorro lesse. Nesta gravura, é evidente que o professor emprega exclusivamente o método individual. Ele não conhecia outro. Cada menino por vez ia

76 *Recueil des Ordonnances Synodales du diocèse d'Autun*, 1685.

77 Jacques de Batencour, op. cit., p. 67.

78 Diretório de Escolas de Aberdeen. Cf. James Grant, op. cit., p. 60.

até o professor, recitava ou lia sua lição e voltava a sentar-se para dar lugar a outro. Enquanto isso, o restante da turma fazia o que queria. Os assíduos dedicavam seu tempo à leitura, à ortografia, à aritmética ou à escrita; os mais bagunceiros perturbavam os outros, tomando o devido cuidado para não serem punidos. Muito tempo perdido, com poucos resultados alcançados.

Um panfleto anônimo, publicado por volta de 1680, lamenta a perda de tempo resultante desse método individual. "Nas nossas faculdades", diz ele, "alunos do mesmo nível são colocados na mesma classe; por que o mesmo não ocorre nas nossas escolas primárias?".[79] Outro trabalho anônimo, um manual do professor, aconselha que as crianças aprendam a escrever o mais cedo possível, para que possam se ocupar e evitar desordens enquanto o professor estiver envolvido nas lições de cada um.[80] Ainda outro manual recomenda que os alunos mais avançados chamem seus companheiros menos avançados a cada meia hora para recitar uma lição, um método "para fazer com que todo aluno seja também professor".[81] No geral, o método individual era o único conhecido e aplicado até o século XVII na escola primária, gerando uma grande perda de tempo. Jean-Baptiste de La Salle foi quem revolucionou todo o sistema de ensino primário, introduzindo o método simultâneo.[82]

Com o método individual, havia necessariamente uma ausência de emulação. Durante a Idade Média, encontramos poucos modos de recompensa pelo trabalho realizado na escola primária. Em 1585, uma classe de abecedários, na presença de vários outros, escreveram a mesma sentença, e aquele cuja caligrafia foi declarada melhor recebeu das mãos do prefeito "duas canetas e um canivete".[83] Nas aulas mais avançadas, os prêmios eram livros. Mas o melhor menino da escola era homenageado. E isso nos leva a considerar os esportes e as recreações estudantis daquela época.

Tenho agora diante de mim uma gravura antiga muito interessante, tirada de um Livro das Horas, com data de 1523, retratando meninos na saída da escola. Alguns estão perseguindo um falcão; outros aparecem

79 *Avis touchant les Petites Escoles.* Encontra-se na Bibliothèque Nationale.

80 *Essai d'une École Chrétienne*, cap. XIV, p. 6. Este ensaio não deve ser confundido com *Conduite de l'École Xtienne*, trabalho sobre o mesmo assunto, de Jean-Baptiste de La Salle.

81 Jacques de Batencour, op. cit., p. 75.

82 Cf. Hilaire André, *Nos Maîtres d'hier: Étude sur les progrès de l'Éducation et sur les Développements de l'Instruction populaire en France.* Paris, 1873, p. 295.

83 Maggiolo, em *Dictionnaire de Pedagogie*, vol. I.

com bastões e uma bola, alguns caídos no chão; outros estão testando sua força de pé sobre uma perna, com as solas dos sapatos apoiadas umas nas outras, empurrando o companheiro até que alguém ceda. Outra brincadeira estudantil era a seguinte: na extremidade de um beco, há uma coroa enfeitada com fitas apoiada sobre um taco suspenso. No outro extremo, os meninos tentavam derrubar a coroa. Quem tinha sorte ou habilidade para cumprir a tarefa recebia elogios de seus companheiros e era coroado rei de Neude, gozando de muitos privilégios durante o ano.

Mas o jogo que coroava todos os outros jogos dos estudantes medievais de todas as séries, da escola primária às universidades, era a briga de galos, um esporte de meninos, que teve sua origem na escola.[84] A recorrência anual do dia de *Les Joutes de Coqs* era aguardada com expectativa. O costume foi estabelecido em Londres por volta de 1174. Nessa época, toda terça-feira gorda, os meninos traziam seus galos de briga para a escola e durante a manhã inteira havia briga de galos na sala de aula.[85] Depois do almoço, eles jogavam futebol. Na França, no dia marcado, todos os estudantes se reuniam num grande salão. Suas aves jejuavam e eram nutridas com gotas generosas de vinho. Os dois primeiros campeões eram colocados frente a frente sobre um prato de aveia. Eles se olhavam por um tempo e partiam para o ataque. O derrotado era retirado e substituído por outro. O galo que tivesse o maior número de vitórias era o vencedor; seu dono era proclamado rei e levado pela cidade em procissão em meio à alegria geral. Durante o restante do ano letivo, ele liderava todas as cerimônias religiosas e reuniões públicas.[86]

Nos distritos rurais e nas escolas pobres das cidades, onde os meninos não tinham condições financeiras para manter um galo próprio, os estudantes praticavam um esporte conhecido como "mate o galo". Nesse caso, a ave era perseguida e espancada até a morte. Em muitos lugares, era o professor que, por estipulação, fornecia os galos para a ocasião. Em 1282, um mestre-escola de Dieppe ficou devendo nada menos do que quatro.[87] Em 1353, o mestre-escola de Rameru devia fornecer anualmente a seus alunos um galo para ser atacado com bastões.[88] A prática continuou

84 Leopold Delisle, op. cit., p. 185.

85 Fitz Stephen-Pogge.

86 *Histoire de Chateau Theirry*, p. 168.

87 Leopold Delisle, op. cit., p. 185.

88 Ibid. Cf. Théophile Boutiot, op. cit., p. 18.

até recentemente em alguns distritos da França, apesar de protestos e interdições por parte das autoridades da Igreja. Portanto, em 1260, a diversão bárbara foi condenada pelo sínodo de Coprigni, presidido pelo bispo de Bordeaux.[89]

Um dia que as crianças mais novas comemoraram com grande pompa era a festa de São Nicolau. Nesse dia, elas escolhiam um bispo dentre si. Em muitos lugares, a honra era reservada ao aluno mais estudioso e bem-comportado. O escolhido era vestido em lindos pontificais e levado em procissão à igreja, acompanhado de pífanos, tambores e violinos. Ele governava como rei em todas as celebrações durante o dia e, em homenagem a ele, as crianças da escola recebiam presentes, em celebração. Posteriormente, foi encenada uma peça em que São Nicolau figurava como salvador e protetor de pessoas e propriedades. Ele era freqüentemente representado, como em nossas imagens modernas, no ato de restaurar a vida de três crianças. Mas o desempenho desse papel levou a tantos abusos que foi proibido por lei, e o professor que permitisse que crianças nuas aparecessem no palco tinha de pagar uma multa altíssima. O santo também foi representado encontrando bens roubados que haviam sido colocados sob sua proteção. Champollion-Figeac trouxe à luz uma daquelas peças que datam do século XII, escritas por um tal de Hilário, inglês e discípulo de Abelardo. É uma peça em que o próprio Abelardo poderia estar presente, muito simples e tosca, escrita numa mistura de latim e francês. Durante séculos, era tradição escrever comédias, farsas e peças em latim. Chegamos agora a um ponto em que há uma ruptura da tradição. O latim torna-se cada vez mais restrito às escolas, mas nas cidades e grandes vilas ainda é entendido pelo povo.

Quase todos os meninos compreendiam o sentido da peça. E com os ladrões carregando os bens roubados e o espetáculo de um sujeito humilde e zangado, enfático em suas palavras e gestos, a peça deve ter divertido muito os pequenos. Bárbaro, um homem rude e ignorante, confiando seus tesouros à proteção de São Nicolau, coloca-os ao pé de sua estátua. Os tesouros são roubados. Nesse momento, Bárbaro fica furioso, lamentando a sina de não ter guardado melhor seus bens. Ele vai até a estátua e, com gestos violentos, diz a Nicolau que ele tem de devolver as mercadorias ou pagará por elas:

89 Labbe, *Concilia*, vol. XI, 800.

Mea congregavi,
Tibi commendavi;
Sed in hoc erravi.
Ha! Nicholas!
Sé ne me rent ma chose, tu ol comparras.

Mas como as palavras não surtem efeito, ele pega um chicote e ameaça açoitar Nicolau se seus bens não forem devolvidos imediatamente. Nicolau vai atrás dos ladrões e convence-os a arrependerem-se de suas maldades. Apavorados, eles se arrependem e fazem a restituição dos bens, levando-os de volta ao local de onde foram retirados. Bárbaro se enche de júbilo:

Nisi visus fallitur
Io en ai
Tesaurus hic cernitur,
De si grant merveile en ai.

Num arrebatamento de gratidão, Bárbaro oferece a Nicolau todos os bens, mas Nicolau aparece e exorta-o a agradecer somente a Deus: "Não é meu o mérito, que pertence somente a Deus; bendiga-o e bendiga o nome de Cristo". Depois disso, Bárbaro converte-se.[90]

E agora que a peça terminou, voltemos também de nossa curta excursão às escolas primárias da Idade Média. Da sala de aula estreita, fechada, escura e mal ventilada daqueles dias, com suas paredes sujas e teto baixo, passamos para as salas de aula claras, espaçosas e arejadas de nossos dias. Mas lembremos que em outros dias havia outras maneiras, outros costumes, outros padrões de conforto e outra ordem de idéias. Nosso próprio progresso é recente e tem sido muito lento. Além disso, as sementes desse crescimento foram plantadas em outros lugares, como o Abade Allain demonstrou, colocando no escopo de tudo o resultado de pesquisas espalhadas por muitos volumes, especialmente sobre a educação nos séculos XVI e XVII.

90 Hilário, *Hilarii Versus et Ludi*. Paris, 1838, pp. 34–39.

Literatura: sua natureza e influência

I. PODER EDUCACIONAL DA LITERATURA

O que é literatura? Nem todo livro escrito pode ser chamado de literatura. Um livro de aritmética ou geometria, um trabalho que trata tecnicamente das ciências não deve ser considerado literatura. O jornal, por mais variado que seja em termos de conteúdo, não pode ser definido como literatura. O que, então, constitui literatura? Duas coisas: primeiro, o assunto tratado deve apelar para nossa natureza humana comum; segundo, o assunto deve ser tratado de tal maneira que sua leitura proporcione prazer.

Um complementa o outro. Um texto sobre a natureza humana ou que seja atraente aos nossos sentimentos, por si só, sem estilo, sem forma especial de expressão correspondente ao assunto, correspondente à personalidade que dele trata, não constitui literatura. Do mesmo modo, o mero estilo, por mais polido, sem algo atraente para a nossa natureza humana, excluiria um livro assim escrito da categoria de literatura. Quando lemos uma peça de Shakespeare, vemos nela pensamentos profundos, num estilo maravilhoso. Descobrimos que esse grande autor "pôs um espelho diante da natureza", e toda aspiração de nossa alma, toda batida de nosso coração, podemos encontrar nas maravilhosas páginas desse grande poeta.

De Quincey traça uma bela distinção entre o que ele chama de literatura do conhecimento e literatura do poder, uma ótima distinção, que serve ao nosso propósito. Alguns livros são puramente técnicos e, ainda assim, agradam ao intelecto e influenciam sua época. Podemos chamar esses livros de literatura do conhecimento. Na teologia, um exemplo dessa categoria de literatura é o livro *Analogy*, de Butler. Na filosofia, temos *Ensaio sobre o entendimento humano*, de Locke. No âmbito da economia política, podemos citar *A riqueza das nações*, de Adam Smith. A literatura do poder é diferente. Lida mais com as emoções e paixões da natureza humana; dirige-se à cabeça e ao coração; interpreta para nós nossas aspirações e pensamentos mais profundos e sutis. Pode levar-nos às lágrimas por seu *páthos*, pode inspirar alegria e risos por sua inteligência ou humor, mas invariavelmente mexe com nossas emoções de uma forma ou de outra.

Mais uma vez, a literatura do poder, ao revelar-nos certas relações secretas entre nós e o mundo material, coloca-nos em um espírito de maior harmonia e contentamento com tudo o que é grandioso, nobre e belo nas colinas, nos vales e no céu estrelado, no rio que corre ou no oceano agitado que é seu destino, e nossa apreciação é despertada para a percepção da beleza de tudo o que existe para ver e ouvir neste lindo mundo nosso. Mais uma vez, a literatura do poder chega aos cantos mais recônditos de nossas almas e desperta em nós a vida espiritual, além de revelar-nos nossas falhas e nossas fraquezas, mostrando-nos a nobreza e a beleza da virtude, para que possamos admirá-la e incorporá-la, e a deformidade do vício, para que possamos odiá-lo.

A partir disso, podemos perceber o grande elemento educacional da literatura e o alcance de sua influência. De fato, a literatura serviu para educar as nações mais cultas. A Grécia moldou-se com base na literatura de Homero, Ésquilo e Sófocles. Num sentido especial, trata-se de uma nação literária. Mais uma vez, a literatura da Grécia refinou Roma, e os fragmentos remanescentes das literaturas grega e romana foram as influências educacionais do processo de civilização dos bárbaros e propagação de toda a cultura medieval e moderna. Os maiores intelectos inspiraram-se na literatura da Grécia e de Roma e, mais tarde, nas literaturas cristãs das nações cristãs. Na história da civilização, a literatura foi o elemento singular que elevou os povos da barbárie à cultura e ao refinamento.

Por meio da literatura, a Igreja estabeleceu o cristianismo e espalhou suas doutrinas pelo mundo. Por meio da literatura, por meio do bom livro, do poderoso sermão e da encíclica de longo alcance do Santo Padre, a Igreja continua a instruir e iluminar povos e nações. Certamente, um elemento tão poderoso, um elemento tão amplo em sua influência, deve ser digno de nossa atenção mais cuidadosa. De fato, era difícil estabelecer limites à ação de um livro bom ou ruim sobre a vida e o caráter.

O Senhor William Thomas Stead, recentemente editor da *Pall Mall Gazette*, de Londres, agora editor da *The Review of Reviews*, ao falar do falecido James Russell Lowell, conta-nos como, aos dezoito anos de idade, a leitura de "Extrema Unção" do poeta marcou sua vida, influenciando-o para sempre, embora fosse um poema muito curto, de apenas onze estrofes. Conta a história de um homem de oitenta anos, desesperado à beira da morte por ter sido egoísta a vida inteira. Ele sentia que Deus o havia colocado no mundo para fazer um trabalho e que ele havia negligenciado esse trabalho; que todo erro que ele havia testemunhado na vida era um chamado divino, era a voz de Deus falando com ele, pedindo que ele se esforçasse para corrigir esse erro, mas ele ignorou todos os erros e viveu pensando em sua própria satisfação pessoal. Assim, ele morre em desespero e aparece diante de seu Criador de mãos vazias. Stead, ao ler esse poema, resolveu que, quando chegasse sua hora de prestar contas da vida que lhe fora dada, das oportunidades de fazer o bem que foram colocadas à sua disposição, ele não decepcionaria.

Assim, a leitura de um poema curto pode influenciar uma vida inteira. É conhecida a história de como a leitura de uma única passagem do Novo Testamento mudou toda a vida de Santo Agostinho, e o leitor há de lembrar que Santo Inácio foi chamado por Deus para fazer uma grande obra através da leitura de *Vidas dos santos*. Quem leu o belo romance de George Eliot, *O moinho à beira do Rio Floss*, lembrará como a leitura de algumas passagens de *Imitação de Cristo* levou a heroína Maggie Tulliver a ter uma visão da vida espiritual com a qual ela nunca havia sonhado antes, decidindo realizar parte dessa vida espiritual que era tão nova e maravilhosa; e, de fato, se os senhores mesmos lerem atentamente o capítulo em *O moinho à beira do Rio Floss* que fala da *Imitação* (aquele livro maravilhoso da Idade Média, aquela voz doce, baixa e humana, carregada de tanta verdade e tanta beleza espiritual), terão mais prazer nessa obra-prima de Tomás de Kempis e a lerão com mais entusiasmo do que antes de ter lido este belo tributo que George Eliot lhe presta.

E assim, um jovem que deixa penetrar em seu coração toda a grandeza de "Ode to Duty" de Wordsworth estará mais preparado ainda e quase que inconscientemente procurará elevar-se ao alto padrão dessa nobre ode. Eis a natureza do assunto que os senhores estão prestes a abordar, meus jovens. Os senhores podem não prestar muita atenção, podem não ser muito cuidadosos em sua leitura. Um único livro, às vezes uma única passagem de um livro, é suficiente para moldar um caráter. Cuidem, portanto, de que o livro que os senhores forem ler seja útil para fortalecer seu caráter e suas resoluções, sendo, ao mesmo tempo, uma fonte de cultura e refinamento. A literatura estudada dessa maneira, o livro assim lido, cumprirá sua função essencial de influência educacional.

II. INFLUÊNCIA CATÓLICA NA LITERATURA

Desde o início, a Igreja preserva e promove a literatura. A meu ver, São Basílio, em seu discurso aos jovens sob seus cuidados, foi o que melhor interpretou a atitude da Igreja em relação à aprendizagem profana. Este grande santo e eminente educador, que possuía todo o conhecimento que Atenas poderia oferecer em seus dias, exorta seus alunos a lerem poetas, historiadores, oradores pagãos, todos os autores que pudessem contribuir para a cultura da alma e prepará-la para a batalha da vida. A sabedoria assim adquirida com discriminação ele compara às flores e folhas da árvore, enquanto a verdade pura e simples representa o fruto. Assim como a abelha extrai o mel da flor, enquanto todos se contentam em admirar sua beleza e compartilhar seu perfume, o aluno inteligente saberá tirar lições do poeta, do historiador e do orador para fazer o que é certo. São Basílio vê somente o bem e a verdade desses autores, ignorando qualquer falsidade, crueldade ou depravação. Ele reforça esses preceitos com belas ilustrações e termina seu discurso mostrando que o que há de melhor nos grandes filósofos e poetas está de acordo com os ensinamentos do Evangelho.

Essa tradição educacional continuou sendo transmitida ao longo dos tempos: Boécio (475–525) traduz Euclides e alguns tratados de Aristóteles para os jovens de Roma, a pedido de seu amigo Cassiodoro (470–570); e o próprio Cassiodoro, que fora primeiro-ministro da corte romana, grande estadista e estudioso, aos noventa anos de idade, senta-se para escrever um livro de gramática para os meninos sob sua responsabilidade no mosteiro de Vivarium. Isidoro de Sevilha (570–636), considerado pelo

Concílio de Toledo como "a glória da Igreja Católica e o homem mais culto de sua época", escreveu compêndios para seus alunos sobre todos os assuntos (letras e ciências, artes e ofícios), desde um abecedário até um folheto sobre a melhor maneira de colocar ferradura num cavalo. Beda (673–735) dá continuidade à tradição literária e também escreve livros didáticos para seus meninos, para que eles tenham acesso ao melhor conhecimento da melhor maneira possível. As tradições educacionais de Wearmouth-Jarrow foram continuadas por Egberto, bispo de York, que as transmitiu a Alcuíno. Com o patrocínio de Carlos Magno, Alcuíno, auxiliado por Clemente e outros monges irlandeses, espalha a luz por toda a França. A tradição educacional era adotada pelas várias escolas estabelecidas onde quer que o cristianismo se fixasse.

É costume falar dessas eras cristãs primitivas como Idade das Trevas, mas cometeríamos um grande erro se acreditássemos que a educação na época não era generalizada. Em todas as cidades e vilarejos onde havia uma igreja auto-sustentável, havia uma escola primária ou rural. Em todo palácio episcopal havia um seminário em que jovens eram treinados para o sacerdócio. Todo mosteiro tinha sua escola para adventícios, na qual as crianças dos arredores eram educadas, e sua escola para moradores locais, na qual os jovens que pretendiam se tornar religiosos eram devidamente treinados. E não devemos esquecer de mencionar as escolas do palácio em que os filhos da nobreza eram reunidos e educados de acordo com sua posição na vida. Por fim, com a maré da educação cada vez mais alta, todas essas escolas acabaram transformando-se nas universidades da Europa. Essas universidades eram regulamentadas de tal forma que os jovens mais pobres podiam receber aí sua educação; e o fato de que elas eram bem freqüentadas é evidenciado pelos números de alunos que assistiam às suas aulas, conforme registrado pelos historiadores. De acordo com eles, estima-se que a Universidade de Paris tivesse pelo menos trinta mil alunos. Oxford tinha vinte mil.

Ora, qual é o resultado de toda essa tradição educacional? A quais forças permanentes da cultura e da civilização ela deu origem? Nos âmbitos da filosofia e da teologia, temos as grandes obras de Santo Tomás de Aquino. Nenhum gênio profundo jamais escreveu, nenhum filósofo jamais teve uma compreensão tão firme de todos os assuntos em que tocou ou os tratou com mais luminosidade do que Santo Tomás em seus tratados filosóficos e teológicos. Na poesia, como resultado da educação católica, temos a *Divina Comédia*, de Dante. Este é o poema mais sublime já concebido e executado pelo intelecto humano. A propósito, vosso Chateaubriand atribui muitas limitações ao talento de Dante. O fato é que Chateaubriand nunca soube o verdadeiro valor de Dante, incapaz de calcular as dimensões desse gênio incomparável. Outro resultado dessa educação católica e da vida medieval católica é Shakespeare. Carlyle declara expressamente que Shakespeare é fruto do catolicismo, sendo ou não católico. Provavelmente fosse, mas, independentemente disso, todo o espírito de suas maiores peças é completamente católico. Só um católico pode apreciar ao máximo a excelsa tragédia de *Hamlet*. Na pintura, o espírito católico se expressou em tantas escolas e obras-primas, com tantos gênios, de Fra Angelico a Murillo e Rafael, que é impossível, dentro do tempo que temos à nossa disposição, nomear a décima parte desses antigos mestres. Na arquitetura, temos, como a expressão mais sublime desses dias católicos, as grandes catedrais góticas da Europa.

E aqui devo expressar alguma surpresa com as observações feitas pelo Professor Hamlin, que teria dito: "A Idade Média, ao contrário do período inicial de Justiniano, não nos deixou nenhum monumento de incontestável preeminência em perfeição e glória". Não consigo imaginar o que o professor estava pensando quando proferiu essas palavras. Toda catedral gótica é em si a personificação escultural da vida medieval. Contém a poesia, o pensamento, a sátira e o humor, a aspiração da cristandade medieval, em linguagem tão clara e expressiva quanto as linhas imortais de Dante. Mais uma vez, gostaria de chamar vossa atenção para outra observação do professor. Ele está falando da São Pedro em Roma e diz-nos que aquele grande monumento religioso foi construído na época em que "o pé do Papa estava perdendo seu poder de pisar no pescoço dos imperadores". É verdade que, durante a Idade Média, o Papa teve grande poder e influência entre as nações. Ele era, em certa medida, o árbitro das nações. A Santa Sé era o tribunal onde se decidiam as disputas de reis e imperadores, e, sempre que um Papa punha o pé no pescoço de um imperador, era pela causa dos fracos contra os fortes, do certo contra o poderoso, da religião contra o ateísmo e a infidelidade. Quando o Papa brigou com Filipe Augusto, da França, foi para proteger a santidade do vínculo matrimonial, defender uma esposa desamparada e ferida contra a brutalidade de um rei escravizado por uma paixão vil. Quando o Papa brigou com os imperadores alemães sobre a questão das investiduras, foi para proteger a Igreja contra a simonia, proteger seus dignos bispos, em oposição às meras ferramentas e fantoches que esses imperadores colocariam em seu santuário.

III. A LITERATURA DA IDADE MÉDIA

Em que fontes bebe nossa literatura moderna? Olhando o decorrer da Idade Média, podemos discernir três correntes literárias distintas. Primeiro, há a corrente da vida espiritual e do pensamento espiritual. A Idade Média foi, sobretudo, a "Idade da Fé". Não foi uma época de perfeição geral da sociedade. Ao contrário, foram tempos sem grande parte dos confortos e conveniências da vida que desfrutamos hoje, eras de guerras travadas com crueldade bárbara, em que os homens se distinguiram tanto por suas virtudes quanto por seus vícios; uma época de santidade e crime: às vezes, os próprios pecadores se tornavam filhos arrependidos, humildes e devotos da Igreja nos anos posteriores. A religião presidia a rotina geral da vida. As pessoas rezavam muito. Os leigos ocupados nos assuntos da vida mundana costumavam dedicar um certo número de horas diárias à recitação do Ofício Divino. Os dias de festa eram muitos, sendo observados com toda a pompa do cerimonial religioso. Os homens viviam, por assim dizer, em íntima comunhão com o mundo além-túmulo. O Céu e as hostes celestiais, Inferno e Purgatório, eram para as pessoas daquele tempo mais verdadeiros do que a própria terra em que pisavam. E assim encontramos muitas fontes de sustento espiritual. Os sermões eram pregados e ouvidos com uma reverência e uma atenção que somente os maiores oradores conseguem despertar hoje em dia. Em todas as línguas, encontramos hinos em homenagem à Santíssima Virgem e aos santos. Esses hinos eram abundantes na Inglaterra e em outros países da Europa. A Inglaterra, devido à sua grande devoção à Virgem, ficou conhecida nos dias católicos como "Dote de Nossa Senhora". Um desses hinos cantados pelo povo segue a mesma linha dos hinos do Padre Faber ou de qualquer um de nossos poetas modernos, versando sobre o mesmo assunto:

Bendita sejas, Senhora,
Repleta de bem-aventurança celestial,
Que assim do Paraíso aflora,
Mãe da brandura total.

Bendita sejas, Senhora,
Tão justa e iluminada.
Em ti toda a minha esperança mora
De dia e de madrugada.

Assim cantava um dos bardos católicos no reinado de Henrique III. Mais uma vez, havia livros espirituais naqueles dias, ensinando as práticas e os princípios da vida ascética. A fina flor dessa literatura é um livro que já mencionei, *Imitação de Cristo*, escrito por Tomás de Kempis no século XIV.

Mas havia outros meios de instruir as pessoas além dos livros. As pinturas, os vitrais, as estátuas esculpidas, as portas de bronze, as esculturas ao redor do púlpito: eram meios de transmitir alguma verdade espiritual, de tornar conhecida uma cena ou evento na vida de um santo padroeiro. Mais uma vez, as lições espirituais eram transmitidas por meio de moralidades e autos sacramentais apresentados em festivais com grande pompa e cerimônia. Nos autos sacramentais de Natal, os acontecimentos em torno do nascimento de Nosso Senhor eram lindamente representados. Nos autos sacramentais de Páscoa, apresentava-se a Ressurreição de Nosso Senhor. Nos autos sacramentais de Corpus Christi, reproduziam-se belas cenas em torno da instituição da Santa Eucaristia. Nesses autos sacramentais, os grandes santos padroeiros também eram celebrados, mas a Paixão de Nosso Senhor era o principal, sendo apresentada com reverência e devoção no portão ou no pórtico da igreja diante de imensas audiências. Hoje não temos mais esse tipo de auto sacramental. O único que resistiu ao tempo foi o Auto da Paixão de Oberammergau.

Os senhores encontrarão nos livros que tratam do assunto muita coisa dita contra esses autos sacramentais, que são considerados rudimentares, vulgares e irreverentes. Não é verdade. Todo crítico que assistiu ao Auto da Paixão de Oberammergau voltou da peça repleto de admiração por tudo o que estava relacionado com esse drama sublime. E se isso vale para o único auto sacramental que nos restou, vale também para todos os autos sacramentais encenados nos dias medievais. Eram muitas lições objetivas para as pessoas, com mais profundidade do que qualquer livro: a profundidade e o significado dos grandes eventos registrados no Antigo e no Novo Testamento.

O alimento espiritual às vezes tomava a forma de alegoria, e por isso temos poemas alegóricos longos que lidam com uma variedade de assuntos espirituais. Em alguns, como em "Vision of the Piers Plowman", escrito por William Langland, a depravação é atacada e os abusos da Igreja são denunciados com veemência. De uma ordem semelhante era a "Fábula de Reynard, a raposa". Outro poema alegórico a que tivemos acesso é "A flor e a folha", um poema, até bem recentemente, atribuído a Chaucer. Aqui a flor representa o prazer transitório, e a folha, o bem duradouro da virtude. Uma das alegorias favoritas dos tempos medievais era a representação da alma do homem em peregrinação, com seus vícios representados por gigantes, as virtudes, por anjos bons ou cavaleiros gentis, e suas disposições, pelas colinas e vales do caminho.

Assim é o poema "Pilgrimage of Manhood", do monge cisterciense Guillaume de Guilleville. Vale a pena registrar a fortuna dessa alegoria. O poema foi traduzido para o inglês em verso por John Lydgate, monge beneditino popular e bastante culto. Hoje existem no Museu Britânico várias cópias manuscritas da versão de Lydgate, mas o livro nunca foi publicado. Mais tarde, uma tradução em prosa do poema foi feita e amplamente divulgada em toda a Inglaterra. Essa versão foi publicada recentemente pelo Roxburghe Club. Versões resumidas dessa tradução em prosa também foram feitas e difundidas; uma delas caiu nas mãos de um funileiro entusiástico que mal sabia ler e escrever, e esse funileiro leu o livro várias vezes, até apreender todo o seu conteúdo, o que estimulou sua imaginação, fazendo com que ele imediatamente se comprometesse a escrever um livro semelhante, com um estilo parecido, mas sem a erudição do original, em seu próprio inglês simples, e o resultado desse esforço é o *Pilgrim's Progress*, de John Bunyan.

Outra fonte de alimento espiritual era o livro *Vidas dos santos*. Havia versões dele em prosa e em verso. A coleção mais célebre em verso é a conhecida *Legenda Aurea*, ou *Lenda dourada*, de Tiago de Voragine, arcebispo de Gênova, que apareceu por volta de 1290. Desta coleção é que Chaucer extraiu material para o seu *Second Nun's Tale*, a história de Santa Cecília.

A segunda fonte de cultura intelectual é a filosofia escolástica e a teologia escolástica. A filosofia e a teologia daqueles dias não eram letra morta, mas uma entidade viva e ativa. Havia muita disputa. Os homens deliciavam-se em medir a inteligência e aprender uns com os outros. Seus combates intelectuais duravam dias seguidos. Sua única medida de capacidade intelectual consistia em sua habilidade de continuar uma discussão. Até Santo Tomás, por ser calado e não ligar muito para essas disputas, era visto por seus companheiros com desprezo, ficando conhecido como o "Boi mudo da Sicília". Os alunos não precisavam escrever redações naquela época; tudo era realizado oralmente.

Aqui os senhores podem perguntar-me qual era o caráter dos estudos realizados nas escolas e universidades da Idade Média. Esses estudos eram conhecidos como as sete artes liberais e foram subdivididos em duas partes, o trívio e o quadrívio. O trívio consistia em gramática, que incluía literatura, retórica e lógica. O quadrívio consistia em aritmética, geometria, música e astronomia.

A terceira fonte de alimento intelectual fornecida naquele tempo era a literatura secular sobre cavalaria e cavaleiros errantes, que geralmente tomava a forma de romances metrificados. A extensão desses poemas era algo que nos surpreenderia atualmente. Tomemos, por exemplo, o *Romance da rosa*, que Chaucer traduziu para o inglês. A obra tinha mais de 22 mil linhas. Esses romances foram agrupados em três categorias.

Havia o ciclo carolíngio, do qual Carlos Magno era a figura central. Na França, esse ciclo floresceu na bela *Chanson de Roland*. Na Itália, aflorou no magnífico poema de Ariosto, conhecido como *Orlando Furioso*. Havia também o ciclo alexandrino de romances em que Alexandre, o Grande, figurava como o centro de um grande grupo de atos heróicos. Finalmente, há o ciclo arturiano, em que todos os personagens giravam em torno da figura do Rei Artur e sua távola redonda. Posteriormente, o ciclo arturiano passou a girar em torno da "Lenda do Santo Graal", tornando-se uma alegoria espiritual. Spenser tentou escrever uma versão protestante desse belo poema católico em seu *Fairie Queene* [A rainha das fadas]. Tennyson, em seus *Idylls of the King* [Idílios do rei], ofereceu-nos uma versão mais moderna, na qual ele teve o bom senso de manter a concepção católica do "Santo Graal". Matthew Arnold, Swinburne e o nosso próprio James Russell Lowell inspiraram-se nessa mina inesgotável de poesia.

Essas são as principais fontes de toda a literatura moderna. Tal é o solo em que ela está enraizada. Apresentei-lhes apenas um esboço simples, pois não seria capaz de iniciá-los nos vastos tesouros de tão belos pensamentos e sentimentos de tal literatura. É verdade que se trata da literatura de uma era passada, uma literatura voltada para outras pessoas e outra ordem de existência, sem lugar em nosso modo de vida atual. Nossos pensamentos seguem outras direções, mas ainda assim, em sua forma mais elevada, é um estudo que vale a pena, podendo constituir a fonte de muitas idéias frutíferas quando a leitura é feita com o devido cuidado e atenção. Uma literatura que pode inspirar um Dante, um Milton, um Shakespeare, à qual podemos atribuir o que há de melhor em Chaucer e Spenser, em Tasso e Ariosto, nos grandes autores de todos os países europeus; uma literatura assim não deve ser desprezada. E, no entanto, quando pegamos o trabalho de Taine sobre a literatura inglesa e notamos a impertinência com a qual ele trata tudo o que está relacionado com a Idade Média, sem uma palavra de elogio a nenhum autor, porque pertenciam a essas eras católicas, devemos concluir que seus preconceitos nublaram seu intelecto e influenciaram seu julgamento crítico, tornando seu livro um objeto completamente inútil como guia literário.

IV. VIDA ESCOLAR NA IDADE MÉDIA

A base de toda a vida escolar na Idade Média era a disciplina monástica, pois as escolas começavam à sombra da igreja ou à sombra do mosteiro, e, portanto, encontramos certa uniformidade no modo de vida e ensino de todas as escolas da Idade Média. A exortação de Santo Efrém de Edessa a seus alunos no século IV é repetida, com outras palavras, várias vezes nas escolas cristãs do Oriente e do Ocidente. Num belo poema sobre ciência, escrito no estilo clássico que ele dominava tão bem em sua própria língua síria, ele diz:

> Imbui-te, ó homem, de atividade mental, grande tesouro de sabedoria, e renuncia à ociosidade, a fonte da perdição. Aplica-te aos livros para aprender a sabedoria contida neles, e não deleites teu paladar, para que não percas aquilo que adquiriste. Possui ouro com moderação e ciência sem limite, de modo que, acometido pela tribulação, possas rejubilar-te no conforto. A ciência é uma segunda luz e tem visão aguçada; acalenta-a, criança, para que ela possa iluminar-te e para que aqueles que te ouvem

> possam louvá-la. A ciência prepara uma coroa que coloca sobre a cabeça de seus amigos. De uma posição mais baixa, eleva-os às mais altas honrarias, fazendo com que sentem no trono do rei. Os livros devem ser o teu alimento, com os quais te fartarás e te renovarás; devem ser a tua cama, para proporcionar-te um sono tranqüilo.

Passando do século IV ao XIII, temos Robert de Sorbon, o fundador da célebre escola de teologia de Paris conhecida como "Sorbonne". Por muitos anos, ele foi o confessor do grande São Luís, rei da França, culto, piedoso, ávido pela difusão do conhecimento em seus dias. Num antigo manuscrito da Biblioteca Nacional de Paris, foram descobertos os seguintes conselhos a um estudante:

> O aluno que quer se beneficiar de seus estudos deve observar seis regras essenciais: primeira, dedicar um horário a uma leitura específica. Segunda, fixar a atenção naquilo que lê, sem passar rapidamente para algo diferente. São Bernardo afirma que: "A diferença entre ler e estudar é a mesma que existe entre um anfitrião e um amigo, entre um cumprimento trocado na rua e um afeto inalterável". Terceira, extrair diariamente da leitura algum pensamento, algum grão de verdade, e gravá-lo na memória com cuidado especial. Quarta, escrever uma síntese do que foi lido, pois as palavras não-escritas voam como poeira ao vento. Quinta, reunir-se com os colegas ou familiares para debates ou conversas informais. Essa prática é de serventia ainda maior do que a leitura, por resultar no esclarecimento de todas as dúvidas e incertezas que restarem após a leitura. Sexta, orar. Na verdade, a oração é um dos melhores meios de aprender. São Bernardo ensina que a leitura deve estimular os afetos da alma, e que deve ser um meio de elevar o coração a Deus sem interromper o estudo.

O piedoso doutor chama a atenção dos rapazes para o desperdício de tempo com insignificâncias.

Segundo ele,

> certos alunos agem como tolos. Demonstram grande sutileza em relação a trivialidades e revelam-se superficiais em assuntos importantes. Para não deixar transparecer que perderam tempo, eles montam volumes grossos de pergaminho cheio de páginas em branco, encadernados com

> couro vermelho elegante. Mais tarde, retornam ao lar paterno com um saco cheio de conhecimento que pode ser roubado por ladrões, devorado por ratos e insetos, destruído pelo fogo ou pela água.

Em outras palavras, Robert de Sorbon recomendava que o aluno guardasse todo o aprendizado em sua memória, um lugar mais seguro do que seu caderno.

No mesmo século, encontramos outro professor erudito cuja grande obra ficou para a posteridade. Frei Bonvicini de Ripa é um dos nomes mais respeitados da cidade de Milão. Ele escreveu uma crônica da cidade, que se perdeu, com exceção de um fragmento apresentando a organização de sua população de acordo com negócios e profissões. Ele também é lembrado como tendo sido o primeiro a fazer com que o sino do Angelus tocasse na cidade e nos arredores de Milão, e esse fato é notado especialmente na lápide que registra sua morte, mas ele se destacou mesmo como um excelente educador.

Existe em sua obra um poema sobre a vida escolar chamado *Vita Scholastica*. Como no caso de Robert de Sorbon, tal poema apresenta bons conselhos aos estudantes daquela época, estabelecendo todas as regras e deveres para uma vida boa, de acordo com a experiência do autor. Ele diz no prólogo: "Para que o leitor possa adquirir sabedoria através de seus estudos, este livro lhe dará as seguintes chaves", e então ele começa a enumerar as muitas maneiras pelas quais o estudo e o bom viver podem ser promovidos. Este poema é uma exortação religiosa. A primeira chave que o autor nomeia é o temor a Deus. Ele, então, enfatiza a fé ativa. "O Demônio crê, mas falta-lhe a fé vivificante". Dessa forma, o autor espera que o aluno consiga controlar seus pensamentos e intenções, para que seu aprendizado seja em honra e glória de Deus. "Faz parte da sabedoria ser discreto no uso da palavra. Nunca se deve difamar, enganar, envaidecer-se, vangloriar-se, ser prepotente, bajular, ser falso, nem orgulhoso". O poema, então, concentra-se na observação da humildade e na prevenção do orgulho; aconselha o aluno a fugir da inveja. Ele deve agradecer os favores recebidos e perdoar os danos causados. Aqui entra a história freqüentemente contada de Frei Sorbon, que primeiro foi professor em Paris e tinha um aluno com um prazer especial em sofismas e um orgulho especial de seu poder de argumentação lógica. O aluno morreu, e seu orgulho e vaidade foram a causa de sua perda. Aparecendo ao seu mestre, ele lhe revelou seu estado. A partir de então, o mestre entrou na religião, renunciando às suas frivolidades de argumentação lógica, pois, como ele mesmo disse, "para a morte não existe argumentação!". Em outra seção deste poema, o poeta aconselha o estudante a ser comedido na comida e na bebida e alertado contra a gula, o uso de roupas elegantes e o dormir em camas muito acolchoadas e confortáveis, contra jogos de azar, festas e bailes freqüentes, a avareza e a cobiça, contra a extravagância ao doar, sabendo sempre a quem doa. Ele deve regrar seus sentidos, e firmar os pensamentos no Céu para que sejam dignos dele e repletos de bondade. Há uma ênfase em evitar as más companhias; em ser caridoso com todos, principalmente com os colegas; nos deveres a serem cumpridos pela manhã e à noite, nas orações a serem feitas; no sinal da cruz ao comer e beber. O aluno deve orgulhar-se caso mereça o apelido dado, em tom de sarcasmo, a estudantes piedosos da época: "Adorador de Cristo", "cristícola". O poeta continua o poema ressaltando o amor e a reverência devidos a pai e mãe, a ida freqüente à missa, a oração aos santos e a necessidade de honrar o professor. Os professores também não são esquecidos no poema. Para ser digno de seu posto, a primeira coisa que o mestre tem de fazer para controlar seus alunos é corrigir discretamente os próprios defeitos. Deve evitar todo tipo de vaidade e aperfeiçoar-se nos estudos. Só num ambiente de paz e disciplina é que os estudos podem ser conduzidos adequadamente. Esse é o livro que Bonvicini de Ripa escreveu com base em sua experiência de vida escolar. Agora é um livro raro e valioso. Pude ver somente uma cópia dele na Biblioteca Mazarin, em Paris. Dessa cópia, extraí o conteúdo que acabei de apresentar aos senhores.

Do século VI ao século IX, predominaram as escolas episcopais e catedrais. Do século IX ao século XII, as escolas claustrais foram as principais fontes de educação em suas formas mais elevadas. Depois, as escolas começaram a tornar-se mais seculares; os professores passaram a ensinar com mais independência; as escolas multiplicaram-se; os professores começaram a migrar de um lugar para o outro, assim como os alunos. Abelardo, por exemplo, foi de escola em escola para receber as instruções pelas quais sua alma ansiava, e depois passou a ensinar em diversos lugares para transmitir aos outros o que aprendera. Por volta do início do século XIII, encontramos em Paris um certo número de escolas unidas num vínculo comum. Havia quarenta faculdades agrupadas em torno da Universidade de Paris. Dessas quarenta, sete tinham um curso completo de instrução. As outras eram meras pensões para os alunos, onde eles eram submetidos a uma disciplina estrita, sob supervisão do mestre, que assegurava que eles fizessem suas lições de casa e, ocasionalmente, pedia-lhes para recitar algo. De fato, este foi o começo de nossas faculdades modernas. Elas começaram como escolas para crianças pobres. Eram casas de estudo abertas para os pobres, sob os auspícios da religião. Esse duplo princípio de devoção e pobreza deixou sua marca nessas escolas. O diretor e seus assistentes viviam com a mera ninharia de três ou quatro centavos por semana, e muitas vezes eram obrigados a recorrer a outros meios de subsistência. As crianças saíam para pedir suas refeições diárias.

De fato, a pobreza era a alma da Universidade de Paris. Como regra, nem mestres nem alunos podiam se orgulhar de riquezas. Crévier, um dos historiadores da universidade, conta-nos: "A universidade, como entidade, tinha poucos recursos. O corpo docente e o corpo discente eram pobres. As faculdades mal conseguiam sustentar seus tesoureiros. Tudo revelava pobreza". Havia exceções, tanto entre professores quanto entre alunos. Havia alunos tolos, como aqueles criticados por Robert de Sorbon, que prestavam pouca atenção nos estudos e viviam com grande pompa; e, novamente, havia professores que extorquiam dinheiro de seus alunos. Os estatutos das universidades eram muito severos contra isso. Havia um sentimento na Idade Média de que o aprendizado era algo muito sagrado para ser comprado ou vendido, visando ao lucro.

As universidades foram todas criadas em bases religiosas. O primeiro ponto essencial para uma universidade era uma sanção papal, e, como em nossos dias, a universidade católica ergueu-se sob a sanção do Papa Leão XIII, assim também as universidades medievais deviam sua existência à licença papal. Então, cada universidade tinha seus privilégios especiais, recebidos do rei e do Papa. De fato, foi corretamente dito que uma universidade sem privilégios é como um corpo sem alma. De acordo com um desses privilégios, por exemplo, todos os alunos eram responsabilidade das autoridades universitárias, não das varas cíveis. Outro privilégio era a proteção dos alunos das exorbitantes cobranças dos cidadãos locais. O preço dos alojamentos devia ser fixado por árbitros juramentados, metade indicados pela universidade, metade pela cidade. As relações entre os estudantes universitários e a população local muitas vezes eram ruins, o que deu origem a tensões que terminaram em saques de casas e até em derramamento de sangue. Foi um tumulto que causou a saída de milhares de estudantes da cidade de Paris de uma vez para a Universidade de Oxford. Em 1389, o historiador da Universidade de Cambridge retrata uma rebelião semelhante.

"No dia de Corpus Christi", diz ele,

> todos os livros, documentos e escritos pertencentes à sociedade foram destruídos. Em St. Mary, o cofre da universidade foi arrombado e os documentos ali guardados tiveram um fim semelhante. Professores e alunos, sob intimidação, renunciaram a todas as cartas de direito, benesses e ordenanças, e houve uma grande queima na praça do mercado, onde uma senhora idosa foi vista espalhando as cinzas no ar, enquanto exclamava: "Assim morre a competência dos clérigos!".

Este exemplo é suficiente para mostrar o que ocorria com freqüência em toda cidade universitária da cristandade; pois a vida estudantil não era o que é hoje em dia. Naquela época, muitos alunos andavam descalços, malvestidos e mal alimentados. Não tinham direito nem a um banco para sentar-se durante o horário escolar, acomodando-se num monte de palha no chão. Mesmo durante o inverno, eles não tinham aquecimento no quarto. Raramente comiam carne. E levantavam cedo.

Assim, em *Hisperica Famina*, esse curioso livro do século VIII, trazido à luz em 1835 pelo erudito Cardeal Angelo Mai, lemos na pomposa linguagem do século a que o livro pertence que quando o mestre entra no quarto dos alunos para despertá-los, eles devem falar o seguinte: "Por que vens nos ensurdecer com o estrondo de tuas palavras, para perturbar a caverna de nossos ouvidos com teu discurso? Estivemos em vigília estudando, enquanto a noite arava as planícies dos céus. Então, foste envolvido em sono. É por isso que tua lição nos encontra dormindo". A partir disso, sabemos que os estudantes de Toulouse viravam a noite estudando.

Voltando aos métodos de ensino daqueles dias, a primeira coisa que chama a atenção é o grande número de alunos que se reuniam em torno de um professor eminente. Muitas vezes, não havia espaço na sala para tantos estudantes e o mestre era obrigado a lecionar ao ar livre, em praça pública. Essa é, por exemplo, a tradição do lugar conhecido em Paris como "Place Maubert", sendo Maubert uma contração de "Maitre Albert", referindo-se ao erudito dominicano Alberto, o Grande.

Tais também eram as tradições da Rua de Fouarre. Os alunos geralmente levantavam na hora prima, ou seja, com o nascer do sol. O professor então lia uma primeira lição para os alunos. Todo o ensino era realizado por meio da leitura de um manuscrito e explicação. Os alunos ouviam, faziam anotações abreviadas sobre as pranchetas, comparavam essas anotações umas com as outras, depois as levavam para casa e as transcreviam em pergaminhos, que eram trazidos de volta ao professor e corrigidos por ele. Não era permitido ao aluno ler o manuscrito. Todas as argumentações e discussões eram realizadas oralmente. Para os senhores terem uma idéia de até que ponto os alunos da época eram obrigados a confiar em sua memória, em 1502, a quantidade de papel atribuída a cada aluno para anotações era de três folhas por semana.

O debate era o método usual pelo qual os alunos esclareciam suas idéias sobre os vários assuntos que estavam discutindo. Nenhum grau era dado sem um debate prévio. Eles debatiam um mês inteiro em preparação para o grau de bacharel e, depois de passarem no exame, passavam outro mês em debate na Rua de Fouarre. O regulamento diário usual consistia, primeiro, em uma lição dada pelo reitor de manhã, logo ao levantar; depois eles se retiravam e preparavam seus estudos até as onze horas, quando almoçavam. Ao meio-dia, realizavam debates que eram conhecidos como meridionais. Às cinco, havia repetições de lições e conferências, durante as quais os alunos recitavam e respondiam a perguntas dos mestres. Embora não tenha sido mencionado, professores e alunos participavam do santo sacrifício da missa matutina.

Nas faculdades, a regulamentação era um pouco diferente disso. Tenho à minha frente o regulamento do Collège Sainte-Barbe, do século XV. De acordo com esse documento, às quatro horas os alunos levantavam. Geralmente, um aluno da classe de filosofia despertava os outros, acendendo as velas nas estações em que a luz era necessária. Às cinco, os professores iniciavam a primeira aula, que durava uma hora, e, às seis, havia missa e café-da-manhã, mas sem recreação. Das oito às dez, era hora da principal aula da manhã, seguida de exercícios no salão, que iam até as onze, quando os alunos almoçavam. O almoço, geralmente um prato de carne e um prato de legumes, durava uma hora e era acompanhado de leituras, advertências e orações pelos benfeitores. Às doze, os alunos eram argüidos sobre as lições da manhã. Depois, havia uma hora de descanso, com leitura pública de algum poeta ou orador. Das três às cinco era a principal aula da tarde. Das cinco às seis, os alunos exercitavam as lições da aula anterior. Às seis, jantar. Às sete, outra argüição e debate. Seguia-se a bênção do Santíssimo Sacramento, e às nove horas vinha o toque de recolher. Mestres e alunos assim autorizados podiam manter uma vela acesa até as onze horas. Às terças e quintas, os alunos tinham tempo livre a partir das cinco da tarde, quando eram levados para passear no parque público conhecido como "Pré-aux-clercs".

A regulamentação do vizinho Collège Montaigu era semelhante em relação aos estudos, mas com uma disciplina mais severa, sob a direção de Standonck. Havia dois grupos de alunos: os ricos e os pobres. Os meninos pobres eram submetidos à disciplina monástica. Eles serviam os meninos ricos e faziam todo o trabalho braçal da casa. Levantavam à meia-noite para recitar um ofício. Eram proibidos de falar, exceto para responder a perguntas. A menor quebra de disciplina era castigada com flagelo. A mesa deles era a dos mais pobres. Iam todos os dias com outros indigentes mendigar no convento cartuxo vizinho. Rabelais faz alusão a eles como os "abutres de Montaigu" (*Ces sparviers de Montaigu*). Nunca havia carne nem vinho nas refeições. Sua comida habitual era pão velho com quinze gramas de manteiga, um prato de legumes cozidos em água e meio arenque ou dois ovos cozidos. Erasmo, que estudou nessa faculdade, atribui seus problemas de saúde ao tratamento desumano, à comida pouco saudável e à péssima disciplina do lugar.[91] Na sala de aula, ricos e pobres estudavam juntos, separados unicamente pelo mérito.

V. LIVROS NA IDADE MÉDIA

Durante a Idade Média, o aluno normalmente não tinha um livro didático para acompanhar seus estudos. Ele ouvia o professor e tomava notas. Ocasionalmente, pegava emprestado de um companheiro mais afortunado um exemplar do livro usado. De um modo geral, podemos concluir que não havia muitos livros didáticos naquela época. As escolas e as universidades tinham copistas, que reproduziam os livros didáticos em voga e vendiam-nos a preços razoáveis para os estudantes.

Assim, num pacto firmado entre a universidade de Vercelli e a de Pádua, há menção a dois copistas que forneciam livros aos alunos a preços fixados pelo reitor. Nosso amigo Bonvicini de Ripa, no fragmento

91 "Peixe e carne". V. Erasmo, *Colloquies*.

que restou de sua crônica, conta que em Milão, em 1288, havia oitenta professores de gramática e ensino fundamental e cinqüenta copistas.

Os livros eram caros. Manuscritos ilustrados com iluminuras custavam uma fortuna. Em 1240, uma cópia do missal ornamentada com figuras e letras douradas saía por 1200 florins, o que equivale a cerca de quinhentos dólares hoje em dia.[92]

Mas em todos os mosteiros e escolas havia bibliotecas abertas a professores e estudantes. O conselho de Paris em 1212 lembra aos religiosos daquela cidade que o empréstimo de livros era um ato de misericórdia. O capítulo de Notre-Dame abriu sua biblioteca em 1272, especialmente para o uso de estudantes pobres. Grande atenção foi dada à biblioteca, que foi, depois da igreja ou capela em que o Santíssimo Sacramento foi depositado, considerada a parte mais sagrada do edifício monástico. Para preservar os livros da umidade e do mau uso, foram tomadas algumas precauções. Geralmente, as paredes da biblioteca eram forradas, às vezes até com madeiras preciosas, para melhor preservação dos manuscritos. Além das prateleiras, havia mesas ou púlpitos sobre os quais os manuscritos eram colocados, e os mais valiosos ficavam acorrentados, assim como acorrentaram em todas as igrejas da cristandade as vidas dos santos padroeiros de cada igreja e os breviários públicos para uso dos leigos.

O empréstimo de livros também incluía condições, e aqui o melhor a fazer é citar os regulamentos estabelecidos para o bibliotecário do convento de São Vítor em Paris.

"Ele é encarregado de todos os livros da comunidade", somos informados,

> devendo proceder a um inventário deles. Entre suas obrigações, está a de reuni-los e colocá-los no seu devido lugar duas ou três vezes por ano; além disso, ele deve certificar-se de que os livros não estão mofando ou sendo comidos por vermes; os volumes devem ser organizados de modo a tornar rápida e fácil qualquer pesquisa. Nenhum livro deve ser emprestado até que um depósito seja feito; e um estranho deve depositar uma quantia pelo menos igual ao valor do livro emprestado. Em todos os casos, o bibliotecário deve escrever o nome do mutuário, o título do livro emprestado e a natureza do depósito efetuado. Os livros mais preciosos da biblioteca não devem ser emprestados sem a permissão do abade.

92 O que equivale a cerca de 14.000 dólares hoje em dia — NE.

> Os livros para uso diário devem estar sempre à mão, para conveniência dos clérigos que os solicitam. O bibliotecário deve colocar à disposição dos irmãos, não somente os livros necessários para a celebração do Ofício Divino, mas também aqueles educativos e edificantes, como a Bíblia, os principais glossários e comentários sobre as Escrituras Sagradas, as vidas dos santos e as homilias. Se um religioso desejasse ter mais tempo para consultar algum dos livros da biblioteca, ele poderia levar o livro com ele, mas só depois que o bibliotecário tomasse nota de tudo.

Na biblioteca da Sorbonne havia regulamentos ainda mais rigorosos. Por exemplo, se o indivíduo não fechasse o livro depois de usá-lo, ele era multado; ele também recebia multa se saísse da sala sem trancá-la, deixando um estranho sozinho lá dentro.

Aos poucos, a edição de livros tornou-se um negócio cada vez mais lucrativo. Suas vendas aumentaram, e, no século XV, empresas organizadas e centros de comércio estabeleceram-se em toda a Europa.

"Muito antes da descoberta da impressão, a venda de manuscritos na Alemanha, onde o amor pela leitura era generalizado, já havia atingido proporções consideráveis, com todos os aspectos de um negócio bem regulamentado", diz Janssen, nosso eminente historiador católico da Alemanha.

> Nos grandes centros comerciais, particularmente nas cidades livres do império, formaram-se empresas de copistas, trabalhando mais para o público em geral do que para os eruditos. Seus manuscritos, já devidamente catalogados, eram entregues a comerciantes itinerantes, que os vendiam sobretudo nas feiras anuais e nas quermesses. Um desses comerciantes, Diepold Lauber, abriu uma loja bem equipada em Haguenau. O catálogo de seus produtos ainda existe. Nele são mencionados não somente os autores latinos, mas também os melhores poetas alemães da Idade Média, os longos romances métricos, escritos mais curtos em prosa, contos lendários, vidas dos santos, obras populares, tratados sobre medicina para uso geral, Bíblias alemãs em rima e modelos de orações. A variedade deste catálogo mostra que, na Alemanha da Idade Média, os livros não eram dirigidos apenas aos ricos e cultos.

Este é um ponto digno de consideração.

Devemos lembrar que havia uma grande oferta de literatura popular antigamente. Naquela época, como agora, a oferta era proporcional à procura. Se os livros eram editados em grande quantidade e vendidos, é porque eles eram comprados; se eram comprados, é porque eram lidos; se eram lidos, é porque as pessoas que os liam deviam ter alguma educação, e, portanto, podemos chamar de ignorantes ou tendenciosos aqueles que consideraram a Idade Média como uma era de iletrados.

Voltando para a França no mesmo período, vemos que os copistas também forneciam livros. Por exemplo, a Rainha Maria de Anjou, esposa de Carlos VII, comprava livros escolares para os filhos. Eis a lista: primeiro, um abecedário. Este livro também continha as orações da manhã e da tarde em latim, que deveriam ser aprendidas de cor. Segundo, o livro dos *Sete Salmos*. Este livro continha o que é conhecido como os Sete Salmos Penitenciais, e esses salmos também deveriam ser aprendidos de cor. Terceiro, o *Donat*, uma gramática que tratava das oito partes do discurso, escrita por Élio Donato no século IV. Quarto, o *Book of Accidents*. Caxton, aliás, imprimiu uma edição deste livro antigo em Westminster. Quinto, um *Cato*. Havia dois livros com o título de *Cato*, um grande e um pequeno, ambos usados na Idade Média. O livro aqui mencionado é o *Cato* pequeno. "Cato", a propósito, é a abreviação de "chatonnet". Sexto, uma *Doutrina*. Esse, como os outros dois, também era um livro de gramática, extraído da obra do escritor romano Prisciano e posto em verso leonino por Alexandre de Villedieu. Por esses seis livros, a rainha pagou a bela quantia de seiscentas *livres turnois* e, pelo grande *Cato*, pagou uma quantia semelhante. Sem dúvida, esses livros eram mais bem encadernados do que o livro escolar comum.

Para apresentar outro exemplo de como os livros eram valorizados, o Rei Luís XI foi até a faculdade de medicina de Sorbonne pegar emprestado um livro raro para transcrição com toda a diplomacia e cautela com a qual negociaria a compra de uma província. O livro, dividido em dois volumes, era um tratado médico de um eminente médico árabe chamado Rheses, a única cópia existente. A faculdade valorizava-o tanto que a princípio se recusou a emprestá-lo ao rei, mas, depois de muita negociação, eles se renderam ao pedido real, desde que ele depositasse doze moedas de prata e uma nota no valor de cem escudos de ouro, endossada por um dos principais cidadãos de Paris. Ele entregou as garantias necessárias e pegou o livro.

VI. O SCRIPTORIUM

Depois de examinar o cuidado com os livros e seu uso geral, consideremos agora como os livros eram transcritos. Apresento-lhes o *scriptorium*, uma grande sala com mesas dispostas de frente para a parede. Todos os monges estão ocupados em seu trabalho. O silêncio é absoluto. Qualquer motivo de distração é considerado impróprio. Alguns são copistas reconhecidos por sua habilidade e celeridade na transcrição; outros são revisores, cujo trabalho é garantir precisão nos textos; outros são iluminadores. Todos os domingos, cada copista recebe os materiais necessários para a semana. Esses materiais são tinta, pergaminho, penas e os livros que ele usará para ler ou copiar. Mas ele tem outros materiais em cima da mesa: duas peças quadradas de pedra-pomes, duas lâminas para raspar e polir o pergaminho, dois pequenos chifres para tinta, giz, um pincel para limpar a poeira e os resíduos da raspagem, uma sovela comum, outra de melhor qualidade, linha, lápis, régua e tábuas para estender o pergaminho. Estes constituem os principais instrumentos usados no *scriptorium*. O diretor do *scriptorium* atribui a cada copista a palavra e a página de início e a palavra e a página de término, e uma vez que o copista inicia seu trabalho, ele não pode ser perturbado ou distraído. Ninguém pode falar com ele. No mosteiro de Citeaux, cada copista tinha seu próprio cubículo. Assim Alcuíno se dirige aos copistas de sua época em um de seus poemas:

> Vem e toma teu lugar, tu, cuja função é transcrever as leis divinas e os monumentos sagrados da sabedoria dos Padres. Cuidado com a mistura de tudo o que é frívolo com esses sábios discursos. Não deixes tua mão descuidada cometer algum erro. Procura textos puros com diligência para que tua pluma, em seu vôo rápido, possa mover-se na direção certa. Grande é a honra de copiar livros sagrados e este trabalho será recompensado.

Podemos considerar Cassiodoro como o pai do *scriptorium* cristão. Prevendo a longa noite de miséria e ignorância que se seguiria à invasão dos bárbaros, ele encoraja a cópia e multiplicação dos livros. Ele mesmo, aos 93 anos de idade, escreveu um livro sobre ortografia. E, falando com seus monges sobre a transcrição de manuscritos, ele se entusiasma, com eloqüência.

"Que invenção feliz e que fadiga gloriosa é aquela que nos permite pregar ao homem tanto com a voz quanto pelas mãos", diz ele, "substituir a língua pelos dedos, estabelecer relações com o resto do mundo sem sair da nossa solidão e silêncio, combatendo com tinta e caneta as sugestões ilícitas do Diabo. Cada palavra da Escritura Sagrada transcrita pelo monge estudioso é uma ferida infligida a Satanás".[93]

93 Cf. *Institutiones: Introdução às letras divinas e seculares*, Kírion, 2018, p. 127 — NE.

Qual o panorama das nossas faculdades?[1]

I

Todos esses três trabalhos [referidos na nota] são produções acadêmicas minuciosas e instrutivas cuja leitura é recompensadora. Apesar de escritos do ponto de vista protestante, seus autores são homens imparciais, que pretendem ser justos. Ainda assim, eles carecem daquela simpatia pela velha ordem das coisas que colore a página e a faz brilhar junto com a antiga vida que reinava nas instituições que descrevem. Não estando familiarizados com a Igreja e seus ensinamentos, ocasionalmente eles interpretam mal os hábitos e práticas dos dias medievais.

Os motivos imputados nem sempre são os corretos, nem as causas atribuídas são adequadas ou isentas de erros. O Senhor Mullinger, por exemplo, não apresenta razões suficientes para o declínio da Universidade de Paris no século XV, quando nos diz que foi devido ao fracasso dos "Concílios de Pisa, Constança e Basiléia" em estabelecer "a autoridade absoluta de tais assembléias sobre o decreto do próprio Papa". Suas palavras dão-nos a impressão errônea de que a sombra desse decreto impedia a expansão intelectual. Além disso, ele não entende o ascetismo

1 *Catholic Quarterly Review*; James Bass Mullinger, *The University of Cambridge from the Earliest Time to the Royal Injunctions of 1535*. Cambridge University Press, 1873; Henry Maxwell Lyte, *A History of Eton College, 1440–1875*. Londres, 1877; James Grant, *History of the Burgh Schools of Scotland*, 1876.

e a devoção dos monges, cuja vida e energia eram dedicadas à nobre causa da educação. No mesmo sentido e com a mesma reserva, podemos elogiar o trabalho do Senhor Maxwell Lyte sobre o Eton College, um livro meticuloso e cheio de informações que todo educador deve ter. O Senhor Grant também escreve de boa-fé. Seu testemunho a favor da educação geral em toda a Escócia, antes da Reforma, é tão forte que não podemos deixar de apresentá-lo.

"Com escolas eclesiásticas e escolas burguesas em todas as partes do país", diz ele, "podemos ter certeza de que eles fizeram algo para 'ensinar os pobres em nome de Deus e os ricos pela razão, sem receber nada, além do ganho pessoal'".

Mais uma vez, ao resumir suas pesquisas nesse período, ele presta o seguinte tributo à Igreja: "As anotações dispersas coletadas neste capítulo mostram nossa obrigação para com a antiga Igreja por ter promovido de modo tão diligente nossa educação nacional, uma educação colocada ao alcance de *todas* as classes".

Um testemunho desses é digno de registro, mas esse tipo de testemunho é sempre apresentado por testemunhas que colocam a verdade acima do preconceito ou do fanatismo.

Aprendemos muita coisa quando voltamos à vida escolar medieval revelada por essas obras. Era uma vida com poucos confortos materiais e muitas dificuldades. O preço do ensino não era baixo. O de Oxford era considerado maior; e, no entanto, quando Sir Thomas More, por um revés da sorte, viu-se obrigado a economizar, escreveu à esposa: "Meu conselho, porém, é que não caiamos para a tarifa mais baixa em primeiro lugar; não desceremos, portanto, à tarifa de Oxford". A disciplina era rigorosa, e a menor violação dessa disciplina era expiada com severos castigos físicos. "Qualquer infração às regras da faculdade significava surra de vara no pátio". Depois de um tempo de folga, o aluno era obrigado a retornar no dia marcado, sem falta. "Quem não voltava até a hora de dormir era açoitado, enquanto o aluno que se ausentava mais de um dia perdia seu direito de estudar". Não surpreende encontrar entre os itens para os quais havia uma taxa regular a vara de bétula. "Havia uma cobrança curiosa de seis centavos por semestre, referente à 'vara de vidoeiro'". Os quartos eram úmidos e desconfortáveis. Somente nos grandes salões era permitido acender a lareira, mesmo assim com moderação. Lever, o mestre da Universidade de St. John, Cambridge, num sermão bem conhecido proferido em 1550, conta como os alunos, sem aquecimento, "eram obrigados a caminhar ou correr de um lado para o outro por meia hora para esquentar os pés antes de dormir". Mesmo um banco ou assento na escola era considerado um luxo, ao qual os alunos não tinham direito. Um estatuto do Papa Urbano v, com data de 1366, proíbe seu uso.

Mas, em contrapartida, devemos lembrar que a disciplina na família também era severa. A decisão do pai era lei irrevogável. A antiga tradição romana de seu poder soberano ainda era uma realidade. As crianças eram prometidas assim que nasciam; eram colocadas, ainda pequenas, em mosteiros ou conventos. O filho mais velho seguia os passos do pai de geração em geração, sem pensar em mudança. Em todas as direções, as linhas eram rigidamente traçadas. Portanto, apesar de todos os inconvenientes e das dificuldades que consumiam a vida dos jovens, os corredores de todas essas faculdades estavam lotados. Jovens ansiosos e adultos mais ansiosos ainda suportavam o frio e a fome, as dificuldades e as privações, com alegria e esperança, em nome do ensino que recebiam; os obstáculos do caminho faziam com que eles valorizassem ainda mais sua educação.

Essas escolas medievais passaram para outras mãos, sendo, em grande parte, desviadas dos propósitos para os quais foram fundadas. Ainda assim, sobretudo na Inglaterra, mantiveram muitas das antigas tradições e até um pouco do antigo espírito.

"Também não é demais afirmar", diz o Cardeal Newman, "que as faculdades das universidades inglesas podem ser consideradas descendentes diretas dos herdeiros de Carlos Magno".

Esse fato revela as fontes de onde elas tiraram seu poder ou influência. Uma instituição, se quiser viver e prosperar, deve nutrir seu espírito do solo em que está enraizada; sua vitalidade deve provir das tradições em que é plantada, que constituem a seiva que circula por seus veios, dando-lhe vida e força. Agora, cabe a nossas faculdades católicas colocar em prática as tradições e intenções daqueles estabelecimentos veneráveis, que são o desenvolvimento da piedade e da caridade católicas. E embora nossas faculdades católicas sejam apenas obra recente, o princípio que inspirou sua criação é tão antigo quanto a própria razão, tão imutável quanto a própria verdade e tão duradouro quanto a própria Igreja. É o mesmo princípio sustentador das belas estruturas de Oxford e Cambridge. Não nos esqueçamos disso.

O trabalho não realizado por essas instituições deve ser realizado por nós; e esse trabalho não é menos importante do que a missão e a nobre responsabilidade de continuar transmitindo a dádiva da educação católica. Herdamos a fé e, com a fé, herdamos o dever de difundi-la, ensinando-a, explicando-a e mostrando, à sua luz, o que é verdadeiro e o que é falso na ciência atual. Temer essa missão seria uma injustiça para as gerações ainda não nascidas. É importante observarmos até que ponto estamos cumprindo nosso dever a esse respeito. Nossas faculdades acompanharam o aumento do conforto e das conveniências domésticas. Dispensamos a vara de bétula; nossos quartos são aquecidos de acordo com os sistemas mais modernos; nossos bancos e escrivaninhas são confortáveis e muitas vezes elegantes; pelo menos em algumas de nossas escolas, o preço está longe de ser baixo; em uma palavra, nossas piores escolas superam em muito as da Idade Média, tanto em conforto quanto em conveniência. As oportunidades de educação cresceram e, como conseqüência, seus benefícios passaram a ser subestimados. Aquilo que é adquirido com facilidade não é tão valorizado. Ainda assim, isso não explica completamente o pequeno número de alunos em nossas melhores faculdades. Por trás disso, há outras causas que propomos abordar no decorrer do presente artigo.

II

Primeiro, o fato de que existem inconvenientes ou obstáculos ocasionais no avanço de nossos estabelecimentos de ensino não significa que sua missão será um fracasso. Na verdade, eles irão se tornar ainda mais fortes devido às dificuldades do início. Tudo o que é duradouro alguma vez já teve de lutar por sua existência.

A década passada foi muito difícil para nossas faculdades, conventos e escolas secundárias. As menores e mais fracas foram postas contra a parede. As maiores quase não conseguiram resistir e muitas ainda estão atoladas em dívidas. Essas dificuldades financeiras mantêm nossas faculdades em maré baixa. Mas não estamos sozinhos nesse aspecto. As maiores instituições não-católicas também estão alarmadas com suas enormes despesas anuais. Como disse um escritor recente: "Embora a renda das faculdades americanas mais ricas seja maior do que a das inglesas, muitas faculdades daqui são muito mais pobres do que as mais pobres dos ingleses". É verdade que o dinheiro não é a finalidade da educação, mas não deixa de ser um elemento essencial para a existência e bom funcionamento de nossos estabelecimentos de ensino. Sendo assim, o dinheiro deve ser adquirido e gerenciado como um meio indispensável. Père Didon disse bem: "Se a fé é o principal poder da Terra, o dinheiro é seu principal escravo". É essencial para o bem-estar das instituições de ensino, assim como para o bem-estar de indivíduos, famílias e até nações. E como nossas escolas católicas carecem de dotação, somente através da administração criteriosa das receitas e despesas é que elas podem se sustentar e ter condições de fazer o bem para o qual foram criadas.

Ainda assim, diretores experientes e sensatos consideram o problema da administração econômica tão difícil que, por essa e outras razões, prevêem um futuro sombrio para nossas faculdades. De acordo com eles, a época dos internatos já passou, esse tipo de escola está diminuindo em todos os lugares, a tendência entre os pais é manter os filhos em casa e só como escolas diurnas nossas faculdades podem ter sucesso. Suas previsões têm alguma base. A terra está repleta de destroços do que antes eram estabelecimentos florescentes.

De qualquer maneira, alimentamos grandes esperanças para o futuro. Afirmamos que nossas faculdades católicas ainda não começaram seu verdadeiro trabalho. Vemos vastos e férteis campos de trabalho surgindo e se apresentando à sua indústria; cabe a elas somente aproveitar a estação favorável, colocar as mãos no arado e cultivar um solo que promete abundantes colheitas. E, que seja dito com ênfase, não existe solo mais rico, em qualquer domínio da humanidade, do que o cérebro ativo, o intelecto claro e o coração aberto de nossa juventude americana. E temos muita esperança em nossas faculdades pelos seguintes motivos:

Em primeiro lugar, nossas faculdades católicas são muito estimadas pela Igreja. Ela sempre esteve interessada em seu bem-estar; sempre as defendeu, protegendo seus direitos e privilégios contra influências externas, seja de governos ou indivíduos. Depositária da verdade sobrenatural, é de seu interesse que as verdades naturais sejam transmitidas de tal maneira que os ensinamentos mais elevados da fé interfiram em sua estrutura, dando forma ao todo. Ela ensina as verdades naturais de modo que, assim, as verdades da fé possam ser compreendidas. Por esse motivo, a Igreja zela tanto por sua função de ensino, sem transferi-la para nenhum grupo ou círculo social. Certamente, não para o Estado.

Mas promove os organismos religiosos, concedendo-lhes favores especiais e abençoando seu trabalho com uma bênção especial, para que eles possam executar seus projetos com mais eficiência.

Agora, nossas faculdades católicas estão sob os cuidados e a administração do clero ou de uma ou outra das numerosas ordens de ensino existentes. E a Igreja espera que eles não apenas promovam as vocações para o sacerdócio e a vida religiosa, mas também fortaleçam os jovens para que sejam cidadãos bons e úteis no mundo. Os pais confiam em seus métodos e não são menos otimistas em suas expectativas. Como eles querem o melhor para seus filhos, seus interesses sobre um assunto tão vital como o de moldar suas almas para toda a eternidade são prioridade. Eles sabem que, ao colocar seus filhos sob a proteção de homens cujas vidas são dedicadas ao bem geral, eles estão protegendo-os das armadilhas que assolam o terno período da juventude. O espírito secular da época pode influenciar as escolas estatais, sustentando que, em teoria, é bom que a educação seja separada da religião, mas, na prática, os pais esclarecidos preferirão ouvir os conselhos de Quintiliano e escolher a escola na qual o mestre é o mais santo e a disciplina, a mais severa. O pagão Plínio, o Jovem, tinha a mesma opinião. Ele aconselha uma mulher romana a enviar seu filho para uma escola em que haja boa disciplina, grande modéstia e pureza moral. E, sem dúvida, tanto Quintiliano quanto Plínio, ao dar esse conselho, lembravam-se daquelas palavras de ouro de Cícero: "Todos os nossos pensamentos e emoções devem ser dedicados ao planejamento de ações virtuosas, características de uma vida boa e feliz, ou à busca da ciência e do conhecimento".

Pois quem pode transmitir o hábito de pensar corretamente e ter desejos puros melhor do que o professor cuja vida é dedicada a esse único propósito? Eis um estabelecimento padrão dos pagãos. Onde é mais provável que isso ocorra senão em nossas faculdades e conventos católicos? Assim é que, mesmo por motivos reconhecidos por pagãos respeitáveis, encontramos uma razão de ser para nossas faculdades católicas.

Mais uma vez, as próprias exigências da época exigem que os internatos preencham uma lacuna que sem eles ficaria vazia; e se há internatos, então, que haja internatos católicos. Agora, como no passado remoto, existe uma demanda por instituições públicas de ensino nas quais os jovens, longe das distrações da vida doméstica, possam dedicar-se mais exclusivamente ao estudo e adquirir a força intelectual e a robustez de caráter resultantes do aprendizado em conjunto, desenvolvendo as energias pessoais ao máximo. Às vezes, o filho precisa sair de casa pela natureza da ocupação dos pais; ou pela morte do pai, da mãe ou de um guardião natural; ou porque a criança cresce além do controle dos pais; ou pela má influência dos amigos; ou porque sua futura esfera de utilidade requer uma educação mais completa do que a que ele pode adquirir em sua própria vizinhança; todos esses motivos exigem internatos, onde o jovem encontra o que faltava em casa.

Além disso, o número de escolas estatais existentes é enorme, e tudo indica que esse número continuará crescendo por mais algum tempo. Mas as escolas estaduais não são escolas para nossos jovens católicos, mesmo que as aulas sejam dadas por professores católicos. Existe uma grande diferença entre uma escola católica e uma escola com professores católicos. Não devemos confundir as duas. Mais tarde, no decorrer de nossas observações, voltaremos a este assunto. Agora, basta dizer que, quanto mais atraentes e plausíveis forem as instituições estatais, mais os pais católicos devem afastar seus filhos delas, considerando que isso requer também que, em nossas academias e faculdades católicas, o aluno encontre, em maior grau, a instrução e a educação que essas instituições pretendem dar.

Também não há razão para que nossas escolas não sejam superiores a todas as outras. Existem oportunidades iguais para todos e não há nenhum outro obstáculo além da concorrência saudável. Se não formos capazes de conquistar nosso espaço, não merecemos existir. Nossos corpos docentes religiosos são totalmente dedicados à educação; toda a sua vida é voltada para esse grande trabalho; todos os seus estudos, todos os métodos aprendidos têm essa única meta. Eles se isolam do mundo e não permitem que laços de família e amigos, nem ocupações externas interfiram no objetivo ao qual eles consagraram sua própria existência. Quando esses organismos trabalham no espírito de sua instituição, necessariamente terão sucesso.

Finalmente, a própria natureza do trabalho realizado por uma faculdade bem disciplinada e o resultado desse trabalho sempre a tornam um lugar desejável para uma grande classe de jovens. Lá eles adquirem o hábito de valorizar o dever; aprendem a ser metódicos em sua vida cotidiana; desenvolvem um espírito de trabalho e concentração; aprendem a fazer as coisas com ordem, dedicando-se a um assunto até dominá-lo;

assim, aprendem a lição que também é o grande segredo de todo sucesso: a lição da perseverança. Mas tudo isso não pode ser realizado sem disciplina, e todo mundo sabe que somente em nossas faculdades católicas essa disciplina constitui um objeto de fervoroso estudo e empenho. As cenas vergonhosas e muitas vezes tristes que vemos de tempos em tempos em nossas faculdades seculares e não-católicas revelam a necessidade de uma disciplina firme e criteriosa, mas a tendência dessas instituições é abolir todas as restrições, sem exigir que os alunos prestem contas de seus estudos e de seu comportamento. Este caminho funciona no caso de homens maduros, porém nunca servirá para jovens de dezesseis a vinte anos. Seu caráter ainda está em formação, assim como suas virtudes; eles ainda não têm o senso dominante de dever; longe da influência saudável da família, eles não sentem o peso da responsabilidade; imaginam que podem perder o respeito próprio sem comprometer os parentes, e, conduzidos por alguns espíritos imprudentes, deixam-se levar pelo vício e pela auto-indulgência, que os arrastam para a ruína.

Não é uma cena agradável. Um indivíduo público de destaque, na presença do escritor, conta que viu muitos jovens voltando de uma de nossas principais universidades para casa arruinados, com o corpo e a alma destruídos por tantos excessos, precipitando seu fim. Linhas de restrição saudável devem ser traçadas em algum lugar. Há muito tempo, pais atenciosos e não-católicos pensavam no melhor para suas filhas e enviavam-nas para escolas de conventos; agora eles sentem-se forçados a enviar seus filhos para nossas faculdades católicas, onde eles têm certeza de que seus corações também serão cultivados, assim como seus intelectos.

Objeta-se, contudo, que a disciplina de nossas faculdades é muito severa. Devemos distinguir entre uma disciplina e outra. A disciplina que mantém os alunos em um constante purgatório, seja pela espionagem que parece desafiá-los a fazer coisas erradas ou pelas perseguições irritantes; a disciplina que não vê na natureza humana nada além de total depravação, que sempre suspeita, que conhece somente medidas coercitivas, tal disciplina é indigna do nome e da hombridade daquele que a exerce, pois é injusta com sua vítima. Mas existe uma disciplina que atua sobre os sentimentos mais refinados do aluno; inspira sua honra e respeito próprio; desperta dentro dele um orgulho louvável; controla sua ambição e conquista seu amor. É a disciplina exercida pela mente judiciosa, correta em suas decisões, justa para com todos e prudente em suas relações; suave, mas firme, buscando estabelecer no aluno o desejo de fazer sempre o certo, não o que é certo somente numa situação específica. Essa é a disciplina que produz hábitos metódicos, precisão no trabalho, rapidez no cumprimento de compromissos e muita atenção ao estudo, sendo responsável também pela hombridade de caráter. Portanto, não há necessidade de apreensão de que o aluno seja levado a excessos opostos. O aluno assim conduzido entregar-se-ia a excessos ainda mais extravagantes se criado sem nenhuma disciplina. Existem jovens com caráter tão fraco que eles não possuem autocontrole e o menor sopro de tentação derruba-os; eles são seus maiores inimigos e, para serem salvos, devem ser salvos de si mesmos. Sem alguma influência restritiva, eles são levados diretamente à destruição. Certamente é uma grande caridade estender-lhes a mão amiga e ensinar-lhes a controlar-se, enfraquecendo suas paixões e sujeitando-as a regras e disciplina, até que regras e disciplina não lhes pareçam mais um fardo. Nem todos conseguem aproveitar essa caridade. Mesmo assim, se apenas alguns aproveitarem, não é bom?

E agora, vendo que nossas faculdades ainda têm uma nobre missão, façamos algumas observações sobre as linhas principais que devemos seguir para que elas atinjam, da melhor maneira, o objetivo de sua existência, apresentando, de passagem, os inconvenientes e obstáculos que retardam nosso progresso. E se, ao aludirmos a deficiências ou abusos no decorrer deste artigo, ferirmos os sentimentos de alguém, já negamos aqui qualquer intenção nesse sentido. Escrevemos sem motivo pessoal, exclusivamente para o bem geral e com todo o amor.

III

Não podemos reclamar do número de nossas faculdades; há espaço suficiente para todas. Também não podemos culpar o costume de dar a cada pequeno internato o título enganoso de faculdade. Esse é um dos resultados de nossa liberdade em questões relacionadas à educação. No longo prazo, a opinião pública e o patrocínio público é que decidem quais instituições são faculdades de fato e quais são apenas no nome. Mesmo assim, até a opinião pública e o patrocínio público às vezes se enganam quanto aos graus relativos de nossas instituições de ensino, de modo que um entendimento mútuo sobre o assunto traria grande benefício para todos. Os internatos menores teriam muitas vantagens se ajustassem sua abordagem e se apresentassem como preparatórios para uma ou outra das nossas principais faculdades, fazendo uso dos livros didáticos e dando as instruções necessárias para ingressar na turma de calouros ou curso de ciências humanas. Dessa maneira, tanto a escola preparatória quanto a faculdade sairiam ganhando. O curso na escola inferior seria limitado aos fundamentos básicos, ensinados durante um tempo específico. Depois, o aluno faria uma prova e, sendo aprovado, passaria para o ensino superior com ânimo renovado.

Mas detê-lo na escola primária, obrigando-o a trilhar o mesmo caminho, ano após ano, a aprender o mínimo possível com um investimento de tempo e dinheiro desproporcional ao conhecimento adquirido, é cometer uma grande injustiça, fazendo com que ele sinta aversão ao ensino superior. Por esse motivo, não se deve dizer que essas escolas mantêm seus alunos por mais tempo do que o necessário, com medo de perder seu patrocínio ou qualquer outro motivo mercenário. Qualquer internato que se preze e seja capaz de enviar jovens bem preparados para nossas melhores faculdades não carecerá de patrocínio.

No entanto, embora nossos estabelecimentos de ensino não devam ser mercenários, também não precisam ser imprevisíveis ou extravagantes. A fim de fazer todo o bem que está dentro da esfera de sua missão, eles devem ser auto-sustentáveis e, portanto, administrados com base financeira sólida. Alguns pais são muito descuidados nesse ponto. Eles não calculam as grandes despesas de uma boa faculdade, considerando-a uma mera pensão. Eles sabem que o aluno pode ficar até uma semana e que é preciso pagar apenas um quarto da taxa de matrícula numa escola diurna. Juntando as duas coisas, eles não vêem por que nossas faculdades cobram tão caro e propõem que seja dado algum desconto nos valores praticados. Não lhes ocorre que existe uma grande família de empregados a ser mantida; que professores e tutores são assalariados; que aparelhos caros para experimentos de química e filosofia precisam ser adquiridos; que uma biblioteca deve ser aumentada e preservada; que todos os anos exigem melhorias nos edifícios e instalações; que o desgaste dos móveis das salas de aula, dormitórios e salões deve ser reparado; que utensílios de cozinha, louças e artigos de mesa precisam ser renovados, para não falar das roupas de cama, do combustível ou das provisões. Considerando esses e muitos outros gastos, o que acontece com o salário pago semestralmente pelo aluno?

Observando as colunas publicitárias de nossos semanários católicos, descobrimos que a taxa média de nossas principais faculdades é de trezentos dólares por ano. Onde não há dotações, cada dólar desse valor é usado para manter essas faculdades em dia, com uma receita comparativamente pequena. Mas o que acontece na prática com todas as nossas faculdades é que elas não recebem esse valor integral; milhares de dólares são perdidos em dívidas não-pagas, e outros milhares, por descontos nos valores regulares. Em conseqüência, nossas instituições não têm muito o que fazer, vendo-se obrigadas a reduzir sua esfera de ação ou endividar-se. Existe apenas uma solução para esse mal: que nossas escolas mantenham os preços publicados e não concedam abatimentos, exceto em casos extremos. Até porque é prejudicial para nossas melhores faculdades colocá-las no mesmo nível de internatos baratos, já que isso abre espaço para estudantes que não possuem meios nem disposição para fazer o curso completo, fazendo com que as turmas de níveis superiores fiquem vazias. Há, e sempre haverá, exceções à regra geral. Existem casos diários na vida universitária nos quais a caridade e circunstâncias peculiares exigem descontos. E essa caridade traz bênçãos para toda a escola. Mas, com todas essas exceções, nenhum princípio é violado, como ocorreria, por exemplo, se uma escola fizesse um desconto por escambo ou com o objetivo de competir com um estabelecimento rival. Tal conduta é desmoralizante para a instituição que a pratica. Um pai ou mãe é incapaz de pagar a taxa completa. Nesse caso, não existe um estabelecimento mais barato ao qual ele possa ser encaminhado? Afinal, pouco importa com que instrumento o bem seja feito, desde que ele aconteça. Nas localidades em que as provisões são baratas, o solo é fértil e a mão-de-obra, abundante, podem ser estabelecidas instituições (como o autor sabe que existem) capazes de receber meninos mais jovens a um custo comparativamente baixo. Nessas instituições, podem ser formadas turmas comerciais para os que desejam uma educação no campo dos negócios, enquanto os que visam a uma carreira profissional podem estudar os princípios básicos do latim e do grego e depois ingressar na faculdade. Assim, um bom entendimento entre as duas classes de instituições produziria incentivo e apoio mútuos. No decorrer do tempo, com uma rede de escolas preparatórias, a faculdade poderia dispensar completamente seu próprio departamento preparatório. E isso seria um grande ganho. Porque, quando o departamento preparatório está em contato direto com a faculdade propriamente dita, a tendência é perder a qualidade, e só com muito esforço a faculdade conseguirá ultrapassar o nível das melhores escolas públicas inglesas, como Eton, Harrow ou Rugby. Sob as disposições atuais, muito poucas de nossas faculdades estão preparadas para dispensar seus departamentos preparatórios. Se a escola preparatória pudesse ser colocada em um prédio separado, a alguma distância da faculdade e sob um regime totalmente distinto, os benefícios seriam muito grandes. Ela gozaria do prestígio da faculdade, sem interferir em sua autonomia como tal. O autor lembra de tal disposição em Stonyhurst. Para isso e outras melhorias, nossas faculdades precisam de dotações.

E por que não dotações? Quem melhor entendeu a idéia de dotação senão os católicos? Em qualquer país, podem ser vistos monumentos ao ensino que testemunham o zelo, a piedade e o espírito iluminado dos católicos. Por enquanto, limitemo-nos aos da Inglaterra. Um rei católico, Henrique VI, dotou a Eton College e King's College, Cambridge; um cardeal da Igreja Católica, Wolsey, ergueu a Christ Church, Oxford; um prelado católico, William de Wykeham, fundou o New College, Oxford; uma associação ou corporação católica estabeleceu o Corpus Christi College, em Cambridge. As damas católicas não eram menos generosas. Elizabeth de Burgh dotou a Clare Hall, Cambridge; Margarida de Anjou e Elizabeth Woodville fundaram o Queen's College. Mas a lista é longa; em todo lugar é a mesma história; em todo lugar, a fé católica e os atos de piedade católica inspiraram a mais nobre generosidade, "pois a pérola do conhecimento, que eles têm através do estudo e aprendizado descobertos e adquiridos, não deve ser guardada, mas estendida cada vez mais, trazendo luz àqueles que andam nos caminhos escuros da ignorância".

A fé que inspirou esses sentimentos e os incorporou em obras tão nobres não é uma fé viva ainda? É ao mesmo tempo viva e ativa, e os resultados de sua vida e atividade não serão menos impressionantes no futuro do que foram no passado. O número de católicos ricos está aumentando diariamente. Eles ainda precisam ser convencidos de que a dotação a escolas secundárias e faculdades católicas é uma necessidade, tanto para a preservação da fé de seus filhos quanto para a promoção da verdade religiosa, apenas um pouco menos urgente do que o estabelecimento de escolas paroquiais. Com o tempo, eles acreditarão nisso; ainda os veremos rivalizar com os Girards, os Astors e os Coopers.

No ano passado, na formatura de duas de nossas faculdades, diante de grandes e respeitáveis públicos, o reverendo Bernard John McQuaid, o zeloso bispo de Rochester, lançou uma centelha de pensamento que veríamos com prazer arder nos negócios e no coração de nossos católicos ricos. Com uma eloqüência peculiar, impossível de reproduzir num artigo esboçado às pressas, ele chamou a atenção para o fato de que, se nossos sanatórios, hospitais, escolas, conventos e faculdades existem e florescem, isso não se deve à riqueza dos nossos católicos ricos. Eles não tiveram participação nesse trabalho. Algo mais precioso do que seu ouro foi utilizado nessas instituições: o talento, a energia, o zelo, a própria vida de homens e mulheres religiosos que se sacrificaram, negando a si mesmos, para que esses edifícios pudessem adornar a Terra. Tesouros inestimáveis, esses; somente no Céu seu valor pode ser estimado. Se existem homens e mulheres capazes de dar a vida para que o bem possa ser feito, por que não podem existir homens e mulheres capazes de dar seus dólares pelo mesmo objetivo nobre? É uma ótima forma de trazer bênçãos para si e para os filhos por gerações. Esperemos que esta oportuna sugestão do bispo eloqüente possa ser a vara de Moisés que baterá na rocha de Horebe da riqueza católica e extrairá daí as águas vivas de uma fé ativa e de uma caridade fervorosa.

Finalmente, o perfume de nossas faculdades deve, por assim dizer, ser difundido por toda a Terra. Cada instituição deve cultivar um espírito de equipe entre seus membros; então, todo aluno sentirá orgulho da escola em que recebeu sua educação e proferirá louvores em toda parte. Esse deve ser o espírito que anima os ex-alunos que receberam seus benefícios de modo integral, até mais do que precisavam. E devemos dizer que raramente encontramos um aluno ingrato. Tal fenômeno revelaria mais claramente a baixeza de seu caráter do que quaisquer deficiências da mãe adotiva que o alimentou com o leite e a carne das ciências e das letras, até que ele pudesse caminhar com as próprias pernas. Nós o trataríamos com a mesma repugnância que merece um filho mau ou um amigo traiçoeiro. Uma veia sinistra marca sua natureza. Voltaire ridicularizou e criticou seus professores jesuítas antes de cuspir na cara de Nosso Senhor.

Todo aluno deve sentir que a faculdade em que está recebendo sua educação é para ele a melhor. Isso depende totalmente do presidente e do corpo docente. Eles devem trabalhar juntos. Qualquer elemento discordante deve ser removido. Isso não quer dizer que os professores não devem ter liberdade de opinião ou que a opinião geral do corpo docente deve prevalecer sobre a opinião da minoria; como se, em questões de opinião puramente especulativas, por exemplo, um professor considerasse Homero um simples epônimo e a *Ilíada* uma série de baladas encadeadas, e os outros, por considerá-lo um grande poeta, proibissem o professor de expor a teoria wolfiana em suas aulas; ou diante de todas as pesquisas e descobertas recentes, Nino, Partolão e Rômulo devessem ser considerados conquistadores, não um mito, e o professor de história fosse compelido a considerá-los assim; ou qualquer questão no campo das ciências ou das letras. Neste tipo de discussão em que há liberdade, o interesse e o intelecto são estimulados. E sempre haverá diferenças entre professores bem preparados. Mas, acima do choque de opiniões, deve reinar a harmonia de princípio e propósito, o esforço conjunto e a seriedade que traz consigo a convicção. Cada professor deve sentir que está revelando a verdade, toda a verdade e nada além da verdade; cada aluno deve convencer-se de que seu professor fala com a autoridade de quem sabe do que está falando. Se tivermos um grupo de indivíduos com um plano em comum, um método para seguir esse plano e uma linha de pensamento central como base do plano e do método, temos tudo o que é necessário para criar uma escola cuja influência será sentida. E essa influência espalha-se, alcançando as pessoas e gerando confiança na escola assim governada. Tal escola nunca precisará recorrer ao sistema moderno de prospecção nacional.

Este é um sistema muito degradante para a nossa educação católica. Sob qualquer luz que seja visto, parece odioso. É natural e até desejável, como vimos, que os amigos de uma escola falem bem dela, recomendando-a em todas as ocasiões e interessados em conseguir alunos para ela, mas é desmoralizante, e até injusto, andar por aí agarrando todos os que aparecerem pela frente, induzindo os alunos a deixarem as escolas nas quais eles são bem cuidados e estão tendo um progresso razoável, subestimando-a ou às vezes até em troca de caridade e à custa da verdade. Os indivíduos que assim procedem assumem uma responsabilidade terrível: a alteração de toda uma carreira. É para melhorá-la? Se não, por que realizar uma ação de tão sérias conseqüências? Se o aluno for destruído por hábitos negativos desenvolvidos na escola sugerida por eles, que conta terrível eles terão de prestar se, por alguns dólares, tiverem sido responsáveis pela retirada desse aluno de uma escola na qual ele estava indo bem. Tocamos num ponto delicado e não devemos ser mal interpretados. Muitas vezes, existem razões suficientes para mudar de escola; de qualquer maneira, nesses casos, deve-se sugerir uma mais adequada para o menino, sugerir aquela com a qual nos sentimos mais conectados ou que nos desperta maior interesse. No entanto, não devemos interferir muito. Quanto a isso, não há objeção.

Se os pais optarem por enviar seus filhos para uma determinada escola que lhes foi recomendada dessa maneira, o problema é deles. Mas será que alguma vez lhes ocorreu que uma instituição que recorre a esses meios deve ter algo radicalmente errado em seu sistema? Se estivesse bem administrada, será que ela precisaria de tanta insistência e propaganda? Uma boa escola não conseguirá esconder suas qualidades. Nem a distância, nem a dificuldade de acesso impedirão que ela seja conhecida e freqüentada. Os alunos é que procuram a escola, não o contrário. Esta é uma lei à qual não reconhecemos nenhuma exceção. Devemos acrescentar que somente com pais simplórios é que esses métodos têm resultados, devido à credulidade: eles acreditam em tudo o que lhes é dito. E assim, quando alguns desses caixeiros-viajantes se esquecem de si mesmos, do clero e dos ditames da caridade cristã, rebaixando-se a ponto de menosprezar outra instituição ou mesmo todo um corpo docente, isso não abre os olhos dos pais ingênuos. O homem capaz de difamar o próximo não será indicado para dar ao filho um tom moral elevado. Está tudo errado. É algo vergonhoso, que destrói nossa dignidade como educadores cristãos, fazendo de nosso ensino uma espécie de escambo. Não ganhamos nada com isso, só perdemos. Há espaço suficiente para todos nós, se cada um trabalhar dentro de sua esfera apropriada. Assim, não haverá conflito de interesses, nem necessidade de recorrer a medidas degradantes para preencher vagas vazias e reabastecer cofres vazios. Busquemos, acima de tudo, o reino de Deus e sua justiça, e não nos faltará mais nada. Esta é a promessa da própria Verdade, e a promessa nunca foi desmentida.

IV

No entanto, o melhor meio pelo qual nossas faculdades podem continuar o trabalho das escolas medievais é tornando-se mais católicas. Não que existam falhas em nossa instrução secular. Ela é bastante completa, na medida do possível. Nossos alunos têm uma boa base e nossos ex-alunos destacam-se em todas as áreas e profissões. Mas não podemos torná-los mais católicos? Nossos professores devem sentir que possuem, nas palavras de Sua Santidade, Leão XIII, o ministério mais sagrado (*sanctissimum docendi ministerium*) e, portanto, nossas escolas devem ser consideradas santuários, o que de fato são. Tudo na sala de aula católica deve ter o selo da catolicidade. Os professores devem ser católicos; os livros devem ser católicos; a própria atmosfera deve ser católica. Tudo deve transmitir ao estudante a grandeza, a honra e a glória desse nome, até que ele venha a considerá-lo como seu título mais grandioso e sua herança mais nobre. A consistência deve reinar em tudo.

Para melhor entender o que queremos dizer, entremos em uma escola protestante. Examinemos seus livros didáticos. Todos eles possuem um tom decididamente protestante. A eloqüência dos teólogos, a inspiração dos poetas e as versões dos historiadores protestantes enchem as páginas de suas obras literárias; suas narrativas tendem a louvar Lutero e glorificar a Reforma; sua geografia faz de tudo para difamar os países católicos e os povos católicos, engrandecendo todos os que pertencem a países protestantes e a povos protestantes. Ouçam suas aulas. Elas estão repletas de preconceitos protestantes. A teoria da gravidade terrestre é explicada? O professor de física esforça-se para demoradamente contar sobre as torturas imaginárias ou implícitas de Galileu e na maldade de seus perseguidores. As leis de Kepler são discutidas? O professor de astronomia dirá que Kepler era um protestante escrupuloso, cuidando, porém, de esconder o fato de que o único sanatório em que encontrou refúgio de seus perseguidores protestantes era uma faculdade jesuíta. E assim por diante durante todo o curso. Aqui há consistência, pelo menos. Não só a escola é protestante, mas professores e alunos também, vangloriando-se disso. Eles acreditam em suas convicções, têm orgulho delas. Digamos que, na medida em que sejam sinceros e consistentes, devem ser recomendados.

Nossas escolas católicas deveriam ser igualmente fiéis à sua catolicidade. Seus livros deveriam inspirar respeito à religião e amor à Santa Igreja. Meros livros de texto, sem outro mérito senão o silêncio em relação ao caráter e trabalho dessa Igreja, não são suficientes; ainda menos tolerado deve ser qualquer outro livro que critique sua doutrina e seus filhos. Isso, na verdade, seria uma terrível farsa capaz de dar lugar, numa escola católica, a livros hostis à religião católica, com o simples objetivo de conciliar o elemento não-católico presente. Seria ridículo chamar uma escola de católica e usar livros nessa escola, seja de história ou literatura, a partir dos quais são lidos trechos, de hora em hora, atacando tudo o que é mais querido para o coração católico; e isso sob o pretexto de não ferir as suscetibilidades dos patronos protestantes. Está tudo errado. É um escândalo. As duas ou três diluições de instruções catequéticas dadas a cada semana são somente açúcar dourando a pílula venenosa, fazendo com que ela seja engolida com o maior prazer.

Caso esse estado de coisas exista ou venha a existir, que benefícios trariam nossas escolas católicas? Quantas crianças se vangloriariam de uma fé tão pisoteada? Quantos se orgulhariam de um credo tão desprezado? Quantos se sentiriam honrados com um nome que seus professores parecem querer relegar ao esquecimento? Tudo isso se baseia numa noção tola e falsa. Todo pai protestante que envia seu filho para uma escola católica espera encontrar um ensino totalmente católico e, longe de ficar satisfeito com o contrário, surpreende-se ao descobrir que mesmo na escola católica ele encontra indivíduos que criticam seus próprios princípios. Tal comportamento atrai desprezo por aqueles que o praticam, claro, mas também distorce os fundamentos da Igreja.

Não ignoramos o fato de que nossa literatura inglesa moderna é, em grande parte, protestante. Também não é nosso objetivo privar nossos jovens católicos da leitura de autores clássicos protestantes. O plano mais sensato é que os autores sejam lidos e comentados à luz da doutrina católica, preparando os rapazes para discuti-los posteriormente com propriedade, pois aprenderam à luz da verdade como enxergar o que há de brilhante ou fascinante nesses autores. Ouropéis, enfeites falsos, argumentos superficiais e afirmações fracas, a verdade parcial e o fato deturpado, o brilho retórico que oculta a declaração vazia e enganosa, tudo foi exposto a essa luz. Depois de vê-los como realmente são, os jovens não ficam mais deslumbrados por eles, passando a considerá-los por seu verdadeiro valor. À luz branca da verdade católica, todas as luzes humanas são insignificantes.

Por essa razão, os católicos nunca precisam temer a luz. Eles nascem na luz; eles são criados para a luz; eles devem viver na luz. Os raios da razão e da fé, a luz natural e a luz sobrenatural, ambos procedentes do mesmo Sol Incriado, inundam todo intelecto católico. Os oftalmologistas agora ensinam que não é o excesso de luz, mas a falta dela que prejudica os olhos. Seja como for, a verdade é que, na visão intelectual, são as trevas da ignorância ou a névoa do conhecimento imperfeito, e não a plena luz da verdade, que a conduzem ao erro.

Ocasionalmente, um católico indiferente irá se queixar de ter tido muitos ensinamentos religiosos em sua juventude e atribui a esse fato a culpa de sua atual indiferença. Tal afirmação parece contradizer o que dissemos, mas não é verdade. Olhando mais de perto, descobriremos que talvez ele não esteja disposto a praticar os ditames de sua religião e utiliza um pretexto para livrar-se de suas restrições; ou se sua mente for extremamente ativa, talvez tenha aversão aos ensinamentos insignificantes que recebeu; ele ansiava por um ensino lógico concreto, com um ponto de partida e um elo de ligação e teve acesso apenas a algumas migalhas de sentimentos e afirmações. Em seguida, passou a desinteressar-se pelo assunto, e daí sua atitude atual. O homem é criado para a verdade religiosa; viver sob sua luz é tão natural para seu intelecto quanto respirar para seus pulmões. A religião deve ser o elemento onipresente e inspirador de sua mente, aperfeiçoando sua maneira de pensar e sua própria vida. Os homens falam da religião como algo opressor, constrangedor, interferente. Dizem que esta nossa atmosfera pesa sobre nossos corpos com a enorme pressão de um quilo por cada centímetro quadrado de superfície. Nós não nos rebelamos contra isso; não achamos que isso interfira em nossos movimentos ou ações. As leis da natureza preparam-nos para esse fardo. Sentimo-nos oprimidos se ela se tornar muito rarefeita ou se respirarmos um ar impuro. O mesmo acontece com a religião. Em seu estado natural, confere vigor e energia. Os ensinamentos religiosos de Milton não impediram que sua imaginação poética chegasse às regiões mais sublimes, e onde sua poesia é deficiente, seu treinamento teológico também é deficiente. Dante não deixou de elevar-se por causa de sua profunda disciplina religiosa e escolástica. Copérnico não deixou de ser um grande astrônomo por ter sido um piedoso sacerdote.

A natureza religiosa do homem é uma conseqüência de sua natureza racional. Sendo inteligente, ele reconhece um Criador; tendo um senso moral, ele reconhece nesse Criador um juiz a quem deve prestar contas, infinitamente santo e justo, o árbitro de sua vida, que conhece todos os seus pensamentos, palavras e ações; em quem ele vive, move-se e existe; de quem depende, em quem procura luz em momentos de dúvida, força em momentos de fraqueza, assistência em momentos de desamparo; e, reconhecendo essa dependência, ele é levado a ser fiel a esse Criador e a oferecer-lhe oração e sacrifício. A paixão pode enfraquecer nele esse sentido religioso, os assuntos mundanos podem suprimi-lo parcialmente, os hábitos seculares de pensamento podem levá-lo ao esquecimento por algum tempo, mas, ainda assim, o elemento religioso não deixa de agir em sua natureza. Até Strauss admite que o ateísmo exige sua própria religião, o que nos leva a uma conclusão de suma importância: o desenvolvimento intelectual, longe de ser incompatível com a crença religiosa profunda, a ela ajuda e confirma.

Os intelectos mais elevados de todos os tempos têm as convicções religiosas mais profundas. É a falta de razão ou falta de exercício lógico, rígido e completo da razão, ou uma adulteração das operações primárias da razão, ou uma mistura de fantasia e imaginação com razão, ou uma interferência de preconceitos, declarados ou secretos, nas conclusões claras da razão, que induz a hábitos de pensamento superficial. O pensamento superficial leva ao desprezo por todas as questões que não são facilmente compreendidas; exclui qualquer seriedade. Daí decorre a inércia de uma mente que se recusa a investigar qualquer questão até seu fundamento, contentando-se com um encolher de ombros e um: "Que sais-je?". Esse é o estado de morte intelectual do cético. E essa esterilidade mental em suas operações mais elevadas é logo seguida (se já não estiver acompanhada) pela destruição de todos os impulsos e emoções mais nobres do coração.

Somente o estudo profundo e racional de nossa religião sagrada pode salvar nossos estudantes católicos desse estado deplorável. O pequeno catecismo e suas explicações não são suficientes, servindo apenas como o fundamento sobre o qual erguer algo grandioso e imponente. Depois que o intelecto juvenil está bem fundamentado no pequeno catecismo, um trabalho maior e mais desenvolvido é colocado em suas mãos, o *Catecismo de perseverança* ou as *Instruções de Perry*, por exemplo, com explicações mais completas dos princípios e dogmas de nossa fé. Paralelamente, são discutidos o surgimento e o progresso das várias heresias, sobretudo aquelas que levaram às definições de fé. A refutação dessas heresias em declarações claras e sucintas também é apresentada. Em seguida, a história da Igreja é descrita, suas várias atitudes em relação aos poderes temporais da Europa são explicadas, suas políticas, definidas, e sua posição nos tempos medievais e modernos, claramente estabelecida, lembrando constantemente ao estudante que, embora a Igreja seja divina em sua origem, divina em sua doutrina, divina em sua autoridade, os instrumentos com os quais ela trabalha são humanos, fracos e mortais. Daí os escândalos que ele lê, os erros, as políticas míopes em assuntos transitórios. Mas, a partir de tudo isso, ele testemunha ainda mais nitidamente a natureza divina de uma instituição que permanece imaculada em seu código moral, imutável em seus dogmas, em meio a tanta corrupção. Aprende a origem histórica do protestantismo, o valor e a importância do livre-arbítrio do homem, a enormidade do pecado e a distinção entre o conhecimento e a vontade de Deus; aprende que Deus estabeleceu uma Igreja definida para enviar Suas graças, e, portanto, as muitas igrejas que levam o nome de "cristãs" não são a verdadeira; aprende a distinguir e aplicar as orientações da verdadeira Igreja, vendo-as realizadas na Santa Igreja Católica Apostólica Romana; aprende a natureza e o alcance da infalibilidade e como distingui-la da impecabilidade tão falsamente atribuída, por ignorância, ao Papa. O aluno, então, passa a reconhecer os falsos princípios religiosos atuais. Mas isto não é o suficiente. Os ensinamentos irreligiosos devem ser abordados também. E isso exige um curso superior de instrução religiosa em nossas faculdades.

O curso superior é colocado em uma base filosófica. História, literatura, ciência e arte convergem para esse foco, sendo discutidas e, quando necessário, reconstruídas à sua luz. As evidências da religião, naturais e reveladas, são destacadas; desenvolvem-se provas para a existência de Deus, para a imortalidade e espiritualidade da alma, para a necessidade de uma religião revelada na ordem atual das coisas; explica-se a inspiração dos escritos sagrados, repousando na harmonia e unidade da Igreja em sua doutrina, dogma e ritual; definem-se as relações de fé com ciência e de razão com a fé; traçam-se os limites da inteligência humana, ao lidar com questões religiosas e teológicas; ensina-se a distinguir entre fatos e teoria, especulação e verdade, certeza e opiniões. Todas essas questões fundamentais são discutidas com vistas ao ateísmo, ao positivismo e agnosticismo atuais. E essas teorias são refutadas em seus princípios e premissas, não em suas conclusões gerais ou declarações casuais. Só dessa maneira elas são completamente erradicadas. Seus métodos também recebem a devida consideração. O método científico é abordado com raciocínio científico, não com preconceito, presunção ou o mero dogmatismo que afirma sem conhecimento. Um escarnecedor ignorante pode ser ridicularizado com algum objetivo, a presunção de alguém pode ser desprezada, mas o desconhecimento ou o erro, quando sincero, bem-intencionado e aberto a críticas, deve ser combatido com fatos e argumentos sólidos no mesmo espírito em que ele se trai.

Períodos diferentes têm características intelectuais diferentes. A controvérsia no século XVI foi muito violenta, beirando a vulgaridade; no século XVII, expressou-se em tomos ponderados e citações de autoridade avassaladora; no século XVIII, entregou-se à impertinência e à zombaria. No início do século atual, predominou a superficialidade. Em conseqüência, a caneta mágica de Chateaubriand encanta a França, fazendo-a respeitar e amar a Igreja e suas cerimônias, sustentando seu ponto de vista em belo estilo, a poesia de seus ensinamentos, seu ritual e seus sacramentos. Mas o espírito do tempo presente é mais profundo. É mais sério, mais apaixonado pela verdade, mais sério na pesquisa, mais científico em seus métodos, devendo ser tratado em conformidade. Darwin e Herbert Spencer não são bufões, charlatões ou brigões espalhafatosos como Voltaire e os enciclopedistas. Se Littré não fosse um discípulo sincero de Comte, os senhores acham que, nas últimas horas de sua vida, Nosso Senhor o teria admitido à graça de Seu sacramento e à comunhão com Seus seguidores? As grandes realizações intelectuais desses homens, sua respeitável posição social, sua seriedade, sua devoção à ciência, tudo isso merece a consideração atribuível a cavalheiros e estudiosos, não podendo ser desprezado, nem ignorado em silêncio. Temos a verdade conosco, e a verdade deve prevalecer, mas, para prevalecer, deve ser apresentada corretamente. E se nossas faculdades não puderem apresentá-la corretamente, de fato, são tristes fracassos; em vez de realizar as intenções pelas quais quase todas as faculdades e universidades da Europa foram originalmente fundadas e dotadas, elas atrofiam, sem a energia estável das instituições seculares e, portanto, sem uma razão de ser. Ou são católicas, ou não serão nada.

Há uma penosa falta de livros didáticos apropriados sobre essas importantes questões atuais. Por outro lado, é extremamente necessária uma vida de Nosso Senhor, escrita com o objetivo de refutar as obras perigosas de Renan e Strauss. Tal vida deve ser escrita com a unção amorosa de um Boaventura, por alguém mais profundamente versado no folclore oriental do que o próprio Renan e capaz de lidar com a crítica bíblica racional de Strauss; deve ser escrita com o espírito de mostrar a divindade brilhando na humanidade de Nosso Senhor, envolvendo todos os seus atos com a auréola de sua divindade. Novamente, precisamos de um trabalho que capte todos os raios dispersos da verdade que fluem através das várias teorias e sistemas filosóficos e sociais da época e faça-os convergir para um único foco. Tal trabalho requer a compreensão mental de um Tomás de Aquino. Reuniria e harmonizaria todas as conclusões e fatos das várias ciências à luz de princípios claramente definidos e universalmente admitidos, com um método cuja rigidez nenhum cientista poderia objetar; à luz desses princípios, mostraria onde está a falácia deste ou daquele autor que se opõe à revelação; reconstruiria sua teoria, colocando-a em harmonia com as verdades da fé. Temos algumas tentativas nesse sentido, especialmente no continente europeu; mas o ponto fraco da maioria deles é que, em vez de entrar na arena da ciência e combater os cientistas com suas próprias armas, eles se plantam nas serenas alturas da religião e lêem a seus oponentes palestras sobre sua estupidez, ignorância ou malícia. Nenhum homem se convencerá de que está errado ao ser informado de que ele é uma besta quadrada.

Nada de bom pode vir desse modo de lidar com os problemas atuais. No decorrer de todo o processo, os experimentos devem ser comprovados com experimentos; fatos, com fatos; argumentos, com fatos e argumentos. Não é suficiente apontar uma falha numa afirmação incidental ou, para provar a falsidade de um ou outro lado, mostrar a falácia de uma determinada linha de argumentação. Tal estratégia visa a desviar a atenção da questão principal. É escaramuça, caviar para o vulgo. Pode servir de base para um brilhante artigo numa revista, mas não serve como manual do aluno. O Senhor Mallock é um autônomo que segue esse modo insultuoso. Ele toma as expressões superficiais dos professores positivistas de letras e ciências, encontra falhas nelas, mostra o absurdo de suas conclusões, expondo uma falácia aqui e ali. Em um estilo encantador, ele tenta convencer seus leitores de que eles podem julgar a estrutura das casas positivistas a partir da madeira podre e dos tijolos quebrados que apresenta. Seu livro é devorado com prazer; os homens ficam satisfeitíssimos em encontrar os estudos da vida de cientistas e filósofos eminentes, trazidos ao alcance de sua compreensão com pouco ou nenhum esforço de sua parte. Mallock é aclamado como uma nova luz, mas, assim que a novidade passou, revelaram-se inconsistências no raciocínio do autor, que às vezes se faz de desentendido, mostrando que a correção de suas conclusões se deve mais à astúcia de seu julgamento do que à lógica de suas deduções. Ele lida com perguntas prementes, não porque elas exijam uma resposta imediata, mas porque ele se diverte com sua resposta. Se essa resposta é *sim* ou *não*, não importa muito para ele; isso não interferirá na digestão de seu jantar, nem nos contornos de seus prazeres. Se o Senhor Mallock deseja tanto fazer o bem, ele deveria primeiro se dedicar à sinceridade.

A leitura de um livro promíscuo como o do Senhor Mallock, de artigos isolados nas revistas ou de uma palestra ocasional sobre essas questões tão atuais não será suficiente. Falta-lhe método. Trata-se de uma leitura vazia, sem objetivo, inútil, freqüentemente perigosa para alunos mais avançados. Só tem valor quando conduzida por alguém mais velho e experiente, que tenha coordenado, organizado, sistematizado esses trabalhos promíscuos e que, com suas explicações, oriente o aluno em cada livro, mostrando o que se pode esperar da leitura de um livro desse tipo, que pontos ele defende e o que deixa de refutar. Só dessa maneira sua leitura terá algum proveito.

"O que quer que os alunos leiam na seara da religião", diz o Cardeal Newman, "eles devem ler, pela própria natureza do caso, sob a superintendência e com as explicações daqueles que são mais velhos e mais experientes do que eles".

E quando o estudante é assim acompanhado, sua instrução religiosa ganha robustez e extensão à medida que suas faculdades intelectuais se aceleram, fazendo com que ele aprenda a reverenciar a religião, pois ela pode apresentar a solução final para muitos problemas da vida; ele se sente orgulhoso dela; proclama suas belezas e suas verdades sempre que pode. Ele estará preparado para travar a batalha da fé quando sair para o mundo. Sua educação foi, tanto em nome quanto em ações, totalmente católica. Esses resultados têm sido produzidos de tempos em tempos por nossas instituições católicas de ensino, e serão mais freqüentes quando nossas instituições católicas de ensino se convencerem de que nem a política mundana nem a conveniência material poderão suplantar os princípios católicos.

Dados Internacionais de Catalogação na Publicação (CIP)

Mullany, Patrick Francis (1848–1893).
História e essência da educação ocidental: ensaios selecionados /
Patrick Francis Mullany (Irmão Azarias);
tradução de Bruno Alexander –
Campinas, SP: Kírion, 2021.

ISBN 978-65-87404-26-4

1. Educação 2. História 3. Ensaios
I. História da educação II. Educação ocidental cristã

CDD 370 / 370-09 / 808-84

Índices para catálogo sistemático:
1. Educação – 370
2. História – 370-09
3. Ensaios – 808-84

Este livro foi composto em Adobe Garamond Pro
e impresso pela Ferrari Daiko, São Paulo - SP, Brasil,
nos papéis Chambril Avena 80 gr/m² e Cartão Triplex 250 gr/m².